U0927684

吴晗 / 著

历史的镜子

The Mirror of History

四川人民出版社

图书在版编目（CIP）数据

历史的镜子 / 吴晗著. -- 成都 : 四川人民出版社,
2024. 11. -- ISBN 978-7-220-13835-5
Ⅰ. K207
中国国家版本馆CIP数据核字第2024EP7258号

LISHI DE JINGZI

历史的镜子

吴晗 著

出 版 人	黄立新
策划出品	远涉文化
出版统筹	罗婷婷　庄本婷
策划编辑	袁　艺
责任编辑	王　蕾　苏　玲
版式设计	张迪茗
封面设计	南　北
责任印制	周　奇

出版发行	四川人民出版社（成都市三色路 238 号）
网　　址	http://www.scpph.com
E-mail	scrmcbs@sina.com
新浪微博	@ 四川人民出版社
微信公众号	四川人民出版社
发行部业务电话	（028）86361653　86361656
防盗版举报电话	（028）86361653
照　　排	四川胜翔数码印务设计有限公司
印　　刷	成都东江印务有限公司
成品尺寸	145mm × 210mm
印　　张	11
字　　数	220 千
版　　次	2024 年 11 月第 1 版
印　　次	2024 年 11 月第 1 次印刷
书　　号	ISBN 978-7-220-13835-5
定　　价	59.00 元

明　佚名　明太祖半身像（一）

明　佚名　明太祖朱元璋坐像图轴

日本　佚名　玄奘三藏像

南宋　文天祥　行书上宏斋帖卷

慈禧太后

光绪皇帝

康有为

梁启超

戊戌六君子血溅菜市口

谭嗣同

谭嗣同“残雷”古琴

明　佚名　出警图　2

南北朝　杨子华　北齐勘书图

目录

第一篇　政治与政制

第二篇　世风与世运

第三篇　历史与教训

第四篇　战争与战将

第五篇 人物与思想

第六篇 文化与社会

附篇

第一篇　政治与政制

历史上的君权的限制

近四十年来，坊间流行的教科书和其他书籍，普遍的有一种误解，以为在民国成立以前，几千年来的政体全是君主专制的，甚至全是苛暴的，独裁的，黑暗的，这话显然有错误。在革命前后持这论调以攻击君主政体，固然是一个合宜的策略，但在现在，君主政体早已成为历史陈迹的现在，我们不应厚诬古人，应该平心静气地还原其本来的面目。

过去两千年的政体，以君主（皇帝）为领袖，用现代话说是君主政体，固然不错，说全是君主专制却不尽然。至少除开最后明清两代的六百年，以前的君主在常态上并不全是专制。苛暴的，独裁的，黑暗的时代，历史上虽不尽无，但都可说是变态的，非正常的现象。就政体来说，除开少数非常态的君主个人的行为，大体上说，一千四百年的君主政体，君权是有限制的，能受限制的君主被人民所爱戴。反之，他必然会被倾覆，破家亡国，人民也陪着遭殃。

就个人所了解的历史上的政体，至少有五点可以说明过去的君权的限制，第一是议的制度，第二是封驳制度，第三是守法的传统，第四是台谏制度，第五是敬天法祖的信仰。

国有大业，取决于群议，是几千年来一贯的制度。春秋时子产为郑国执政，办了好多事，老百姓不了解，大家在乡校里纷纷议论，有人劝子产毁乡校，子产说，不必，让他们在那里议论吧，他们的批评可以作为我施政的参考。秦汉以来，议成为政府解决大事的主要方法，在国有大事的时候，君主并不先有成见，却把这事交给廷议，廷议的人员包括政府的高级当局如丞相御史大夫及公卿列侯二千石以至下级官如议郎博士以及贤良文学。谁都可以发表意见，这意见即使是恰好和政府当局相反，可以反复辩论不厌其详，即使所说的话是攻击政府当局。辩论终了时理由最充分的得了全体或大多数的赞成（甚至包括反对者），成为决议，政府照例采用作为施政的方针。例如汉武帝以来的盐铁榷酤政策，政府当局如御史大夫桑弘羊及丞相等官都主张继续专卖，民间都纷纷反对，昭帝时令郡国举贤良文学之士，问以民所疾苦，教化之要。皆对曰，愿罢盐铁榷酤均输官，无与天下争利。于是政府当局以桑弘羊为主和贤良文学互相诘难，词辩云涌，当局几为贤良文学所屈，于是诏罢郡国榷酤关内铁官。宣帝时桓宽推衍其议为《盐铁论》十六篇。又如汉元帝时珠崖郡数反，元帝和当局已议定，发大军征讨，待诏贾捐之上疏独以为当罢郡，不必发军。奏上后，帝以问丞相御史大夫，丞相以为当罢，御史大夫以为当击，帝卒用捐之议，罢珠崖郡。又如宋代每有大事，必令两制侍从诸臣集议，明代之内阁六部都察院通政司六科诸臣集议，清代之王大臣会议，虽然与议的人选和资格的限制，各朝不尽相同，但君主不以私见或成见独断国家大政，却是历朝一贯相承的。

封驳制度概括地说，可以分作两部分。汉武帝以前，丞相专决国事，权力极大，在丞相职权以内所应作的事，虽君主也不能任意干涉。武帝以后，丞相名存职废，光武帝委政尚书，政归台阁，魏以中书典机密，六朝则侍中掌禁令，逐渐衍变为隋唐的三省——中书、门下、尚书——制度，三省的职权是中书取旨，门下封驳，尚书施行，中书省有中书舍人掌起草命令，中书省在得到君主同意或命令，就让舍人起草，舍人在接到词头（命令大意）以后，认为不合法的便可以缴还词头，不给起草。在这局面下，君主就得改换主意。如坚持不改，也还可以第二次第三次发下，但舍人仍可第二次第三次退回，除非君主罢免他的职务，否则，还是拒绝起草。著例如宋仁宗时，富弼为中书舍人封还刘从愿妻封遂国夫人词头。门下省有给事中专掌封驳，凡百司奏钞，侍中审定，则先读而署之，以驳正违失，凡制敕宣行，大事覆奏而请施行，小事则署而颁之，其有不便者，涂窜而奏还，谓之涂归。著例是唐李藩迁给事中，制有不便，就制尾批却之，吏惊请联他纸，藩曰，联纸是牒，岂得云批敕耶。这制度规定君主所发命令，得经过两次审查，第一次是中书省专主起草的中书舍人，他认为不合的可以拒绝起草，舍人把命令草成后，必须经过门下省的审读，审读通过，由给事中签名副署，才行下到尚书省施行。如被封驳，则此事便当作为罢论。这是第二次也是最后一次的审查。如两省官都能称职，坚定地执行他们的职权，便可防止君主的过失和政治上的不合法行为。从唐到明这种制度始终为政府及君主所尊重，在这个时期内君权不但有限制，而且其限制的形式，也似乎不能为现代法西斯国家所接受。

法有两种，一种是成文法，即历朝所制定的法典，一种是不成文法，即习惯法，普通政治上的相沿传统属之。两者都可以纲纪政事，维持国本，凡是贤明的君主必得遵守。不能以喜怒爱憎，个人的感情来破法坏法。即使有特殊情形，也必须先经法的制裁，然后利用君主的特赦权或特权来补救。著例如汉文帝的幸臣邓通，在帝旁有怠慢之礼，丞相申屠嘉因言朝廷之礼不可以不肃，罢朝坐府中檄召通到丞相府，不来且斩，通求救于帝，帝令诣嘉，免冠顿首徒跣谢，嘉谓小臣戏殿上，大不敬当斩，史今行斩之，通顿首首尽出血不解，文帝预料丞相已把他困辱够了，才遣使向丞相说情，说这是我的弄臣，请你特赦他，邓通回去见皇帝，哭着说丞相几杀臣。又如宋太祖时有群臣当迁官，太祖素恶其人不与，宰相赵普坚以为请，太祖怒曰，朕固不为迁官，卿若之何！普曰，刑以惩恶，赏以酬功，古今通道也，且刑赏天下之刑赏，非陛下之刑赏，岂得以喜怒专之。太祖怒甚起，普亦随之，太祖入宫，普立于宫门口，久久不去，太祖卒从之。又如明太祖时定制，凡私茶出境，与关隘不讥者并论死，驸马都尉欧阳伦以贩私茶依法赐死（伦妻安庆公主为马皇后所生）。类此的传统的守法精神，因历代君主的个性和教养不同，或由于自觉，或由于被动，都认为守法是作君主的应有的德性，君主如不守法则政治即失常轨，臣下无所准绳，亡国之祸，跷足可待。

为了使君主不做错事，能够守法，历朝又有台谏制度。一是御史台，主要的职务是纠察官邪，肃正纲纪，但在有的时代，御史亦得言事。谏是谏官，有谏议大夫左右拾遗，补阙，及司谏正言等官，分属中书门下两省（元废门下，谏职并入中书，明废中书，以谏职归给事中兼领）。台谏以直陈主失，尽言直谏为职业，批龙鳞，捋虎须，如沉默不言，便为失职，史记唐太宗爱子吴王恪好畋猎损居人田苗，侍御史柳范奏弹之，太宗因谓侍臣曰，权万纪事我儿，不能匡正，其罪合死。范进曰，房玄龄事陛下，犹不能谏正畋猎，岂可独坐万纪乎？又如魏徵事太宗，直言无所避。若谏取已受聘女，谏作层观望昭陵，谏怠于受谏，谏作飞仙宫，太宗无不曲意听从，肇成贞观之治。宋代言官气焰最盛，大至国家政事，小至君主私事无不过问。包拯论事仁宗前，说得高兴，唾沫四飞，仁宗回宫告诉妃嫔说，被包拯唾了一面。言官以进言纠箴为尽职，人君以受言改过为美德，这制度对于君主政体的贡献可说很大。

两汉以来，政治上又形成了敬天法祖的信条，敬天是适应自然界的规律，在天人合一的政治哲学观点上，敬天的所以育人治国。法祖是法祖宗成宪，大抵开国君主的施为，因时制宜，着重在安全秩序保持和平生活。后世君主，如不能有新的发展，便应该保守祖宗成业，不使失坠；这一信条，在积极方面说，固然是近千年来我民族颓弱落后的主因，但在消极方面说，过去的台谏官却利用以劝告非常态的君主，使其安分，使其不作意外的过举。因为在理论上君主是最高的主宰，只能抬出祖宗，抬出比人君更高的天来教训他，才能措议，说得动听。此类的例子不可胜举，例如某地闹水灾或旱灾，言官便说据五行水是什么，火是什么，其灾之所以成是因为女谒太盛，或土木太侈，或奸臣害政，君主应该积极采取相对的办法斥去女谒，罢营土木，驱诛奸臣，发赈救民。消极的应该避殿减膳停乐素服，下诏引咎求直言以应天变。好在大大小小的灾异，每年各地总有一些，言官总不愁无材料利用，来批评君主和政府，再不然便引用祖宗成宪或教训，某事非祖宗时所曾行，某事则曾行于祖宗时，要求君主之改正或奉行。君主的意志在这信条下，多多少少为天与祖宗所束缚，不敢作逆天或破坏祖宗成宪的事。两千年来只有一个王安石，他敢说“天变不足畏，祖宗不足法，人言不足恤”，除他以外，谁都不敢说这话。

就上文所说，国有大事，君主无适无莫，虚心取决于群议。其命令有中书舍人审核于前，有给事中封驳于后，如不经门下副署，便不能行下尚书省。其所施为必须合于法度，如有违失，又有台谏官以近臣之地位，从中救正，或谏止于事前，或追论于事后，人为之机构以外，又有敬天法祖之观念，天与祖宗同时为君权之约束器。在这样的君主政体下，说是专制固然不尽然，说是独裁，尤其不对，说是黑暗或苛暴，以政治史上偶然的畸形状态，加上于全部历史，尤其不应该。就个人所了解，六百年以前的君权是有限制的，至少在君主不肯受限制的时候，还有忠于这个君主的人敢提出指责，提出批评。近六百年来，时代愈进步，限制君权的办法逐渐被取消，驯至以桀纣之行，文以禹汤文武之言，诰训典谟，连篇累牍，“朕即国家”和西史暴君同符。历史的覆辙，是值得读史的人深切注意的。

历史上的政治的向心力和离心力

历史上有若干时代，军权政权法权财权一切大权，始终握于中央政府之手，各级地方政府唯唯听命，中央之于地方，犹躯干之于手足，令出必行。地方之于中央，犹众星之拱北辰，环侍唯谨。例如宋代和明代。

也有若干时代，中叶以后，大权旁落，地方政府自成单位，其强大者更是操纵中枢，形成尾大不掉之势。中枢政令只及于直属的部分，枝强干弱，失去均衡。例如汉末六朝和唐的后期，清的后期。

前者用科学的术语说，我们叫它作政治上的向心力时代，用政治上的术语说，可叫作中央集权时代。后者则是政治上的离心力时代，也可叫作地方分权时代。为避免和现代的政治术语混淆起见，我们还是用向心力和离心力这两个名词较为妥当。

要详细说明上举几个不同时代的各方面情形，简直是一部中国政治史，颇有不知从何处说起之苦，并且篇幅也不容许。我们不妨用简笔画的办法，举几个有趣的例子来说明。办法是看那个时代人愿意在中央做事，还是在地方做事，前者举宋朝作例，后者举唐朝作例。

宋承五代藩镇割据之后，由大分裂而一统。宋太祖采用谋臣赵普的主意，用种种方法收回地方的兵权、政权、法权、财权。中央直属的军队叫禁军，挑选全国最精锐的军人组成，战斗力最强，挑剩的留在地方的叫厢军，全国各地的厢军总数才和禁军的总数相等，以此在质、量两方面禁军都超过了厢军。各地方政府的长官也都直接由中央任免。地方的司法和财政也都由中央派专使，提点刑狱公事和转运使直辖。府县的长官大部分都带有在中央服务的职名，任满后仍须回中央供职，到地方作事只算是出差（差遣）。在这一个系统之下，就造成了政治上的向心力。宋代的各级官吏，都以到地方服务为回到中央供职的过程，内外虽迭用，但最后的归结还是台阁监寺以至两地。如地位已到了台阁侍从，则出任州守，便算谴谪。反之由外面内召，能到曹郎，便是美迁。“故仕人以登台阁，升禁从为显宦，而不以官之迟速为荣滞，以差遣要剧为贵途，而不以阶勋爵邑有无为轻重。”一般士大夫大多顾恋京师，轻易不肯离去阙下，叶梦得《避暑录话》下记有一则范纯仁的故事说：

范尧夫每仕京师，早晚二膳，自己至婢妾皆治于家，往往镌削，过为简俭，有不饱者，虽晚登政府亦然。补外则付之外厨，加料几倍，无不厌余。或问其故，曰：人进退虽在己，然亦未有不累于妻孥者。吾欲使居中则劳且不足，在外则逸而有余，故处吾左右者，朝夕所言，必以外为乐，而无顾恋京师之意，于吾亦一佐也。前辈严于出处，每致其意如此。

范尧夫是哲宗时的名臣名相，尚且以克削饮食的手段，来节制出处，可见当时一般重内轻外的情形。南渡后半壁江山，政治重心却仍因制度的关系，维护在朝廷，外官纷纷要求京职。《宋会要稿》九五《职官》六〇之二九：

绍兴九年五月二十三日，殿中侍御史周英言：士大夫无安分效职之心，奔走权势，惟恐不及，职事官半年不迁，往往有滞淹之叹。

又一〇六《职官》七九之一二：

庆元二年十月十四日，臣僚言，近日监司帅守，到任之后，甫及半考，或几一年，观风问俗，巡历未周，承流宣化，抚字未遍，即致书当路，自述劳绩，干求朝堂，经营召命。

四年八月二十四日，臣僚言，比年以来，州县官吏，奔竞躁进，相师成风，嘱托请求，恬不知耻，贿赂杂沓于往来之市，汗牍旁午于贵要之门，上下玩

> 习，不以为怪。故作县未几，即求荐以图院辖，作倅未几，即求荐以图作州。作州未几，即求荐以图特节。既得节矣，复图职名，得职名矣，复图召命。

以上二例，固然是政治的病态，却也可看出这时代向心力的程度。

再就唐代说，安史之乱是一个路标，乱前内重外轻，乱后内轻外重。乱前的府兵属于国家，乱后节镇兵强，中央衰弱。乱前官吏任免由朝廷，乱后地方多自辟僚属，墨版假授。乱前财政统一，乱后财赋有留州留使，仅上供是朝廷的收入。乱前中央官俸厚，地方官俸薄，乱后恰好相反。至于河北山东割据的藩镇，则索性一切自主，完全和中央无干。乱前士大夫多重内官，轻外职。此种风气，唐初已极显著，贞观十一年（公元637年）马周上疏即提到这问题，他说：

> 今朝廷独重内官，刺史县令，颇轻其选。刺史多是武夫勋人，或京官不称职始外出，边远之处，用人更轻，所以百姓未安，殆由于此。[1]

长安四年（公元704年）李峤也上疏说：

① 《唐会要》六十八，《刺史》上。

安人之方，须择刺史，窃见朝廷物议，莫不重内官，轻外职，每除牧伯，皆再三披诉。比来所遣外任，多是贬累之人，风俗不澄，实由于此。[①]

神龙元年（公元705年）赵冬曦也说：

今京职之不称者，乃左为外任，大邑之负累者，乃降为小邑，近官之不能者，乃迁为远官。[②]

直至开元五年（公元721年）源乾曜还说：

臣窃见势要之家，并求京职，俊义之士，出任外官，王道均平，不合如此。[③]

这种畸轻畸重的形势，深为当时有识的政治家所忧虑，唐太宗以此自简刺史，令五品以上京官举县令一人。武后时以台阁近臣分典大州，中宗时特敕内外官吏更用，玄宗时源乾曜请出近臣子弟为外官，都想矫正这种弊端。不过全无用处，外官

① 《唐会要》六十八，《刺史》上。

② 《唐会要》六十八，《刺史》上。

③ 《唐会要》五十三。

之望京职，有如登仙。《新唐书·倪若水传》：

> 开元初为中书舍人，尚书右丞，出为汴州刺史……时天下久平，朝廷尊荣，人皆重内任，虽自冗官擢方面，皆自谓下迁。班景倩自扬州采访使入为大理少卿，过州，若水饯于郊，顾左右曰：班公是行若登仙，吾恨不得为驺仆！

等到"渔阳鼙鼓动地来"，胡笳一声，立刻把这一种向心力转为相反的离心力。《新唐书·李泌传》说：

> 贞元三年……时州刺史月俸至千缗，方镇所取无艺，而京官禄寡薄。自方镇入至八座，至谓罢权。薛邕由左丞贬歙州刺史，家人恨降之晚。崔祐甫任吏部员外，求为洪州别驾。使府宾，佐有所忤者，荐为郎官，其迁台阁者，皆以不赴取罪去。泌以为外太重，内太轻，乃请随官闲剧，倍增其俸，时以为宜。而窦参多沮其事，不能悉如所请。

元和时（公元806—820年）李鄘为淮南节度使，内召作相，至祖道泣下，固辞不就。《新唐书》本传：

> 吐突承璀数称荐之，召拜门下侍郎同中书门下平

章事。鄘不喜由宦幸进，及出，祖乐作，泣下谓诸将曰：吾老安外镇，宰相岂吾任乎？至京师，不肯视事，引疾固辞。

这情形恰好是乱前乱后绝妙的对照。士大夫都营求外任，不肯赴阙，人才分散在地方，政府无才可用，末期至用朱朴、郑綮作相，“履霜坚冰至”，其由来也渐矣。

明代政治组织较前代进步，内阁决大政，六部主庶务，都督府司兵籍，都察院司弹劾监察，官无虚设，职与事符。并且卫军全属于国家，地方无私兵。地方政府的组织也较前代简单而严密，严格说只有府县两级，均直属中央。原来的三司（布政使司，按察使司，都指挥使司）皆带使名，以中央官外任，后来增设巡抚，也是以中央大员出巡。总督主两省以上的军务，事定即罢。士大夫以内召为宠命。诏书一下，全国上下奉行唯谨。清代因承明制，却有一部分没有学到家，总督军务成为地方常设的经制的疆吏，权限过大过重，前期国势强盛，尚可以一纸命令节制调动。中叶以后，八旗军力衰弱，代以绿营，洪杨乱起，绿营不能用，复代以练勇。事定后，各省疆吏拥兵自重，内中淮军衍变为北洋系，犹自成一系统，潜势力可以影响国政，义和团乱起，南方各省疆吏竟成联省自立的局面。中央政令不行，地方形同割据。革命起后，北洋系的军人相继当国，形成十六年割据混战的局面。在这期间内，政治上的离心力大过向心力，一般智识分子，多服务于地方，人才分散。我们回顾这两千年的专制政治，无论向心或者离心，都是以独夫之心，操纵数万万人之事。而历朝皇帝，都生怕天下把得不稳，于是大量引用戚族，举全国人的血汗，供一家之荣华富贵，荒淫奢侈。自今而后，我们需要向心，我们更需要统一，但我们必须向心于一个民主的政权，我们必须统一于一个民主的政府之下。

论皇权

一、谁在治天下

在论社会结构里所指的皇权，照我的理解应该是治权。历史上的治权不是由于人民的同意委托，而是由于凭借武力的攫权、独占。也许我所用的“历史”两个字有语病，率直一点说，应该修正为“今天以前”。我的意思是说，在今天以前，任何朝代任何形式的治权，都是片面形式的，绝对没有经过人民的任何形式的同意。

假如把治权的形式分期来说明，秦以前是贵族专政，秦以后是皇帝独裁，最近几十年是军阀独裁。“皇权”这一名词的应用，限于第二时期，时间的意义是从公元前221到公元1911，有2100多年的历史。

皇权是今天以前治权形式的一种，统治人民的时间最长，所加于人民的祸害最久，阻碍社会进展的影响最大，离今天最近，因之，在现实社会里，自觉的或不自觉的毒素中的也最深。例子多得很，袁世凯不是在临死以前，还要过八十三天的皇帝瘾吗？溥仪不是在逊位之后，还在宫中作他的皇帝，后来又跑到东北，在日本卵翼之下，建立伪满洲国，作了几年康德皇帝吗？不是一直到今天，乡下人还在盼望真命天子坐龙庭，少数的城里人也还在想步袁世凯的覆辙吗？

在封建的宗法制度下，无论是贵族专政，是皇帝独裁，是军阀独裁，都是以家族作单位来统治的，都是以血统的关系来决定继承的原则的。一家的家长（宗主）是统治权的代表人，这一家族的荣辱升沉，废兴成败，一切的命运决定于这一个代表人的成败。在隋代有一个笑话，说是某地的一个地主，想作皇帝，招兵买马，穿了龙袍，占了一两个城市，战败被俘，在临刑时，监斩官问他，你父亲呢？说太上皇蒙尘在外。兄弟呢？征东将军死于乱军之中，征西将军不知下落。他的老婆在旁骂："都是这张嘴，闹到如此下场！"他说："皇后，崩即崩耳，世上岂有万年天子？"说完伸脖子挨刀，倒也慷慨。这一个历史故事指出为了作几天、作一两个城市的皇帝，有人愿意付出一家子生命的代价。为了这一家子的皇权迷恋，又不知道有几百千家被毁灭、屠杀。

"成则为王，败则为寇。"流氓刘邦，强盗朱温，流氓兼强盗的朱元璋，作了皇帝，建立皇朝以后，史书上不都是太祖高皇帝吗？谥法不都是圣神文武钦明启运俊德成功，或者类此的极人类好德性的字眼吗？黄巢、李自成呢？失败了。是盗、是贼、是匪、是寇，尽管他们也作过皇帝。旧史家是势利的。不过也说明了一点，在旧史家的传统概念里，军事的成败决定皇权的兴废，这一点是无可置疑的。

皇帝执行片面的治权，他代表着家族的利益，但是，并不代表家族执行统治。换言之，这个治权，不但就被治者说是片面强制的，即就治者集团说，也是独占的、片面的。即使是皇后、皇太子、皇兄皇弟，甚至太上皇、太上皇后，就对皇帝的政治地位而论，都是臣民，对于如何统治是不许参加意见的；一句话，在家庭里，皇帝也是独裁者。正面的例子，如刘邦作了皇帝，他老太爷依然是平民，叨了人的教，让刘邦想起，才尊为太上皇，除了过舒服日子以外，什么事也管不着。反面的例子，石虎的几个儿子过问政事，一个个被石虎所杀。李唐创业是李世民的功劳，虽然捧他父亲李渊作了些年皇帝，末了还是来一手逼宫，杀兄屠弟，硬把老头子挤下宝座。又如武则天要作皇帝，杀儿子，杀本家，一点也不容情。宋朝的基业是赵匡胤打的，兄弟赵匡义也有功劳，赵匡胤作皇帝年代太久了，“烛影斧声”，赵匡义以弟继兄。后来赵匡胤的长子德昭，在北征后请皇帝行赏，也只是一个建议而已，匡义大怒说，等你作皇帝，爱怎么办就怎么办！一句话逼得德昭只好自杀。从这些例子，可以充分说明皇权的独占性和片面性。权力的占有欲超越了家庭的感情，造成了无量数骨肉相残的史例。

皇帝不和他的家人共治天下，那么，到底和谁共治呢？有一个著名的故事，可以答复这个问题，和皇帝治天下的是士大夫。故事的出处是宋李焘《续资治通鉴长编》卷二二一。

> 熙宁四年（公元1071年）三月戊子，上召二府对资政殿，文彦博言："祖宗法制具在，不须更张，以失人心。"上曰："更张法制，于士大夫诚多不悦，然于百姓何所不便。"彦博曰："为与士大夫治天下，非与百姓治天下也。"上曰："士大夫岂尽以更张为非，亦自有以为当更张者。"

这故事的有意义，在于第一，辩论的两方都同意，皇权的运用是与士大夫治天下，非与百姓治天下。第二，文彦博所说的失人心，宋神宗承认是于士大夫诚多不悦，人心指的是士大夫的心。第三，文彦博再逼紧了，宋神宗就说士大夫也有赞成新法的，不是全体反对。总之，尽管双方对于如何巩固皇权——即保守的继承传统制度或改革的采用新政策——的方案有所歧异，但是，对于皇权是与士大夫治天下，皇权所代表的是士大夫的利益，决非百姓的利益，这一基本的看法是完全一致的。

那么，为什么皇帝不与家人治天下，反而与无血统关系的外姓人士大夫治天下呢？理由是家人即使是父子兄弟夫妇，假如与皇帝治天下的话，会危害到皇权的独占性、片面性，"太阿倒持"是万万不可以的。其次，士大夫是帮闲的一群，是食客，他们的利害和皇权是一致的，生杀予夺之权在皇帝之手，作耳目，作鹰犬，六辔在握，驱使自如，士大夫愿为皇权所用，又为什么不用？而且，可以马上得天下，不能以马上治天下，马上政府是不存在的。治天下得用官僚，官僚非士大夫不可，这道理不是极为明白吗？

士大夫治天下也就是社会结构里的绅权，这问题留在论绅权时再说。

二、皇权有约束吗？

皇权有没有被约束呢？费孝通先生说有两道防线，一道是无为政治，使皇权有权而无能。一道是绅权的缓冲，在限制皇权，使民间的愿望，能自下上达的作用上，绅权有他的重要性。（这条防线不但不普遍，而且不常是有效的。）于此，我们来讨论费孝通先生所指的第一道防线。

假如费先生所指的无为政治的意义，即是上文所引的文彦博的话："祖宗法制具在，不须更张。"因承祖先的办法，不求有利，但求无弊，保守传统的政治原则，我是可以同意的。或者如另一例子，《汉书·曹参传》说他从盖公学黄老治术，相齐九年，大称贤相，萧何死，代为相国，一切事务，无所变更，都照萧何的老办法做，择郡国吏谨厚长者作丞相史，有人劝他作事，就请其喝酒，醉了完事。汉惠帝怪他不治事，他就问："你可比你父亲强？"说："差多了。""那么，我跟萧何呢？""也似乎不如。"曹参说："好了。既然他俩都比我俩强，他俩定的法度，你，垂拱而治，少管闲事；我，照老规矩做，不是很好吗？”这是无为政治典型的著例。这种思想，一直到17世纪前期，像刘宗周、黄道周一类的官僚学者，还时时以“法祖”这一名词，来劝主子恪遵祖制。假如无为政治的定义是法祖，我也可以同意的。

成问题的是无为政治并不是使皇帝有权而无能的防线。

相反，无为政治在官僚方面说，是官僚作官的护身符，不求有功，但求无过，好官我自为之，民生利弊与我何干，因循、敷衍、颟顸、不负责任等官僚作风，都从这一思想出发。一句话，无为政治即保守政治，农村社会的保守性、惰性，反映到现实政治，加上美丽的外衣，就是无为政治了。（关于这一点，无为政治和农业的关系，我在另一文章农业与政治上谈到。）

在皇帝方面说，历史上的政治术语是法祖。法祖的史例很多，一类如宋代的不杀士大夫，据说宋太祖立下遗嘱“不杀士大夫”。从太祖以后，大臣废逐，最重的是过岭，即谪戍到岭南去，没有像汉朝那样朝冠朝衣赴市，说杀就杀，不是下狱，就是强迫自裁，甚至如明代的夏言正刑西市。为什么宋代特别优礼士大夫呢？因为宋代皇帝是“与士大夫治天下”的缘故。一种例如明代的东西厂和锦衣卫，两个恐怖的特务机构，卫是明太祖创设的，厂则从明成祖开头，这两个机构作的孽太多了，配说祸“国”殃民（这个“国”严格的译文是皇权），反对的人很多，当然以士大夫为主体，因为士大夫也和平民一样，在厂卫的淫威之下战栗恐惧。可是在祖制的大帽子下，这两个机构始终废除不掉。到明朝中期，士大夫们不得已而求其次，用祖制来打祖制，说是祖制提人（逮捕）必须有驾帖或精微批文（逮捕状），如今厂卫任意捉人，闹得人人自危，要求恢复祖制，捉人得凭驾帖；这样，两个祖制打了架，士大夫们在逻辑上已经放弃原来的立场，默认特务可以逮捕官民，只不过要有逮捕状罢了。前一例因为与士大夫治天下，所以优礼士大夫，政治上失宠失势的不下狱，不杀头，只是放逐到气候风土特别坏的地方，让他死在那里（宋代大臣过岭生还的是例外），从而争取士大夫的支持。后一例子，时代不同了，士大夫不再是伙计，而是奴才，要骂就骂，要打就打，廷杖啦、站笼啦、抽筋剥皮，诸般酷刑，应有尽有，明杀暗杀，情况不同，一落特务之手，决无昭雪之望，祖制反而成为残杀士大夫的工具了。

从这类例子来看，无为政治——法祖并不是使皇权有权而无能的防线。

从另一方面看，祖先的办法，史例，有适合于提高或巩固皇权的，历代的皇帝往往以祖制的口实接受运用。反之，只要他愿意作什么，就不必管什么祖宗不祖宗了。例如要加收田赋，要打内战，要侵略边境弱小民族，要盖宫殿等，一道诏书就行了。好像明武宗要南巡，士大夫们说不行，祖宗没有到南边去玩过，不听，集体请愿，大哭大闹，明武宗发了火，叫都跪在宫外，再一顿板子。死的死，伤的伤，无为政治不灵了，年青皇帝还是到南边去大玩了一趟。

那么，除祖宗以外，有没有其他的制度或办法来约束或防止皇权的滥用呢？我过去曾经指出，第一有敬天的观念，皇帝在理论上是天子，人世上没有比他再富于威权的人，他作的事不会错，能指出他错的只有比他更高的上帝。上帝怎么来约束他的儿子呢？用天变来警告，例如日食、山崩、海啸，以及风、水、火灾、疫疠之类都是。从《洪范》发展到诸史的五行志，从董仲舒的学说发展到刘向的灾异论，天人合一，天灾和人事相适应，士大夫们就利用这个来作政治失态的警告。但是，这着棋是不灵的，天变由你变之，坏事还是要做，历史上虽然有在天变时，作皇帝的有易服避殿素食放囚，以至求直言的诸多记载，也只是宗教和政治合一的仪式而已，对实际政治是不能发生改变的。

第二是议的制度，有人以为两汉以来，国有大事，由群臣集议，博士儒生都可发表和政府当局相反的意见，以至明代的九卿集议，清代的王大臣集议，是庶政公之舆论，是皇权的约束。其实，并不如此。第一，参加集议的都是官僚，都是士大夫。第二，官高的发言的力量愈大。第三，集议的正反结论，最后还是取决于皇帝个人。第四，议只是皇权逃避责任的一种制度，例如清代雍正帝要杀他的兄弟，怕人说闲话，提出罪状叫王大臣集议，目的达到了，杀兄弟的道德责任由王大臣集议而减轻。由此，与其说这制度是约束皇权的，毋宁说它是巩固皇权的工具。

此外，如隋唐以来的门下封驳制度、台谏制度，在官僚机构里，用官僚代表对皇帝诏令的同意副署，来完成防止皇权滥用的现象，一切皇帝的命令都必需经过中书起草，门下审核封驳，尚书施行的连锁行政制度，只存在于政治理论上，存在于个别事例上。所谓："不经凤阁鸾台，何谓为敕？"诏令不经过中书、门下的，不发生法律效力。可是，说这话的人，指斥这手令（墨敕斜封）政治的人，就被这个手令所杀死，不正是对这个制度的现实讽刺吗？又如谏官，职务是对人主谏诤过举，听不听是绝无保证的，传说中龙逢、比干谏而死，是不受谏的例，史书上的魏徵、包拯直言尽谏，英明的君主如唐太宗、宋仁宗明白谏官的用意是为他好，有受谏的美名，其实，不受谏的史例更多。谏净的目的在于维护政权的持续，说是忠君爱主，其实也就是爱自己的官位财产，因为假如这个皇权垮了，他们这一集团的士大夫也必然同归于尽也。

从上文的说明，所得到的结论，皇权的防线是不存在的。虽然在理论上，在制度上，曾经有过一套以巩固皇权为目的的约束办法，但是，都没有绝对的约束力量。

假如从另一角度来看，上文所说的这一些，也许正是费孝通先生所说的绅权的缓冲。不同的是我所指的这一些并不代表民间的愿望，至多只能说是士大夫的愿望，其方向也不是由下而上的，而是皇权运用的一面。这些约束不但不普遍，而且是常常无效的。

治人与法治

历史上的政治家经常提到的一句话是："有治人，无治法。"意思是徒法不足以为治，有能运用治法的治人，其法然后足以为治。法的本身是机械的，是不能发生作用的，譬如一片沃土，辽廓广漠，虽然土壤是十分宜于种植，气候也合宜，假如不加以人力，这片地还是不能发生生产作用。假如利用这片土地的人不是一个道地有经验的农人，一个种植专家，而是一个博徒，游手好闲的纨绔子弟，一曝十寒，这片地也是不会有好收成的。反之，这块好地如能属于一个勤恳精明的老农，有人力，有计划，应天时，顺地利，耕耨以时，水旱有备，丰收自然不成问题。这句话不能说没有道理，就历史的例证看，有治人之世是太平盛世，无治人之世是衰世乱世。因之，有些人就以之为口实，主张法治不如人治。

反之，也有人主张："有治法，无治人。"法是鉴往失，顺人情，集古圣先贤遗教，全国聪明才智之士的精力，穷研极讨所制成的。法度举，纪纲立，有贤德的领袖固然可以用法而求治，相得益彰，即使中才之主，也还可以守法而无过举。

法有永久性，假定是环境不变的时候，法也有伸缩性，假定环境改变了，前王后王不相因，变法以合时宜所以成后王之治，法之真精神真作用即在其能变。所谓变是因时以变，而不是因人以变，至于治人则世间不多得，有治人固然能使世治，但是治人未必能有治人相继，尧舜都是治人，其子丹朱、商均却都不肖，晋武帝、宋文帝都是中等的君主，晋惠帝却是个白痴，元凶劭则禽兽之不若。假使纯以人治，无大法可守，寄国家民族的命运于不肖子白痴低能儿枭獍之手，其危险不问可知，以此，这派人主张法治，以法纲纪国家，全国人都应该守法，君主也不能例外。

就人治论者和法治论者所持论点而论，两者都有其颠扑不破的理由，也都有其论据上的弱点。问题是人治论者的治人从何产生，在世业的社会组织下，农之子恒为农，父兄之教诲，邻里之启发。日兹月兹，习与性成，自然而然会成为一个好农人，继承父兄遗业，纵然不能光大，至少可以保持勿失。治人却不同了，子弟长于深宫，习于左右，养尊处厚，不辨菽麦，不知人生疾苦，和现实社会完全隔绝，中才以上的还肯就学，修身砥砺，有一点教养，却无缘实习政事，一旦登极执政，不知典故，不识是非，任喜怒爱憎，用左右近习，上世的治业由之而衰，幸而再传数传，一代不如一代，终致家破国灭，遗讥史册。中才以下的更不用说了，溺于邪侈，移于嬖幸，骄悍性成，暴恣自喜，肇成祸乱，身死国危，史例之多，不可胜举。治人不世出，治人之子不必贤，而治人之子却依法非治国不可，这是君主世袭制度所造成的人治论者的致命打击。法治论者的缺点和人治论者一样，以法为治固然是天经地义，问题是如何使君主守法，过去的儒家法家都曾费尽心力，用天变来警告，用人言来约束，用谏官来谏诤，用祖宗成宪来劝导。可是这些方法只能诱引中才以上的君主，使之守法，对那些庸愚刚愎的下才，就无能为力了，法无废君之条，历史上偶尔有一两个例子，如伊尹放太甲，霍光废昌邑，都是不世出的惊人举动，为后来人所不敢效法。君主必须世袭，而世袭的君主不必能守法，虽有法而不能守，有法等于无法，法治论者到此也技穷而无所措手足了。

这两派持论的弱点到这世纪算是解决了，解决的枢纽是君主世袭制度的废除。就人治论者说，只要有这片地，就可以找出一个最合于开发这片地的条件的治人，方法是选举。选出的人干了几年无成绩或成绩不好，换了再选一个。治人之后必选治人相继，选举治人的全权操在这片地的全数主人手上。法治论者的困难也解决了，由全数主人建立一个治国大法，然后再选出能守法的治人，使之依法管理，这被选人如不守法，可由全数主人的公意撤换，另选一个能守法的继任，以人治，亦以法治，治人受治于法，治法运用于治人，由治法而有治人，由治人而厉行法治，人治论者和法治论者到此合流了，历史上的争辩告一解决了。

就历史而论，具有现代意义的治法的成文法，加于全国国民的有各朝的法典，法意因时代而不同，其尤著者有唐律和明律。加于治国者虽无明文规定，却有习俗相沿的两句话：“国以民为本，民以食为天。”现代的宪法是被治者加于治国者的约束，这两句话也正是过去国民加于治国者的约束。用这两句话来作尺度，衡量历史上的治国者，凡是遵守约束的一定是治人，是治世，反之是敌人，是乱世。这两句话是治法，能守治法的是治人。治人以这治法为原则，一切施政，以民为本，裕民以足食为本，治民以安民为本，事业以国民的利害定取舍从违，因民之欲而欲之，因民之恶而恶之，这政府自然为人民所拥戴爱护，国运也自然炽盛隆昌。

历史上的治人试举四人作例子说明，第一个是汉文帝，第二是魏太武帝，第三是唐太宗，第四是宋太祖。

汉文帝之所以为治人，是在他能守法和爱民。薄昭是薄太后弟，文帝亲舅，封侯为将军，犯法当死，文帝绝不以至亲曲宥，流涕赐死，虽然在理论上他是有特赦权的。邓通是文帝的弄臣，极为宠幸，丞相申屠嘉以通小臣戏殿上大不敬，召通诘责，通叩头流血不解，文帝至遣使谢丞相，并不因幸臣被屈辱而有所偏护。至于对人民的爱护，更是无微不至，劝农桑，敦孝弟，恭俭节用，与民休息，达到了海内殷富、刑罚不用的境界。

魏太武帝信任古弼，古弼为人忠慎质直，有一次为了国事见太武帝面奏，太武帝正和一贵官围棋，没有理会，古弼等得不耐烦，大怒起捽贵官头，掣下床，搏其耳，殴其背，数说朝廷不治，都是你的罪过，太武帝失容赶紧说，都是我的过错，和他无干。忙谈正事，古弼请求把太宽的苑囿，分大半给贫民耕种，也满口答应。几月后太武帝出去打猎，古弼留守，奉命把肥马做猎骑，古弼给的全是瘦马，太武帝大怒说：笔头奴敢克扣我，回去先杀他（古弼头尖，太武帝形容为笔头）。古弼却对官属说，打猎不是正经事，我不能谏止，罪小。军国有危险，没有准备，罪大。敌人近在塞外，南朝的实力也很强，好马应该供军，弱马供猎，这是为国家打算，死了也值得。太武帝听了，叹息说："有臣如此，国之宝也。"过了几日，又去打猎，得了几千头麋鹿，兴高采烈，派人叫古弼征发五百乘民车来运，使人走后，太武帝想了想，吩咐左右曰，算了吧，笔公一定不肯，还是自己用马运吧。回到半路，古弼的信也来了，说正在收获，农忙，迟一天收，野兽鸟雀风雨侵耗，损失很大。太武帝说，果不出我所料，笔公真是社稷之臣。他不但为民守法，也为国执法，以为法是应该上下共守，不可变易，明于刑赏，赏不遗贱，刑不避亲。大臣犯法，无所宽假，节俭清素，不私亲戚，替国家奠定下富强的基础。

唐太宗以武勇定天下，治国却用文治。内举不避亲，外举不避仇，长孙无忌是后兄，王珪、魏徵都是仇敌，却全是人才，一例登用，无所偏徇顾忌，忧国爱民，至公守法。《唐史》记："上以选人多诈冒资荫，敕令自首，不首者死。未几有诈冒事觉者，上欲杀之，大理少卿戴胄奏据法应流，上怒曰，卿欲守法而使朕失信？对曰，敕者出于一时喜怒，法者国家所以布大信于天下也。陛下忿选人之多诈，故欲杀之，而即知其不可，复断之以法，此乃忍小忿而全大信也。上曰，卿能执法，朕复何忧。”又：“安州都督吴王恪数出畋猎，颇损居人，侍御史柳范奏弹之，恪坐免官，削户三百。上曰，长史权万纪事吾儿，不能匡正，罪当死，柳范曰，房玄龄事陛下，犹不能止畋猎，岂得独罪万纪。上大怒，拂衣而入。久之，独引范谓曰：何面折我！对曰，陛下仁明，臣敢不尽愚直，上悦。”前一事他能捐一时之喜怒，听法官执法。后一事爱子犯法，也依法削户免官，且能容忍侍臣的当面折辱。法平国治，贞观之盛的基础就建筑在守法这一点上。

宋太祖出身于军伍，也崇尚法治，《宋史》记：“有群臣当迁官，太祖素恶其人不与，宰相赵普坚以为请，太祖怒曰，朕固不为迁官，卿若如何？普曰：刑以惩恶，赏以酬功，古今通道也。且刑赏天下之刑赏，非陛下之刑赏，岂得以喜怒专之！太祖怒甚起，普亦随之，太祖入宫，普立于宫门口，久之不去，太祖卒从之。”皇后弟杀人犯法，依法处刑，绝不宽贷，群臣犯赃，诛杀无赦。

从上引四个伟大的治人的例子，说明了治人之所以使国治，是遵绳于以民为本的治法，治法之所以为治，是在治人之尊重与力行。治人无常而治法有常。治人或不能守法，即有治法的代表者执法以使其就范，贵为帝王，亲为帝子，元舅后弟，宠幸近习，在尊严的治法之下，都必须奉法守法，行法从上始，风行草偃，在下的国民自然兢兢业业，政简刑清，移风易俗，臻于至治了。

就历史的教训以论今日，我们不但要有治法，尤其要有治人。治人在历史上固不世出，在民主政治的选择下，却可以世出继出。治人之养成，选出罢免诸权之如何运用，是求治的先决条件。使有治法而无治人，等于无法，有治人而无治法，无适应时宜的治法，也是缘木求鱼，国终不治。

治人与治法的合一，一言以蔽之，曰实行民主政治。

宋官制杂释

《宋史·职官志序》：

宰相不专任三省长官，尚书、门下并列于外，又别置中书禁中，是为政事堂，与枢密对掌大政。天下财赋，内庭诸司，中外管库，悉隶三司。中书省但掌册文、覆奏、考帐；门下省主乘舆八宝，朝会板位，流外考较，诸司附奏挟名而已。台、省、寺、监，官无定员，无专职，悉皆出入分莅庶务。故三省、六曹、二十四司，类以他官主判，虽有正官，非别敕不治本司事，事之所寄，十亡二三。故中书令、侍中、尚书令不预朝政，侍郎、给事不领省职，谏议无言责，起居不记注；中书常阙舍人，门下罕除常侍，司谏、正言非特旨供职亦不任谏诤。至于仆射、尚书、丞、郎、员外，居其官不知其职者，十常八九。

宋沿前朝之旧，官制最为混乱繁复。乾德以来，又因事设官，代有增置，重床叠架，名实俱紊。太宗时罗处约曾言其弊。《宋史》卷四四〇《罗处约传》：处约以朝议欲于三司增十二员判官，乃应诏上奏曰："臣以三司之制非古也……以臣所见，莫若复尚书都省故事，其尚书丞郎、正郎、员外郎、主事、令史之属，请依六典旧仪。以今三司钱刀粟帛管榷支度之事，均在二十四司，如此则各有司存，可以责其集事。今则金部、仓部安能知储廪帑藏之盈虚，司田、司川孰能知屯役河渠之远近，有名无实，积久生常……九寺、三监多为冗长之司，虽有其官，不举其职。"真宗即位，柳开亦上言："臣又以宰相、枢密，朝廷大臣，委之必无疑，用之必至当。铨总僚属，评品职官，内则主管百司，外则分治四海。今京朝官则别置审官，供奉、殿直则别立三班，刑部不令详断，别立审刑，宣徽一司全同散地。大臣不获亲信，小臣乃谓至公。至如银台一司，旧属枢密，近年改制，职掌甚多，加倍置人，事则依旧，别无利害，虚有变更。臣欲望停审官、三班，复委中书、枢密、宣徽院，银台司复归枢密，审刑院复归刑部，去其繁细，省其头目。"[①]咸平四年（公元1021年）杨亿上疏曰："国家遵旧制，并建群司，然徒有其名，不举其职。只知尚书会府，上法文昌，治本是资，政典攸出，条目皆具，可举而行。今之存者，但吏部铨拟，秩曹详覆。自余租庸管榷，由别使以总领；

① 《宋史·柳开传》。

天籍伍符，非本司所校定。职守虽在，或事有所分；纲领虽存，或政非自出。丞辖之名空设而无违可纠，端揆之任虽重而无务可亲。周之六官，于是废矣。且如寺、监素司于掌执，台、阁咸著于规程，昭然轨仪，布在方册。国家虑铨拟之不允，放置审官之司；忧议谳之或滥，故设审刑之署；巩命令之或失，故建封驳之局。臣以为在于纪纲植立，不在于琴瑟更张。若辩论官材归于相府，即审官之司可废矣；详评刑辟属于司寇，即审刑之署可去矣；出纳诏命关于给事中，即封驳之局可罢矣。至于尚书二十四司各扬其职，寺、监、台、阁悉复其旧，按六典之法度，振百官之遗坠，在我而已，夫岂为难。如此则朝廷益尊，堂陛益严，品流益清，端拱而天下治者，由兹道也。"[①]诸人所论均深中时弊，为后来熙宁校《唐六典》、元丰正官制张本。然宋初官之所以日冗，制之所以日繁，太祖、太宗实有深意，非唯徒沿前朝旧贯而已也。盖自唐中期以来，藩镇割据，赋税甲兵均归节下，中朝虚拱，受制群帅，周世宗欲矫其弊而未有所施为。太祖禅立，将帅宰执均周朝臣子，赵氏孤立于上，亦未敢有所更张。迨泽、潞（李筠）、淮南（李重进）相继削平，始罢石守信等以禁兵自隶。继诏诸州选骁卒人为禁兵，萃精锐于京师，因次第罢诸节镇兵权使入奉朝请，又置诸州通判。分地方长吏权。乾德二年始罢前朝范质等三相，代以亲臣赵普，以新进薛居正、吕余庆佐之。继置转

① 《宋史》卷一六八。

运使，尽收诸道财赋实京师。至是地方分权之局乃一变而为中央集权之局，此一变也。大权既集，然立国未久，政府官守均因前朝，中书枢密枢卫所寄，因事集而别置司局，所以分二府之权；因职分而创立“差遣”，所以收臂使之效；此虽杜朝官专擅之渐，然更深官冗职繁之弊。由中央集权，而又转为诸司分权，前朝旧官徒为寄禄，馆阁差遣浸成贵途，此又一变也。新朝佐命固已遍列二府，然中外官司犹是前代旧人；太宗继位后，遂特增举额，广罗俊彦，一经释褐，便入仕途，取士之多，前代无比，待士之厚，后世踵传。以新植之人材，任亲民之重寄，事新政令，屏卫宗家，此又一变也。宋初立国规模大略如此，其谋议大概均发自赵普，李攸《宋朝事实》卷九《官职门》原注：

> 太宗用赵普议，置考课院、审官院，以分中书之权。

注下有案语云：“案赵普卒在淳化三年七月，审官院、考课院置在四年五月。”考《九朝编年》云：从苏易简之请也。此书作赵普，或普先有此议，至是因易简踵成之，然其设官之意，在分中书之权则可断言也。

宋官制以元丰改制故，前后大不同，尤以寄禄官与散官为最易混淆。元人修《宋史》亦复不明前后之别，混杂书之。清儒钱大昕曾论之云：“宋之官制前后不同，元丰以前所云尚书、侍郎、给事、谏议、诸卿、监、郎中、员外郎之属，皆有其名而不任其职，谓之寄禄官，以为叙迁之阶而已。元丰以后，尚书、侍郎等皆为职事官，而以旧所置官为寄禄官。故元丰以后之金紫光禄大夫犹前之吏部尚书也，银青光禄大夫犹前之五部尚书也，正议大夫犹前之六部侍郎也，太中大夫犹前之谏议大夫也，朝请、朝散、朝奉郎，犹前之诸曹员外郎也。元人修史者未审宋时更改之由，其撰诸臣列传也，误以尚书侍郎等为职事官而一概存之，误以大夫郎为散官而多删去之。不知元丰以前所云散官不过如勋封功臣食邑之类，徒为文具无足重轻，史家固宜从略，其后改为寄禄，以校官资之崇卑，则亦不轻矣，著谓寄禄不必书，则如尚书侍郎等在宋初亦是寄禄之阶，又何须一一具载耶？愚意散官不必书而寄禄官不可不书，当以元丰三年为限断。”①

又《宋史》所记典制仅标通旨，苦不详晰，单名类义，会通为难。今以前儒所曾论者略举数例，附著于篇。

（一）官、职、差遣　《宋史·职官志序》：“其官人受授之别，则有官、有职、有差遣。官以寓禄秩、叙位著，职以待文学之选，而别为差遣以治内外之事。”《潜研堂文集》卷三四《答袁简斋书》：“宋时百官除授，有官有职有差遣，如东坡以端明殿学士朝奉郎知州，知州事差遣也，端明殿学士职也，朝奉郎则官也。差遣罢而官职尚存，职落而官如故。古之优

① 《潜研堂文集》卷二八，《跋宋史》。

礼臣工如此。非有大罪，断无侪于编户之理，至明而待士之礼薄矣。”

（二）京朝官、常参官　《宋史·职官志序》：“大凡一品以下谓之文武官，未常参者谓之京官。”《选举志》三：“前代朝官自一品以下者皆曰常参官，其未常参者曰未常参官；宋曰常参者曰朝官，秘书郎以下未常参者曰京官。”陆游《老学庵笔记》卷八：“唐自相辅以下皆谓之京官。言官于京师也。其常参者曰常参官，未常参者曰未常参官。国初以常参官预朝谒，故谓之升朝官，而未预者曰京官。元丰官制行，以通直郎以上朝预宴坐，仍谓之升朝官，而按唐制去京官之名。凡条制及吏牍止谓之承务郎以上，然俗犹谓之京官。”《宋会要·职官》五九之三：“先是常参官自一品以下皆谓之京官，其未常参者谓之未常参官。近代以常参官为朝官，未常参官为京官，故有京朝官之目焉。”

（三）常调、出常调　洪迈《容斋四笔》卷二：“偶见文潞公在元祐中任平章军国重事，宣仁面谕，令具自来除授官职次序一本进呈，公遂具除改旧制节目以奏。其一云：‘吏部选两任亲民，有举主，升通判。通判两任满，有举主，升知州军，谓之常调。知州军有绩效，或有举荐，名实相副者，特擢升转运使副判官，或提点刑狱、府推、判官，谓之出常调。转运使有路分轻重远近之差，河北、陕西、河东三路为重路，岁满多任三司使副，或发运使，发运任满，亦充三司副使。成都路次三路，京东西、淮南又其次，江东西、荆湖、两浙又次之，二广、福建、梓、利、夔路为远小。以上三等路分，转运任满，或就移近上次等路分，或归任省府判官，渐次擢充三路重任。内提点刑狱，则不拘路分轻重除授’。潞公所奏乃是治平以前常行，今一切荡然矣。京朝官未尝肯两任亲民，才为通判，便望州郡至于监司，既无轻重远近之间，不复以序升擢云。”

（四）行、守、试　《宋会要·职官》五六之七：“元丰四年十月二十七日诏，自今除授职事官，并以寄禄官品高下为法。凡高一品以上者为行，下一品者为守，下二品以下者为试。品同者不用行、守、试。”《宋史·职官志三·吏部》《职官志九·叙迁之制》所记同。《潜研堂文集》卷三四《答袁简斋书》：“行、守、试则以官与职之高下而别，《长编》载元丰四年诏：‘曰今除授职事官，并以寄禄官品高下为法。高一品者为行，下一品者为守，二品以下为试，品同者不用行、守、试。’……柳公权书符璘碑，其题云：‘辅国大将军行左神策军将军’，辅国大将军阶正二品，左神策将军阶从三品，此高一品为行之证也。其结衔云：‘朝议大夫守尚书工部侍郎。’朝议大夫阶正五品，侍郎官正四品，此下一品为守之证也。五代时李琪为宰相所私吏当得试官，琪改试为守，遂为同官所纠，此试不如守之证也。判与知之分，则宋次道《春明退朝录》所云‘品同为知，隔品为判’者，得之。宋初曹翰以观察使判颍州，盖用隔品为判之例。后来惟辅臣及官仆射以上领州府事称判，其余皆称知不称判矣。判、知之外又有云权发遣者，则以其资，轻而易进，故于结衔稍示区别。程大昌云：‘以知县资序隔二等而作州者，谓之权发遣以通判资序隔一等而作州者，谓之权知’是也。宋制六曹尚书从二品，而权尚书则正三品，侍郎从三品，而权侍郎从四品，则权知与知亦大有别矣。”

（五）两制、侍从　宋以翰林学士掌内制，中书舍人掌外制，合称两制。赵彦卫《云麓漫钞》卷五：“翰林学士司麻制批答等，为内制，中书舍人六员分房行词，为外制云。”洪迈《容斋三笔》卷一二：“国朝官称谓大学士至待制为侍从，谓翰林学士、中书舍人为两制，言其掌行内、外制也。舍人官未至者，则云知制诰，故称美之为三字。谓尚书侍郎为六部长贰，谓散骑常侍、给事谏议为大两省。其名称如此。今尽以在京职事官自尚书至权侍郎及学士、待制均为侍从，盖相承不深考耳。”

（六）选人　《宋史·选举志·铨法》具言选人入官之法，而不详选人之名何指。按《云麓漫钞》卷四“选人”一条所记较明晰，录以备读《宋史》之参证：“选人之制始于唐，自中叶以来，藩镇自辟召，谓之版授，时号假版官，言官未受王命故假摄之耳。国朝既收诸镇权，自一命以上皆注吏部选，而选人有七阶，留守判官至观察判官为一等，今承直郎。节度掌书记、观察支使为一等，今儒林郎。防御团练军事判官、京府至观察推官为一等，今文林郎。防御团练军事推官为一等，今从事郎。县令、录事参军为一等，今从政郎。试衔知县、知录事为一等，今修职郎。军巡判官、司户等参军、主簿、尉为一等，今迪功郎。宁和间方改从今制，有举官五员及六考以上无过许改入京官。考国初，壬子进士甚鲜，内而侍从、常参官，外而监司、守、倅皆得荐举。历任及四考，有举官四员，许改官。增考为六考，举官为五人于皇祐，罢常参官荐举于康定，罢知杂御史以上荐举于治平，罢通判荐举于熙宁，禁补发于乾道，削荐纸、严岁额于淳熙，增教官、添县丞、诸司属官而员益冗，举削日灭，人有淹滞之叹。”

（七）知县、县令　知县与县令不同，李心传《旧闻证误》卷一：“大抵国初之制，朝官出为县令则解内职，朝官出为知县则带本官。由此言之，令与知县不同，甚明。”《云麓漫钞》卷一〇：“唐制：县令阙，佐官摄县曰知县事。李翱任工部志文云：‘摄富平尉、知县事’是也。今差京官曰知县，差选人曰令，与唐异矣。”于慎行《笔麈》：“宋时大县四千户以上选朝官知，小县三千户以下选京官知，故知县与县令不同。以京朝官之衔知其县事，非外吏也。”

（八）朝官称谓　《宋史·职官志》八：“淳化三年（公元992年）国子祭酒孔维上言：‘中外文武官称呼假借，逾越班制，伏请一切禁断’。太宗命翰林学士宋白等议之。白等请：‘自今文武台、省官及卿、监、郎中、员外并呼本官，太常博士、大理评事并不得呼郎中，诸司使、诸卫将军未领刺史者、及诸司副使不得呼太保，供奉官以下不得呼司徒，校书郎以下令、录事不得呼员外郎，判、司簿、尉不得呼侍御，待诏、医官不得呼奉御，其文武职事州县官，如有检校、兼、试、同正官者，称之。”唐人官称喜标新目，宋仍唐旧，士夫书状亦因仍之。洪迈《容斋四笔》卷一五：“唐人好以他名标榜官称……太尉为掌武，司徒为五教，司空为空士，侍中为大貂，散骑常侍为小貂，御史大夫为亚台、为亚相、为司宪，中丞为独坐、为中宪，侍御史为端公、南床、横榻、杂端，又曰脆梨，殿中为副端，又曰开口椒，监察为合椒，谏议为大坡、大谏，补阙（今司谏）为中谏，又曰补衮，拾遗（今正言）为小谏，又曰遗公，给事郎为夕郎、夕拜，知制诰为三字，起居郎为左螭，舍人为右螭，又并为修注，吏部尚书为大天，礼部尚书为大仪，兵部为大戎，刑部为大秋，工部为大起，吏部郎为小选、为省眼，考功、度支为振行，礼部为小仪、为南省舍人（今为南宫），刑部为小秋，祠部为冰（柄）厅，比部为比盘，又曰昆脚皆头，屯田为田曹，水部为水曹，诸部郎通曰哀鸟、依鸟，太常卿为乐卿，少卿为少常、奉常，光禄为饱卿，鸿胪为客卿，司农为走卿，大理为棘卿，评事为廷平，将作监为大匠，少监为少将，秘书监为大蓬，少监为少蓬，左右司为都公，太子庶子为宫相，宰相呼为堂老，两省相呼为阁老，尚书丞郎为曹长，御史拾遗为院长。下至县令曰明府，丞曰赞府、赞公，尉曰少府、少公、少仙。”唐、宋作者记此者倘多，汇而存之，亦治史者之一助也。

朱元璋的队伍和政权的性质

“在封建国家中，皇帝有至高无上的权力，在各地方分设官职以掌兵、刑、钱、谷等事，并依靠地主绅士作为全部封建统治的基础。”①

元末红军起义的目的是推翻蒙、汉地主阶级的联合统治。就这一点而说，任务是完成了，蒙、汉地主阶级的联合统治确是被推翻了。但是，更进一步，解除阶级对阶级的压迫，却失败了。广大各族人民共同斗争的胜利果实被朱元璋所吞没了。在朱元璋二十年血战的过程中，他最初掌握的主要军事力量是地主武装部队，后来一部分地主参加了他的政权，还陆续招降了一批地主武装部队，出身农民的红军将领也由于取得政权而转化成新的地主阶级了。其中朱元璋和他的家族便是新地主阶级的代表人物。这种变化是由阶级本质决定的。农民是小土地所有者，勤劳朴素，一生在饥饿线上挣扎。在遭遇到残酷压迫、剥削时，他们会奋不顾身，起而反抗。但是还有小私有者

① 《中国革命和中国共产党》，见《毛泽东选集》，第2卷，624页。

的一面，他们渴望能有更多的土地，过更好的日子。在取得胜利以后，他们中间的一些立了功的将领，就蜕变了，成为他们过去所坚决反对的地主阶级分子了。事物的发展使他们走到自己的反面。

元末红军起义时旧地主阶级发生了淘汰的作用。特别是中原地区，一部分大地主被战争所消灭了，遗留下数量很大的空闲的土地。元代后期土地过分集中的现象消失了，这些土地由无地少地的农民耕种。在一个历史时期内，中原地区的土地呈现出分散经营的过程，阶级矛盾缓和了。但另一方面，东南地区一部分旧地主却由于战争而巩固和上升了他们的地位。同时，从战争中又涌现出一批新的地主阶级，他们占有的土地主要在东南人口较为密集的地区。旧新地主占有的土地越多，无地少地的农民也就越多，就这样，这些地区的阶级关系又紧张起来了。结果是从朱元璋建立新皇朝的时期起，江南地区新的农民战争，农民反抗地主的战争就汹涌澎湃地展开了。地区之大，次数之多，斗争的激烈程度，都超过了历史上任何时代。

元末的农民革命战争，破坏了旧秩序和推翻了压迫人民的蒙、汉地主联合统治机构。他们痛恨、仇视地主，尽管在认识上还不可能把地主当作一个阶级来对待，但在行动上，却对地主毫不宽容，逮住就杀，没收地主的粮食、浮财。例如地主阶级的文人宋濂记当时情况说：

当元之季，大盗起沔阳、蔓延江右，陷吉安，既而州兵捣走之。盗所过并落，民皆相梃为变，杀掠巨室，惨酷不忍闻。[①]

贝琼也说：

海内兵变，江南北巨姓右族，不死沟壑，则奔窜散处。[②]

地主阶级则正好相反，他们要保全自己的生命财产，就不得不维护旧秩序，就不能不维护旧政权。阶级利益决定了农民和地主分别站在敌对的阵营。在战争爆发之后，地主们用全力组织武装力量，称为“民”军、“义”军或乡兵，青军，黄军，建立堡砦，抵抗农民军的进攻。现任和退休的官吏、乡绅、儒生和军人是地主军的将领，他们受过教育，有文化，有组织能力，在地方上有威望，有势力。虽然各地方的地主军人各自为战，没有统一指挥和全面作战计划，军事力量也有大小强弱的不同，但因为数量多，分布广，作战顽强，就成为反抗红军的主要敌人了。见于明初人记载的如：

---

① 宋濂：《宋学士文集》卷二十八，《故庐陵张府君光远甫墓碣铭》。

② 贝琼：《贝清江集》卷八，《送王子渊序》。

答失八都鲁：至正十二年（公元1352年）五月，招募襄阳官吏及土豪避兵者得义丁二方，编排部伍，败“贼”于蛮河。[①]

刘焘孙：至正壬辰（公元1352年），天下兵起，红巾乱湖南，常宁陷，州长贰皆弃城遁，（儒学正刘）焘孙独不去，因集民为兵，有众万计，克服其州治，就以民兵守之。[②]

胡深：至正壬辰，江淮俶扰，盗贼蔓延闽浙间，由建之浦城、松溪入龙泉……公乃集乡民共为守御计，而结寨于湖山。[③]

胡嘉祐：元季处州属县寇蜂起……嘉祐走白县令……散家财，募武健之士，得千余人而什伍之，大署其旗为义兵，寇至辄迎击。[④]

陈天锡：元至正十二年壬辰，大盗起江汉间，郡县相继陷，聚落民争揭竿为旗以应寇。天锡白监郡……“自度乡里健儿，一呼之间可得千人，甲胄糗粮，当一一自给，不以烦县官……”……天锡还，朝

① 《元史》卷一百四十二，《答失八都鲁传》。

② 王祎：《王忠文公集》卷二十一，《刘焘孙传》。

③ 王祎：《王忠文公集》卷二十二，《故缙云郡伯胡公行述》。

④ 苏伯衡：《苏平仲文集》卷三，《胡嘉祐传》。

夕聚兵训练如前谋。[1]

萧思和：当元季寇乱，所在靡宁……（吉安）萧思和父子挺然发帑倡义，保障其一乡，终乱不见兵，至今号其里曰桃源。[2]

徽州罗氏：至正辛卯（公元1351年），蕲盗起……罗氏诸子募健儿数百人，整其队伍，部领诣辕门请自效。[3]

永康吕氏：元至正之季，民反处州为盗，转掠而东，陷永康、婺，诸县绎骚弗宁。永康太平里大族吕君文燧散家赀数千万，与弟文烨合谋，募里强壮子弟得二千人，将之与盗屡战，盗败走，复其邑，斩获甚众。[4]

东莞李氏：东莞李氏尤豪于诸族。朝政不行，盗贼蜂起，富民各耑武断，聚兵自卫。既而各据乡土，争为长雄，或更相攻掠，并邑萧然。府君亦结民为保，内授官军，外御群盗，里人赖之以安。[5]

经过二十年的长期战争，长江南北的巨族右姓，有的死于

① 宋濂：《翰苑别集》卷九，《赠进义副尉金溪县尉陈府君墓铭》。

② 杨士奇：《杨文贞集》，《旌义堂记》。

③ 宋濂：《芝园集》卷四，《徽州罗府君墓志铭》。

④ 宋濂：《芝园续集》卷二，《故嘉兴知府吕府君墓碑》。

⑤ 《王静学集》卷二，《凌府君行录》。

战争，有的逃亡到外地。如江阴州大姓许晋：

> 至正十二年七月，红巾陷钱塘，九月陷吴兴、廷陵，十月陷江阴州。州大姓许晋与其子如章，聚无赖恶少，资以饮食，贼四散抄掠，诱使深入，殪而埋之。战于城北之祥符寺，父子俱死。[①]

安陆刘则礼：

> 至正辛卯，两河乱。乃割财募兵，隶四川平章爻著麾下，攻安陆、襄、樊、唐、邓，悉讨平之。兄弟子侄多死于兵。[②]

以上这些例子都是长江以南地区的。至于中原地区，战争更加激烈、惨酷，地区更广，时间更久，不只是这个地区的地主大量地为红军所消灭，就是参加扩廓帖木儿、孛罗帖木儿和关中四将（孔兴、脱列伯、李思齐、张良弼）的关、陕、鲁、豫等地的地主，也大部分随着这些地主军的消灭而消灭了。

一部分旧的大地主被消灭了。另有一部分中小地主的武装则因势力孤单，兵力不敌，投降了朱元璋，参加到这一新统

① 陶宗仪：《辍耕录》。

② 李继本：《一山文集》卷六，《刘则礼传》。

治集团中来。如至正十八年（公元1358年）十二月，浦江县民蒋可大等以民兵来降。二十一年池州东流县乡兵头目许山，自壬辰兵起，聚众二万余人以捍乡里，至是来降。二十二年江西宁州土豪陈龙遣其弟良平率分宁、奉新、通城、靖安、德安、武宁六县民兵二万来降。守吉安的土军元帅孙本立等也来降。二十四年温州土豪周宗道、湘乡土酋易华等降。至于元璋初起时，裹胁驴牌寨的三千民兵和横涧山义兵元帅缪大亨以其众二万人降附，成为元璋军队的主力，那就更不用说了。

这两部分地主，旧地主阶级的残存力量和新兴的地主阶级，构成朱元璋统治集团的基本力量，统治基础。

此外，还由于土地分散经营的结果，农业经济的恢复和发展，孳生了为数广大的中小地主阶层。这部分人的经济力量不大，却人数众多，有文化，有知识，在政治上没有特权，因而不能不拥护、支持新的统治阶级，企图从而取得政治上的特权，来保障和扩大自己的财富。这个阶层的代表人物，当时的知识分子——儒士，是新朝官僚机构所需要的官僚的主要来源。

朱元璋和他的绝大部分将领都是贫苦农民出身的，过去都曾亲身经受过地主的剥削和压迫。朱元璋的父、祖，几辈子都是佃农，他自己没有一寸土地，从小放牛，当和尚，要饭。大将徐达、常遇春、李文忠、邓愈、汤和、沐英、傅友德、廖永忠、吴良、吴祯、丁德兴、耿君用炳文父子、郭兴、郭英、张龙、华高、张铨、顾时、薛显、陈德、唐胜宗、陆仲亨、费聚、郑遇春、周德兴、曹震、张温、陈桓、谢成、李新、俞廷玉、通渊通海父子、胡大海、桑世杰、茅成、孙兴祖、濮英、严德、何文辉、徐司马等人都是出身于贫苦农民的。但是，朱元璋初起时所掌握的军力，却是原来的地主武装。在渡江以后，地主阶级的知识分子陶安、李习、夏煜、孙炎、杨宪、陈遇、秦从龙、杨元杲、阮从道、钱用壬、詹同、答录与权、朱梦炎、陶凯、曾鲁、朱升、崔亮、任昂、乐韶风、安然、鲍恂、吴沉、桂彦良、陈南宾、宋讷、张美和、贝琼、赵俶、钱宰、刘崧、单安仁、朱守仁、开济、程徐、吕文燧等人，不是地主，便是元朝的官僚，大量地参加了。浙东的几家地主大族，刘基、胡深、叶琛、章溢也被迫参加了。各地的许多地主武装降附了。特别重要的是通过战争立了功劳，徐达等农民将领也逐渐拥有庄田佃户了。据洪武四年（公元1371年）的统计，六个国公和二十八个侯，都拥有大量庄田，单是佃户便有三万八千一百九十四户。他的政权也就不能不逐步变质，走到了反面，成为地主阶级的政权了。

官僚政治的故事

一、航海攻心战术

明崇祯十五年（公元1642年）九月，李自成决黄河，灌开封，十月，大败明督师孙传庭于郏县、南阳。十一月，清军分道入侵，连破蓟州、真定、河间、临清、兖州，北京震动。

兵科给事中曾应遴上条陈，提出航海攻心战术。大意是由政府造战船三千艘，载精兵六万，从登莱渡海，直入三韩，攻后金国腹心。这样一来，清军非退不可。崇祯帝大为嘉许，以为真是妙算，可以克敌制胜，手令“该部议奏”。

造船是工部的职掌，作战归兵部管。工部署印侍郎陈必谦复奏：照老规矩，和作战有关的工程，由兵、工二部分任，请特敕兵部分造战船一千五百艘。

内阁票拟（签呈），奉旨“工程由兵、工二部分任，即日兴工”。

造船要一笔大款子，工部分文无有，估价工料银是六百万两。于是上奏：“因内战交通断绝，地方款项不能解京。本部库藏空空，无可指拨。只有开封、归德等府积欠臣部料价银五百多万两，可以移作造船之用。”

这时候，开封被水淹没，归德等府为农民起义军占领。内阁奉旨：“着工部勒限起解，造船攻心，以救内地之急。”

兵部尚书张国维也说：“部库如洗，只有凤阳等府积欠臣部马价银四百余万两，足现在正额，不必另行设法。应速催解部，以应造船之用。”

事实上，凤阳一带经几次战争破坏，加上蝗灾、旱灾，已经上十年没有人烟了。

内阁票拟，奉旨：“下部勒限起解，以应部用。”

这是闰十月中旬的事，正当嘉许、拨款、勒限，以及“兴工”的时候，清军又已攻破东昌、兖州了。

工部想想不妙，到头来还是脱不了干系，又提出具体建议，说是：“战船经费，虽已有整个计划。但是如今京师戒严，九门紧闭。工匠绝迹，无从兴工。原有都水司主事奉派到淮安船厂打造漕船，彼处物料现成，工匠众多，不如就令带造战船，克日可成，庶不误东征大事。”

内阁又票拟，奉旨依议，特给勒谕，以专责成。

这时候已经十二月初旬了。

船厂主事没有拿到一文钱，要造三千条战船，自然办不了。又上条陈说：“造船攻心，大臣妙算，事关国家大计，当然拥护。不过臣衙门所造的是内河运粮之船，并非破浪出海之船。运船、海船，构造不同，形式不同，材料不同，帆柁不同，索缆器物不同，操驾水手不同，当然，建造的工匠也不同。如随便敷衍承造，一旦误事，负不起责任。要造海船，要到福建、广东去造，材料、工匠都合式，不如特敕闽广抚臣，勒限完工，就于彼处招募水手，由海道乘风北上，直抵旅顺口上岸，奋武以震刷皇威，快睹中兴盛事。此系因地因材，事有必然，并非推诿。”

公文上去了，到第二年二月中旬，内阁票拟，奉旨：“下部移咨福广，敕限造船，以纾京畿倒悬之急。”由都察院移咨闽广抚臣照办，是二月底的事。

五月，清军凯旋，京师解严。

九月，两广总督沈犹龙、福建巡抚张肯堂会衔奏报，第一段极口称颂阁臣的妙算，圣主的神威。第二段说臣等已经召集工人，预备木料，拥护国策，以成陛下中兴盛业。第三段顺笔一转，说是不过如今北方安定，而闽广民穷财尽，与其劳民伤财，造而不用，不如暂时停工。

内阁票拟，奉旨下部：“是！”

于是这件纠缠了一年，费了多少笔墨的航海攻心战术的公案就此结束。

所谓官僚政治，有三个字可以形容之：一骗，二推，三拖。

曾应遴要凭空建立一个六万人的海军，一无钱，二无兵，三无计划，更谈不到组织、训练、武器、服装、给养、运输、指挥这一些大问题。信口胡柴，提出口头建议，这是骗。

崇祯帝何尝不明白这道理，只是明白了又怎么样呢？当时无处借款，也无人助战，无友邦支持，一切都无，总得要表示一下呀，于是手令“该部议奏”，也是骗。

工部说这工程该和兵部分任，这是推。

阁臣签呈，由兵、工两部分任，一个钱不给，叫人从纸上空出一队海军，这是骗。

工部说钱是有的，在沉沦的开封，和沦陷的归德。兵部说我也有钱，在十年无人烟的淮西，这又是骗。

建议，再建议，签呈又签呈，一上一下个把月，这是拖。

骗而下不了场，又一转而推，工部把这差使推给船厂主事，船厂主事推给闽广抚臣，又是奏本、票拟，从北京到淮安，淮安到北京，又从北京到闽广，闽广到北京，（中间还有从闽到广，从广到闽，会衔这一段公文旅行。）来来去去，去去来来，半年过去了，从推又发生拖的作用，推和拖本质上又都是骗。

最后，清兵撤退了，皆大欢喜，内阁以一“是”字了此公案。

大事化为小事，小事化为无事。

从骗到推，到拖，而无。这故事是中国官僚政治的一个典型例子。

也有人说，过去中国的政治，是无为政治，那么，就算这故事是一个无为政治的故事吧。[①]

二、碰头和御前会议

清末大学士瞿鸿禨的《圣德纪略》和金梁（息侯）的《四朝见闻》《光宣小纪》两书，有许多地方可以互相印证。

在瞿中堂的书里，所见到的满纸都是碰头，见皇上碰头，见太后碰头，上朝碰头，索荷包碰头，赐宴碰头再碰头。碰头大概和请安不同，据金息侯的记载，请安是双膝跪在地下，两手垂直的，而碰头则除此以外，似乎还得弯腰把额角碰在地面上吧。《汉书》上邓通见丞相申屠嘉首出血不解，大概是清人所谓碰响头，碰得额角坟起，以至出血。古书上所谓“泥首”，大概也是以首及泥的意思。不过，虽然碰头于古有据，而碰头之多，之数，之津津乐道，满纸都是，则未可以为渊源于古，只能说是清代的特色。

清人作官的秘诀，相传有六个字：“多碰头，少说话。”

年老的官僚多半要作一个护膝，即在膝盖上特别加上一块棉质的附属品，以为长跪时保护膝盖之用。

左宗棠有一次在颐和园行礼，跪久了，腰酸向前伏了一会，立时被弹劾，以为失仪。

---

① 参看戴笠、吴殳：《怀陵流寇始终录》卷十五，《和看花行者的谈往》。

军机大臣朝见两宫议事，一顺溜跪在拜垫上，有几个便殿，地方窄挤成一团，名位低的军机跪得比较远，什么也听不见，议是谈不上的。

照例，一大堆文件，皇太后翻过了，出去上朝，在接见第一批臣僚的短短时间内，军机大臣几人匆匆翻了一下，到召见时，有的事接头，大部分都莫名其妙。两个坐着，一群人跪着，首班跪近，还摸着一点说什么，其余的便有点不知所云了。往往弄得所答非所问，丈二和尚摸不着头脑。说了一阵子，国家大事小事便算定局。

王大臣会议也是这个作风，小官说不了话，大臣不敢说话，领班的亲王不知道说什么话，讨论谈不上，争辩更不会有。多半是亲王说如此如此，大家点头，散会。以后再由属员拟稿，分送各大臣签署奏报。

金息侯叹气说："这真是儿戏！"其实儿戏又何可厚非，小孩子到底天真，这批老官僚的天真在哪里？道道地地的官僚作风而已，儿戏云乎哉！（本节仅凭记忆）

第二篇　世风与世运

论社会风气

宋人张端义在他所著的《贵耳集》中有一段话：

> 古今治天下多有所尚，唐虞尚德，夏尚功，商尚老，周尚亲，秦尚刑法，汉尚材谋，东汉尚节义，魏尚辞章，晋尚清谈，周隋尚族望，唐尚制度文华，本朝尚法令议论。

把每一个时代的特征指出。“尚”从纵的方面，可以说是时代精神，从横的方面，可以说是社会风气。

一时代有它的特殊时代精神，社会风气，也就是有所“尚”，这是合乎历史事实的。成问题的是所尚的“主流”，是发端于“治天下者”？是被治的下层民众？是中间阶层的士大夫集团？

就历代所“尚”而说，三代渺远，我们姑且搁开不说，秦以下的刑法、材谋、节义、辞章、清谈、族望、制度文华、法令议论，大体上似乎都和小百姓无干，治天下者的作用也只是推波助澜，主流实实在在发于中层的士大夫集团，加以上层的提倡，下层的随和，才会蔚为风气，滂薄一世。不管历史对所“尚”的评价如何，就主流的发动而论，转变社会风气，也就是所谓移风易俗，只有中层的士大夫集团才能负起责任。

就上述的所“尚”而论，有所“尚”同时也有所弊。社会风气的正常或健全与否，决定这一社会人群的历史命运，往古如此，即在今日也还是如此。例如秦尚刑法，其弊流为诽谤之诛，参族之刑，残虐天下，卒以自灭。东汉尚节义，固然收效于国家艰危之际，可是也造成了处士盗虚声，矫名饰行，欺世害俗的伪孝廉、伪君子。晋尚清谈，生活的趣味是够条件了，其弊流为只顾耳目口腹的享受，忘掉国家民族的安危。王夷甫一流人的死是不足塞责的。周隋尚族望（唐也还未能免此），流品是“清”了，黄散令仆子弟的入仕，都有一定的出身。谱牒之学也盛极一时，可是用人唯论门第，不责才力，庸劣居上位，才俊沉下品，政治的效率和纲纪也就谈不到了。高门子弟坐致三公，尽忠于所事的道德也当然说不上了。宋尚法令议论，史实告诉我们，宋代的敕令格式，一司一局的海行往往一来就是几百千卷，结果是文吏疲于翻检，夤缘为奸。议论更是不得了，当靖康艰危之际，敌人长驱深入，政府群公还在议战议和议守议逃，议论未决，和战未定，敌人已经不费一兵一卒渡过了黄河进围开封了。饶是兵临城下，还是在议论和战，和战始终不决，战也不能战，和也和不了，终于亡国。

史实明明白白地告诉我们，社会风气所尚的正面，给一群特殊人物以方便，尚族望的给高门子弟以仕进的优先权，尚法令议论的给文墨之士以纵横反覆的际会。反面呢，寒士拮据一生，终被摈斥于台阁之外，国民杀敌破家，不能于国事置喙一字，他们的血是无代价地被这群人所牺牲了。

从历史上的社会风气的正反面，来衡量近三十年来的变局，也许可以给我们以一个反省的机会。

最近三十年间的变革，不能不归功于致力新文化运动的先辈，他们负起了转移社会风气的责任。举具体的例子来说，他们把人从旧礼教旧家庭之下解放出来，他们打倒了父母之命媒妁之言的买卖式婚姻，妇女再嫁和离婚已不再成为社会的话柄。受之父母的头发给剪掉了，缠足解放了。诘屈难解的文言代替以明白易懂的白话，对于旧的传说和史实重新予以科学的评价，传统的经典也从语言学比较文字学各方面予以新的意义。他们也介绍了西洋的新思想，民主与科学，奠定了新时代的学术风气，综合地说明这时期的社会风气，可以说是所尚在“革”。

反面呢？破坏了旧的以后，新的一套还不曾完备地建设起来，小犊偾辕，前进的青年凭着热情、毅力，百折不回地着手建设所憧憬的乐园，他们不顾险阻，不辞劳瘁，继续前进，要完成新文化运动所启示的后果，结局是遇到障碍，时代落在他们的后面。他们的血汇合起来成为一条大河，滋润后一代人的心灵，给史家以凭吊的资料。

这一转变正在继续迈进中，光明已经在望了，突然爆发了不甘奴役的抗战，前后经过了七年的艰苦挣扎，创造了新的时代精神，前一时期的思想的解放，于此转变为整个民族的解放了。

七年来的抗战，完成了民族统一的伟业，提高了国际地位，就对外的同仇敌忾这一点来说，我们做到了史无前例，全国人民一心一德的地步。可是就对内方面说，似乎过度动荡紧张的情绪，使整个社会失去了常态，“人”重新归纳在民族抗战的前提之下，前一时期所破坏的对象，又以另一姿态出见，另一名词出见了。近几年来随着不正常的物价狂跌，安居乐业的悠闲趣味已被生存问题所威胁，随之社会风气也起了重大的空前的变化，这变化根本变化了个人的思想信仰，被变化了的人所作的不正常的活动，也根本促进社会风气的再变化，循环激荡，互相因果，变化的痕迹有线索可寻，病象也极明白，举目前能够看出来而又可说的大概有几方面：

第一是过去造成社会风气的主流，所谓中层集团的渐趋消灭。这集团包括曾受教育的智识分子和小有产者。在历史上这个集团的政治意识是最保守的，下层民众的叛乱，多由这个集团负责任压制和敉平，元末豪族之抵抗香军，清代后期曾、胡、左、李诸人之对抗太平天国即是著例。这七八年来，这集团的人一小部分离开原来的岗位，长袖善舞，扶摇直上，爬到上层去了。大部分人则被自然所淘汰，固定的收入减为战前的百分之四，终日工作所得不及一引车卖浆者流，失去产业，失去过去可以自慰的优越感，鸠形鹄面，捉襟露肘，儿女啼饥号寒，甚至倒毙路旁，冤死床第，被推落在下层。中间阶层将被肃清了。以后会只剩了上层和下层，一富一贫，形成鲜明的对比。

第二是道德观念的改变。前一时代的社会舆论，所称扬的是有才有能的人（这类人虽然事实上并不很多），并不一定以财富为标准，著名的贪官污吏，军阀劣绅，虽然满足于个人生活的享受，却也还知道清议可畏，不敢用圣经贤传的话来强自粉饰。现在则正好相反，能弄钱和赚钱最多的是合乎生存条件的优胜者，社会并不追问他的钱是由于贪污，由于走私，由于囤积，只要腰缠万贯，即使是过去不齿于乡党的败类，也可遨游都市，号为名流，经商入仕，亦商亦官，无不如意。至于遵守法纪，忠心职业的人，不是被排挤，就是困死病死，即使不死，也永远无声无臭，得不到社会的尊敬，更得不到朋友的同情、乡党的称誉。道德的观念，因社会的变革而需要重新估价了。

第三是职业的混淆与贪污。就几年来的见闻，靠固定收入来维持生活的人，逼于环境，非兼差或兼业不能生存，有人甚至于同时兼任三四个机关有给的职务，或者兼管有倍蓰利润的商业，不但学商不分，工商不分，连官商也不分了。东边画卯，西边报到，日夜奔波，以正业为副业，敷衍了事，以兼业为本分，全神贯注，习与性成，以为天经地义，无可非议。不但作事效率无从谈起，单就各行各业各机关的人事异动来说，人人都存三日京兆之心，随时都准备作乔迁之计，人不安业，业也不能择人，社会的国家的损失，在这种职业的混淆和流动之下，简直是不可以数字来计算。更进一步，若干败类藉口于收入不足以赡家养身，公开收受贿赂，营私舞弊，破法坏法，贪污成为风气，置国法清议于不顾，大官小官，都成利薮，大事小事，尽是财源，上行下效，惘然不知廉耻之为何物，这种不正常的现象如不纠正，未来的建国大业，恐怕会有无从下手的困难。

就以上所指出的几方面，综合起来，就历史系统而强为归纳，这时期所尚的恐怕是“利”！美名之为拜金主义。这是一个可怕的病态，比敌人的侵略更可怕的病症。目前如不努力设法转变，用社会的力量来移风易俗，则抗战虽然胜利，恐怕我们的损失将会比失败更为可怕。

论贪污

古语说："无敌国外患者国恒亡。"这是历代相传的名言，颠扑不破的真理。其实，征之于过去的史实，这句话还可引申为："内政修明而有敌国外患者国必不亡!""内政不修而无敌国外患者国恒亡。"

内政不修的涵义极广，举实例说明之，如政出多门，机构庞冗，横征暴敛，法令滋彰，宠佞用事，民困无告，货币紊乱，盗贼横行，水旱为灾等都是，而最普遍最传统的一个现象是贪污。这现象是"一以贯之"，上述种种实例都和她有母子关系，也可以说贪污是因，这些实例是果。有了这些现象才会有敌国外患，反之如政治修明，则虽有敌国外患也不足为患。

贪污这一现象，假如我们肯细心翻读过去每一朝代的历史，不禁令人很痛心地发现"无代无之"，竟是与史实同寿！我们这时代，不应该再讳疾忌医了，更不应该蒙在鼓里夜郎自大了。翻翻陈账，看看历代覆亡之原，再针对现状，求出对症的药石，也许可以对抗建大业有些小补。

一部二十四史充满了贪污的故事，我们只能拣最脍炙人口的大人物举几个例子，开一笔账，“豺狼当道，安问狐狸！”下僚小吏，姑且放开不谈。

过去历史上皇帝是国家元首，皇帝的宫廷财政和国家财政向来分开，但是有时候皇帝昏乱浪费，公私不分，以国产为私产，恣意挥霍，闹得民穷财尽，这种情形，史不绝书。最奇的是皇帝也有贪污的，用不正当的方法收受贿赂，例如汉灵帝和明神宗。汉灵帝为侯时常苦贫，及即位后，每叹桓帝不能作家居，曾无私钱，故卖官聚钱，以为私藏。光和元年（公元178年）初开西邸卖官，二千石二千万，四百石四百万，公千万，郎五百万，富者先入钱，贫者到官然后倍输。崔烈入钱五百万拜司徒，拜日天子临轩，百僚毕会。灵帝忽然懊悔，和左右说，这官卖得上当，那时只要稍为措住一下，他会出一千万的。大将如段颎、张温虽然有功，也还是用钱买，才能作三公。又收天下之珍货，每郡国贡献，先输内廷，名为导引费。又税天下田亩什钱修宫室，内外官迁除都先到西园讲价钱，大郡至二三千万，付了钱才能上任，关内侯值钱五百万。他把国库的金钱缯帛取归内府，造万金堂贮之，藏不下的寄存在小黄门常侍家。黄巾乱起，卒亡汉社。无独有偶，一千四百年后的明神宗也是爱钱胜过爱民的皇帝，他要增殖私产，到处派太监榷税采矿，大珰小监，纵横绎骚，吸髓饮血，以供进奉，有的称奉密旨搜金宝，募人告密，有的发掘历代陵寝，豪夺民产，所至肆虐，民不聊生，大小臣工上疏谏止的一概不理，税监有所纠劾的却朝上夕报，立得重谴。结果内库虽然金银山积，民间却被逼叛乱四起，所遣税监高淮激变于辽东，梁永激变于陕西，陈奉激变于江夏，李奉激变于新会，孙隆激变于苏州，杨荣激变于云南，刘成激变于常镇，潘相激变于江西，瓦解土崩，民流政散，甚至遣使到菲律宾采金，引起误会，侨民被杀的至二万五千人。国库被挪用空乏，到了外患内乱迭起，无可应付时，请发内库存金，却靳靳不肯，再三催讨，才勉强发出一点敷衍面子。他死后，不过二十多年，明朝就亡国了，推原其本，亡国的责任应该由他的贪污行为负责。

皇后贪污亡国的，著名的例子有五代唐庄宗的刘后。刘后出身寒微，既贵，专务蓄财，薪蔬果茹，都贩鬻充私房，到了作皇后时，四方贡献，分作两份，一上天子，一上中宫。又广收货赂，营私乱政，宫中宝货山积，皇后的教和皇帝的制敕并行，藩镇奉之如一。邺都变起后，仓储不足，军士有流言，政府请发内库金帛给军，庄宗要答应，她却说自有天命，不必理会。大臣再三申论，她拿出妆具和三个银盆，又叫三个皇子出去说，人家说宫中蓄积多，不知都已赏赐完了，止留下这些，请连皇子卖了给军士罢。到庄宗被弑后，她却打叠珍宝驮在马鞍上，首先逃命。余下带不走的都被乱军所得。

大臣贪污乱国的更是指不胜屈，著例如唐代的杨国忠、元载，宋代的秦桧、贾似道，明朝的严嵩，清朝的和珅。史书记元载籍没时单胡椒一项就有八百斛，钟乳五百两。严嵩的家产可支军饷数年，籍没时有黄金三万余两白金二百余万两，其他珍宝不可胜计。隐没未抄的不可计数。和珅的家产可以供给全国经费二十年，以半数就能够付清庚子赔款。

太监得君主信任的，财产的数目也多得惊人。例如明代的王振，籍没时有金银六十余库，玉盘百，珊瑚高六七尺者二十余株。刘瑾擅权不过六七年，籍没时有大玉带八十束，黄金二百五十万两，银五千万余两，其他珍宝无算。

一般官僚的贪污情形，以元朝末年作例。当时上下交征，问人讨钱，各有名目，所属始参曰拜见钱，无事白要曰撒花钱，逢节曰追节钱，生辰曰生日钱，管事而索曰常例钱，送迎曰人情钱，勾追曰赍发钱，论诉曰公事钱。觅得钱多曰得手，除得州美曰好地，补得职近曰好窠。遇事要钱，成为风气，种下了亡国的祸根。

武人的贪污在历史上也不能例外，有个著名的故事说，五代时有一个军阀被召入朝，百姓喜欢极了，说是从今拔去眼中钉了，不料这人在朝廷打点花了大钱，又回旧任，下马后即刻征收"拔钉钱"。又有一军阀也被召入朝，年老的百姓都摸摸胡子，会心微笑，这人回任后，也向百姓要"摸胡子钱"。

上下几千年，细读历史，政简刑清，官吏廉洁，生民乐业的时代简直是黄钟大吕之音，少得可怜。史家遇见这样稀觏的时代，往往一唱三叹，低徊景仰而不能自已。

历朝的政治家用尽了心力，想法子肃清贪污，树立廉洁的吏治，不外两种办法，第一种是厚禄，他们以为官吏之所以不顾廉耻，倒行逆施，主要原因是禄不足以养廉，如国家所给俸禄足够生活，则一般中人之资，受过教育的应该知道自爱。如再违法受赃，便是自暴自弃，可以重法绳之。第二种是严刑，国家制定法令，犯法的立置刑章，和全国共弃之。前者例如宋，后者例如明初。

宋代官俸最厚，京朝官有月俸，有春冬服（绫绢绵），有禄粟，有职钱，有元随傔人衣粮傔人餐钱。此外又有茶酒厨料之给，薪蒿炭盐诸物之给，饲马刍粟之给，米面羊口之给。外官则别有公用钱，有职田。小官无职田者别有茶汤钱，给赐优裕，入仕的人都可得到生活的保障，不必顾念身家，一心一意替国家作事。一面严刑重法，凡犯赃的官吏都杀无赦，太祖时代执法最严，中外官犯赃的一定弃市。太宗时代也还能维持这法令，真宗时从轻改为杖流海岛。仁宗以后，姑息成风，吏治也日渐腐败，和初期的循良治行不可同日而语了。明代和宋代恰好相反，明太祖有惩于元代的覆败，用重刑治乱国，凡贪官污吏重则处死，轻也充军或罚作苦工，甚至立剥皮之刑，一时中外官吏无不重足屏息，奉公畏法，仁宣两代继以宽仁之治，一张一弛，倒也建设了几十年的清明政治。正统以后，情形便大不相同了，原因是明代官俸本来不厚，洪武年代还可全支，后来便采用折色的办法，以俸米折钞，又以布折俸米，朝官每月实得米不过一二石，外官厚者不过三石，薄的一石二石，其余都折钞布，钞价贬值到千分之二三，折算实收一个正七品的知县不过得钱一二百文。仰无以事父母，俯无以蓄妻子，除了贪污，更无别的法子可想。这情形政府当局未尝不了解，却始终因循敷衍，不从根本解决，上下相蒙，贪污成为正常风气，时事也就不可问了。

由于上述两个例子，宋代厚禄，明初严刑，暂时都有相当效果，却都不能维持久远。（但是比较的说，宋代一般的吏治情形要比明代好一点。）原因是这两个办法只能治标，对贪污的根本原因不能发生作用。治本的唯一办法，应该从整个历史和社会组织去理解。

一直到今天为止，我们的政治，我们的社会组织，我们的文化都是以家族为本位的。在农村里聚族而居，父子兄弟共同劳作，在社会上工商也世承其业，治国平天下的道理也从修身齐家出发。孝友睦姻是公认的美德，几代同居的大家族更可以夸耀乡党。作官三辈爷，不但诰封父母，荫及妻子，连亲戚乡党也鸡犬同升。平居父诏其子，兄诏其弟以作官发财，亲朋也以此相勉，社会也以此相钦羡，“个人”在这环境下不复存在，一旦青云得路，父族妻族儿女姻戚和故旧乡里都一拥而来，禄薄固不能支给，即禄厚又何尝能够全部应付，更何况上官要承迎，要人要敷衍，送往迎来，在在需钱！如不贪污非饿死冻死不可！固然过去也有清官，清到儿女啼饥号寒，死后连棺材也买不起的。也有作官一辈子，告休后连住屋也没有一间的。可是这类人并不多，一部正史的循吏传也不过寥寥十数人而已。而且打开天窗说亮话，这些人之所以作清官，只是用礼法勉强约束自己，有一个故事说某一清官对人说钱多自然我也喜欢，只是名节可畏，正是一个好例。

根据这个理解，贪污的根绝，治本的办法应该是把“人”从家族的桎梏下解放出来。个人生活的独立，每一个人都为工作而生存，人与人之间无倚赖心。从家族本位的社会组织改变为个人本位的社会组织，自然，上层的政治思想文化也都随之改变。“人”能够独立存在以后，工作的收入足够生活，法律的制裁使他不愿犯禁，厚禄严刑，交互为用，社会上有公开的舆论指导监督，政府中有有力的监察机关举劾纠弹，“衣食足而后知荣辱”，贪污的肃清当然可操左券。

贪污史的一章

吏治的贪污在我国整个历史上，是一个最严重最值得研究的问题。

两个月前作者曾略举历史的例证，撰《论贪污》一文，发表于《云南日报》。在这短文中曾指出："贪污这一现象，假如我们肯细心翻读过去每一朝代的历史，不禁令人很痛心地发现'无代无之'，竟是和史实同寿！我们这时代，不应该再讳疾忌医了，更不应该蒙在鼓里自欺欺人了，翻翻陈账，看看历代覆亡之原，再针对现状，求出对症的药石，也许可以对抗建大业有些小补。"结论是，治本的办法应该是把"人"从家族的桎梏下解放出来，个人生活的独立，每一个人都为工作而生存，人与人之间无倚赖心。从家族本位的社会组织改变为个人本位的社会组织，自然，上层的政治思想文化也都随而改变。"人"能够独立存在以后，工作的收入足够生活，厚禄严刑，交互为用，社会有公开的舆论指导监督，政府中有有力的监察机关举劾纠弹，"衣食足而后知荣辱"，贪污的肃清当然可操左券。所说多属通论，意有未尽，现在专就一个时代研究贪污的现象和背景，作为贪污史的一章。

我所挑选的一个代表时代是明朝，因为这时代离我们近，史料也较多，《明史·循吏传序》说：“明太祖下逮宣仁，抚循休息，民人安乐，吏治澄清者百余年。英武之际，内外多故，而民心无土崩瓦解之虞者，亦由吏鲜贪残，故祸乱易弭也。嘉隆以后，资格既重……庙堂考课，一切以虚文从事，不复加意循良之选，吏治既已日偷，民生由之益蹙。”陈邦彦在他的《中兴政要》书中也说：“嘉隆以前，士大夫敦尚名节，游宦来归，客或询其囊橐，必嗤斥之。今天下自大吏于百僚，商较有无，公然形之齿颊，受铨天曹，得羶地则更相庆，得瘠地则更相吊。宦成之日，或垂囊而返，则群相讥笑，以为无能。士当齿学之初，问以读书何为，皆以为博科第，肥妻子而已。一行作吏，所以受知于上者非贿赂不为功，而相与文之以美名曰礼。”检《明史·循吏传》所纪循吏一百二十五人，从开国到正德（公元1368到1521年）一百五十三年中有一百二十人，从嘉靖到明亡（公元1521到1644年）一百二十四年只有五人！清儒赵翼赞叹明代前期的吏治说：“崇尚循良，小廉大法，几有两汉之遗风。”

其实这只是一种比较的说法，事实上嘉隆以前的贪污现象并未绝迹。举著例如洪武时代的勾捕逃军案，兵部侍郎王志受赃二十二万，盗粮案户部侍郎郭桓侵没至千万，诸司官吏系狱至数万人。成祖朝纪纲之作恶，方宾之贪赃，宣宗朝刘观之黩货，英宗朝王振之赂贿兢集，逮杲门达之勒贿乱政，宪宗朝汪直尚铭，武宗朝刘瑾、江彬、焦芳、韩福、张綵之权震天下，公然纳贿，几乎没有一个时代是不闹得乌烟瘴气的。和嘉靖以来的严嵩、魏忠贤两个时代比较，只是程度上的差异而已。假如像《循吏传》所说，前后两时期真有划然不同之点，那就是陈邦彦所指出的，前一时期，社会尚指斥贪污为不道德，一般士大夫还知道守身自爱，后一时期则贪污成为社会风气，清廉自矢的且被斥为无能。这一风气的变化是值得今日士大夫思之重思之的。

明代吏治的贪污如上举诸例，都已为学人所谂知，不必赘及，现在要说明的是一般的情形。前期如宣德朝可说这朝代的全盛时期，吏治最修明的一阶段了。宣德三年（公元1428年）敕谕说：“比者所司每缘公务，急于科差，贫富困于买办，了中之民服役连年，公家所用十不二三，民间耗费，常数十倍。加以郡邑宦鲜得人，吏肆为奸，征收不时，科敛无度，假公营私，弊不胜纪，以致吾民衣食不足，转徙逃亡，凡百应输，年年逋欠，国家仓廪，月计不足。”十年后，英宗初政，三杨当国，有人上书政府叙述地方吏治情形说：“今之守令，冒牧民之美名，乏循良之善政，往往贪泉一酌而邪念顿兴，非深文以逞，即钩距之求，或假公营私，或诛求百计，经年置人于犴狱，滥刑恒及于无辜，甚至不任法律而颠倒是非，高下其手者有之，刻薄相尚而避己小嫌入人大辟者有之，不贪则酷，不怠则奸，或通吏胥以贾祸，或纵主案以肥家，殃民蠹政，莫敢谁何。”到七年后王振用事，公开的纳贿，公开的勒索，连政府仅存的一点纪纲都扫地而尽了。

到后期上下贪污相蒙，互相援引，辇毂赂遗，往来如织，民苦贪残者宦称卓异，不但不为察典所黜，而且连连升擢。地方官司捕者以捕为外府，收粮者以粮为外府，清军者以军为外府，长吏则有科罚，有羡余，刑驱势逼，虽绿林之豪，无以复加。搜括聚敛，号为常例，公开声说这钱为朝觐为考课之用，上言之而不讳，下闻之而不惊，驯至国家颁一法令，地方兴建事业，都成为官吏的利薮。以搜括所得经营升调，“以官爵为性命，以钻刺为风俗，以贿赂为交际，以嘱托为当然，以循情为盛德，以请教为谦厚”。萧然而来，捆载而去。即使被铨司察黜，最多也不过罢官，即使被抚按弹劾，最多也不过为民，反正良田大宅，歌儿舞女，不但自己受用，连子孙的基业也已打好，区区一官，倒也无足留恋了。

入仕必由科第，科场的关节，用钱买题目的技术也发现了。做官要作宰相，行贿入阁也成公开的秘密了。科名和辅相都可用金钱取得，其他的情形当然类推可知。

纳贿的技术也随时代而进步，前期孝宗时太监李广惧罪自杀，他家的账簿登载文武大臣纳贿数目的被查出，明载某人送黄米若干石，某人白米若干石，孝宗一看吓呆了说，李广能吃多少？后来才知道黄米代表金，白米代表银。后期改以雅称，号为书帕。外官和京官交际，公开有科（给事中）三道（御史）四的比例。开头还假托小书名色，列柬投递标书十册二十册，袖手授受，不让人见，有点忌讳。后来渐渐公开，由白银而黄金而珠玉，数目也逐渐增多。外官和京官出使回来的都以书帕为人情，免不得买一些新书，刻几种新书来陪奉金银珠宝。明代后期刻书之多之滥，就是这个道理。

滔滔者举世皆是也！如饮狂泉，如膺痼疾，上下男女老幼都孜孜矻矻惟利是图，惟钱是贵，不但国家民族的利益谈不到，即是家人父子夫妇兄弟朋友的感情，也以钱来决定其是否持续。

这种风气是怎样造成的？我们最好用当时人的话来说明。

第一是社会教育。读书受苦是为得科名，辛苦得科名是为做官，做官的目的是发财。由读书到发财成为一连串的人生哲学。黄省曾在《吴风录》中说："吴人好游托权要之家，家无担石者入仕二三年即成巨富。由是无不以士为贵。而求入学庠者肯捐百金图之，以大利在后也。"谢肇淛《五杂俎》更说得明白："今之人教子读书，不过取科第耳，其于立身行己不问也。故子弟往往有登朊仕而贪虐恣睢者，彼其心以为幼之受苦，政为今日耳。志得意满，不快其欲不止也。"刘宗周也说："士习之坏也，自科举之学兴而士习日坏。明经取金紫，读易规利禄，自古而然矣。父兄之教，子弟之学，非是不出焉。士童而习之，几与性成，未能操觚，先熟钻刺，一入学校，闯行公庭。等而上之，势分虽殊，行迳一辙。以嘱托为通津，以官府为奴隶，伤风败俗，寡廉鲜耻，即乡里且为厉焉，何论出门而往？尚望其居官尽节，临难忘身，一效之君父乎？此盖已非一朝一夕之故矣。"

贪污在这种社会风气之下，习与性成，诚然，非一朝一夕之故矣！

第二是社会环境。一般读书人在得科名的一天，也就是开始负债的一天。吴应箕在他的《拟进策》里说："士始一窭人子耳。一列贤书，即有报赏宴饮之费，衣宴舆马之需，于是不得不假贷戚友，干谒有司，假贷则期报以异日，谒见则先丧其在我。黠者因之，而交通之径熟，圆巧之习成。拙者债日益重，气日益衰，盖未仕而所根抵于仕者已如此矣。及登甲榜，费且数倍，债亦如之。彼仕者即无言营立家私，但以前此之属债给于民，能堪之乎？"甚至一入仕途，债家即随之赴任，京债之累，使官吏非贪污不可。陶奭龄说："今寒士一旦登第，诸凡舆马仆从饮食衣服之类，即欲兴膏粱华腴之家争为盛丽，秋毫皆出债家。谒选之后，债家即随之而至，非盗窃帑藏，朘削闾阎，何以偿之？"周顺昌在作官后，被债主所逼，向他的亲戚诉苦说："诸亲友之索债者填门盈户，甚至有怒面相詈者。做秀才时艰苦备历，反能以馆谷怡二人，当大事。今以滥叨之故，做一不干净人，五年宦游，不能还诸债主，官之累人也多矣。"这是一个不合时代的书呆子，难怪他日后死于魏忠贤之手。

第三是政治环境。皇帝要进献，得宠的内官要贿赂，内阁要，吏部也要，有关的京官也要，上层的抚按要，知府更非多送不可，层层贿赂，层层剥削，钱一本说："以远臣为近臣府库，以远近之臣为内阁府库。"刘宗周说："一令耳，上官之诛求，自府而道，自道而司，自司而抚而按，而过客，而乡绅，而在京之权要，递而进焉，肆应不给……”举实例如刘瑾用事时，凡入觐出使官，皆有厚献。给事中周钥勘事归，以无金自杀，令天下巡抚入京受敕，输瑾赂，延绥巡抚刘宇不至，逮下狱。宣府巡抚陆完后至，几得罪，既赂乃令试职视事。上下左右都是贪污的环境，如不照样行贿，不但作不成官，反要得罪，教人如何能不贪污！

第四是政治制度。明代官俸之薄，是有史以来所少见的。宣德时朝臣月薪止给米一石，外官不过三石，原来的俸钞，因为贬值，每贯止实值二三钱。举例说正一品官月俸米八十七石，七品官米七石五斗。洪武时代官俸全给米，有时以钱钞折支，照物价钞一贯钱一千抵米一石，到后钞价日落，才增定每石米折钞十贯。正统时又规定五品以上，米二钞八，六品以下，米三钞七。后又改在外官月支本色米二石，其余俱支折色。照比例推算，正一品月俸得米十七石四斗，余折钞五百九十六贯，以贯值三钱计，合钱一千七百八十八文。外任正七品官知县实得米二石，得钞五十五贯，合钱一百六十五文。结果内外官都无以为生，朝官至于放遣皂隶，责以薪炭。正统元年（公元1436年）副都御史吴讷要求增俸，举出一实例说：“洪武年间京官俸全支，后因营造减省，遂为例，近小官多不能赡。如广西道御史刘准，由进士授官，月支俸米一石五斗，不能养其母妻子女，贷同官俸米三十余石，去年病死，竟负无还。”六年巡按山西监察御史曹春也上奏说：“今在内诸司文臣，去家远任，妻子随行，然禄厚者月给米不过三石，禄薄者不过一石二石而已，其所折钞，急不得济，九载之间，仰事俯蓄之具，道路往来之费，亲故问遗之需，满罢闲居之用，其禄不赡，则不免移其所守，此所以陷于罪者多也。”他要求廷臣会议，酌量加俸，使其足够养廉。俸额提高以后，如仍有贪污冒法者，立置重典。可是户部以为定制难改，竟不理会。此后几十年，改折的办法虽然稍有调整，但是离生活水准还是很远，中叶以后钞已成废纸，不值一钱，政府收入的款项改为银子，但官员的薪俸折色，却还是照定制发钞，一直未改。除去上述一切情形，单就官俸说，明代的官吏贪污也是实逼使然，是环境造成的。

说士

现代词汇中的军人一名辞，在古代叫作士，士原来是又文又武的，文士和武士的分立，是唐以后的事。

在春秋时代，金字塔形的统治阶级，王、诸侯、大夫以下的阶层就是士，士和以上的阶层比较，人数最多，势力也最大。其下是庶民和奴隶，是劳动者，是小人，应该供养和侍候上层的君子。王、诸侯、大夫都是不亲庶务的，士介在上下层两阶级之间，受特殊的教育，在平时是治民的官吏，在战时是战争的主力。就上层的贵族阶级说，是维持治权的唯一动力，王、诸侯、大夫如不能得到士的支持，不但政权立刻崩溃，身家也不能保全。就下层的民众说，士又是庶政的推动和执行人，他们当邑宰，管理租赋，审判案件（以此，士这名辞又含有司法官的意义，有的时候也叫作士师），维持治安，当司马管理军队，当贾正管理商人，当工正管理工人，和民众的关系最为密切，因之又惯常和民众联在一起。就职业的区分，士为四民之首，其下是农工商。再就教育的程度和地位说，士和大夫最为接近，因之士大夫也就成为代表相同的教育程度和社会地位的一个专门名词。

士在政治上社会上负有特殊任务，在四民中，独享教育的特权。为着适应士所负荷的业务，课程分作六种，称为六艺：礼乐射御书数。内中射御是必修科，其他四种次之。射是射箭和战争技术的训练，御是驾车，在车战时代，这一门功课也是非常重要的。礼是人生生活的轨范，作人的方法，礼不下庶人，在贵族社会中，是最实际的处世之学。乐是音乐，是调剂生活和节制情感的工具，士无故不辍琴瑟，孔子在齐闻韶，三月不知肉味的故事，正可以代表古代士大夫对于音乐的爱好和欣赏的能力，奏乐时所唱的歌词是诗。在外交或私人交际场合，甚至男女求爱时，都可用歌词来表达自己的意思，这些诗被记录下来，保存到现在的叫《诗经》。书是写字，数是算数，要当一个政府或地方官吏，这两门功课也是非学不可的。

士不但受特殊的教育训练，也受特殊的精神训练。过去先民奋战的史迹，临难不屈，见危授命，牺牲小我以保全邦国的可歌可泣的史诗，和食人之禄忠人之事的理论，深深印入脑中。在这两种训练下，养成了他们的道德观念！——忠！忠的意义是应该把责任看得重于生命，荣誉重于安全，在两者发生冲突时，毫不犹豫牺牲生命或安全，去完成责任，保持荣誉。

在封建时代，各国并立，士的生活由他的主人诸侯或大夫所赐的田土维持，由于这种经济关系，士只能效忠于主人。到了秦汉的统一的大帝国成立以后，诸侯大夫这一阶层完全消灭，士便直属于君主与国家，忠的对象自然也转移到对君主对国家了。士分为文武以后，道德观念依然不变，几千年以来的文士和武士，轰轰烈烈，为国家为民族而战争，而流血，而牺牲，不屈不挠，前仆后继，悲壮勇决的事迹，史不绝书。甚至布衣白丁，匹妇老妪，补锅匠，卖菜佣，乞丐妓女，一些未受教育的平民百姓，在国家危急时，也宁愿破家杀身，不肯为敌人所凌辱，这种从上到下，几千年来的一贯信念，是我国的立国精神，是我中华民族始终昂然永存，历经无数次外患而永不屈服，终能独立自主的真精神。

士原来受文事武事两种训练，平时治民，战时治军，都是本分。春秋时代列国的卿大夫，一到战时便统率军队作战，前方后方都归一体（晋名将郤縠以敦诗书礼乐见称，是个著例）。到战国时代，军事渐趋专业化，军事学的著作日益增多，军事学家战术家战略家辈出，文官和军人渐渐开始分别，可是像孟尝君、廉颇、吴起等人，也还是出将入相，既武且文。汉代的大将军、车骑将军、前将军、后将军都是内廷重臣，遇有征伐时，将军固然应该奉命出征，外廷的大臣如御史大夫和九卿也时常以将军号统军征伐，而且文武互用，将军出为外廷文官，外廷文臣改官将军，不分畛域，末年如曹操、孙权都曾举孝廉，曹操横槊赋诗，英武盖世，诸葛亮相蜀，行军时则为元帅，虽然有纯粹的职业军人如吕布、许褚之流，纯粹的文人如华歆、许靖之流，在大体上仍是文武一体。一直到唐代李林甫当国以前，还是边帅入为宰相，宰相出任边帅，内外互用，文武互调。

李林甫作宰相以后，要擅位固宠，边疆将帅多用胡人，胡人不识汉字，虽然立功，也只能从军阶爵邑上升迁，不能入主中枢大政，从此文武就判为两途。安史乱后的郭子仪，奉天功臣李晟，虽然名义上都是宰相，都是汉人，都通文义，却并不与闻政事，和前期李靖、李勣出将入相的情形完全不同了。经过晚唐五代藩镇割据之乱，宋太祖用全力集权中央，罢诸将军权，地方守令都以文士充任，直隶中枢，文士治国，武士作战，成为国家用人的金科玉律，由之文士地位日高，武士地位日低，一味重文轻武的结果，使宋朝成为历史上最不重武的时代。仁宗时名将狄青南北立功，作了枢密使，一些文士便群起攻击，逼使失意而死。南宋初年的岳飞致力恢复失地，也为宰相秦桧所诬杀。文武不但分途，而且成为对立的局面。明代文武的区分更是明显，文士任内阁部院大臣，武士任官都督府卫所，遇着征伐，必以文士督师，武士统军陷阵，武士即使官为将军总兵，到兵部辞见时，对兵部尚书必须长跪。能弯八石弓，不如识一丁字，一般青年除非科举无望，岂肯弃文就武。致武士成为只有技勇膂力而无智识教养的人，在社会上被目为粗人，品质日低，声誉日降，偶尔有一两个武士能通文翰吟咏，便群相惊诧，以为儒将。偶尔有一两个武士发表对当前国事的意见，便群起攻击，以为干政。结果武士自安于军阵，本来无教养学识的，以为军人的职责只是作战，不必求学识。这种心理的普遍化，使上至朝廷，下至闾巷，都以武士不文为当然，为天经地义。武士这一名词省去下一半，武而不士，只好称为武人了。

近百年来的外患，当国的文士应该负责，作战的武士，亦应该负责。七年来的艰苦作战，文士不应独居其功，大功当属于前线流血授命的武士。就史实所昭示，汉唐之盛之强，宋明之衰之弱，士的文武合一和分立，殆可解释其所以然。古代对士的教育和训练，应加以重视，尤其应该着重道德观念——对国家对民族尽责的精神的养成。提高政治水准，为什么而战和有所不为，彻头彻脑明白战争的意义。要提高士的社会地位，必须文事和武事并重，必须政治水准和社会地位提高，这是今后全国所应全力以赴的课题。

论晚明“流寇”

明末“流寇”的兴起，是一个社会组织崩溃时必有的现象，像瓜熟蒂落一样，即使李自成、张献忠这一班暴民领袖不出来，那由贵族太监官吏和地主绅士所组成的统治集团，已经腐烂了，僵化了，肚子吃得太饱了，搜括到的财富已经堆积得使他们窒息了，只要人民能够自觉，团结成为伟大的力量，要求生有的权利，这一个高高的挂在半空中的恶化的无能的机构，是可以一蹴即倒的。

朱明政权的被消灭，被消灭于这政权和人民的对立，杀鸡求卵。被消灭于财富分配的不均，穷人和地主的对立。在三百年前，崇祯十七年（公元1644年）正月兵科都给事中曾应遴明白地指出这现象，用书面警告政府当局，他说：“臣闻有国家者不患寡而患不均，不患贫而患不安。今天下不安甚矣，察其故原于不均耳。何以言之？今之绅富率皆衣租食税，安坐而吸百姓之髓，平日操奇计赢以役愚民而独拥其利，有事欲其与绅富出气力，同休戚，得乎？故富者极其富而至于剥民，贫者极其贫而甚至于不能聊生，以相极之数，成相恶之刑，不均之甚也。”富者愈富，贫者愈贫，绅富阶级利用他们所有的富力，和因此而得到的特殊政治势力，加速地加重地剥削和压迫农民，吸取最后的一滴血液，农民穷极无路，除自杀，除逃亡以外，唯一的活路是起来反抗，团结起来，用暴力推翻这一集团的吸血鬼，以争得生存的权利。

十七世纪初年的农民反抗运动，日渐开展，得到一切被压迫人民的支持，参加，终于广泛地组织起来，用生命去搏斗，无情地对统治集团进攻，加以打击，消灭。这运动，当时的统治集团和后来的正统派史家称之为“流寇”。

“流寇”的发动，成长，和实力的扩充，自然是当时统治集团所最痛心疾首的。他们有的是过分的充足的财富，舒服，纵佚，淫荡，美满而无耻的生活。他们要维持现状，要照旧加重剥削来维持欲望上更自由的需要，纵然已有的产业足够子子孙孙的社会地位的保证，仍然像饥饿的狼，又馋又贪，永远无法满足。然而，当前的变化明朗化了，眼见得被消灭，被屠杀了，他们不能不联合起来，用一切可能的方法，加强统制，加强武力，侮蔑，中伤对方，作最后的挣扎。同时，集团的利益还是不能消除个人利害的冲突，这一集团的中坚分子，即使在火烧眉睫的时候，彼此间还是充满了嫉妒，猜疑，勾心斗角，互相计算。在整三百年前，北平的形势最紧张的时候，政府请勋贵大臣富贾巨商献金救国，话说得极恳切，希望自己人能自己想办法，可是，结果，最著名的一个富豪出得最少，他是皇帝的亲戚，皇帝皇后都动了气，才添了一点点，其他的人自然不会例外，人民虽然肯尽其所有报效国家，可惜的是他们早已被榨干了。三月十九日北平陷落后，这些悭吝的高贵的人们，被毫无怜悯的几夹棍几十板子，大量的金子银子珠宝被搜出以后，一批一批地斩决，清算了他们对人民所造的孽债。皇宫被占领以后，几十间尘封灰积的库房也打开了，里面堆满了黄的金子，白的银子！皇宫北面的景山，一棵枯树下，一条破席子，躺着崇祯皇帝和他的忠心的仆人的尸身！

站在相反的场合，广大的农民群众，他们是欢迎“流寇”的，因为同样是在饥饿线上挣扎的人们。举几个例子，山西的许多城市，没有经过什么战斗便被占领了，因为饿着肚子的人们到处都是，他们作内应，作先遣部队，打开城门，请敌人进来。山东河南的城市，得到“流寇”的安民牌以后，人民恨透了苛捐，恨透了种种名目的征输，更恨的是在位的地方官吏，他们不约而同，一窝蜂起来赶走了地方官，持香设酒，欢迎占领军的光临，有的地方甚至悬灯结彩，远近若狂。又如宣府是京师门户，北方重镇，被围以后，巡抚朱之冯悬重赏募人守城，没人理会。再三申说，城中的军民反而要求准许开城纳款，朱之冯急了，自己单独上城，指挥炮手发炮，炮手又不理会，毫无办法，急得自己点着火线，要发炮，又被军民抢着拉住手，不许放，他只好叹一口气说：“人心离叛，一至如此！”

由于政治的腐败，政府军队大部分是勇于抢劫，怯于作战的，他们不敢和“流寇”正面相见，却会杀手无寸铁的老百姓报功，“将无纪律，兵无行伍，淫污杀劫，惨不可言，尾贼而往，莫敢奋臂，所报之级，半是良民”。民间有一个譬喻，譬“流寇军”如梳，政府军如栉，到这田地，连剩下些过于老实的良民也不得不加入“流寇军”的集团去了。名将左良玉驻兵襄樊，奸淫掳掠，无所不为，老百姓气苦，半夜里放火烧营房，左良玉站不住脚，劫了一些商船逃避下流，左兵未发，老百姓已在椎牛设酒欢迎“流寇”了。其他一些将领，更是尴尬，马扩奉命援凤阳，凤阳被焚劫了四天以后，敌人走了，他才慢慢赶到。归德已经解围，尤圮才敢带兵到城下，颍、亳、安、庐一带的敌人已经唱得胜歌凯旋了，飞檄赴援的部队，连影子也看不见。将军们一个个脑满肠肥，要留着性命享受用人格换来的财富，士兵都是出身于贫困阶层的农民，穿不暖，吃不饱，脸黄肌瘦，走路尚且艰难，更犯不着替剥削他们的政权卖命，整个军队的纪律破坏了，士气消沉，军心涣散，社会秩序，地方安宁都无法维持，朱明政权也不能不随之解体了。

“流寇”的初起，是各地方陆续发动的，人自为战，目的只在不被饥饿所困死。后来势力渐大，兵力渐强，政府军每战必败，才有推翻统治集团的企图。最后到了李自成在1643年渡汉江陷荆襄后，恍然于统治集团的庸劣无能，才决定建立一新政权，从此便攻城守地，分置官守，作争夺政权的步骤，一反过去流窜的作风，果然不到两年，北京政府便被消灭，长江以北大部分被放在新政权之下。这是在李自成初起时所意料不及的。其实与其说这是李自成的成功，还不如说是社会经济的自然崩溃比较妥当。

分析朱明政权的倾覆，就政府当局说，最好的评论是戴笠的《流寇长篇序》，他说："主上则好察而不明，好佞而恶直，好小人而疑君子，速效而无远计，好自大而耻下人，好自用而不能用人。廷臣则善私而不善公，善结党而不善自立，善逢迎而不善执守，善蒙蔽而不善任事，善守资格而不善求才能，善大言虚气而不善小心实事。百年以来，习以为然。有忧念国事者则共诧之如怪物。"君臣都是亡国的负责人，独裁、专制、加上无能的结果是自掘坟墓。

就整个社会组织的解体说，文震孟在1635年上疏《论致乱之源》说："堂陛之地，猜欺愈深，朝野之间，刻削日甚。缙绅蹙靡骋之怀，士子嗟束湿之困。商旅咨叹，百工失业，本犹全盛之海宇，忽见无聊之景色，此致乱之源也。"他又指出政府和人民的对立："边事既坏，修举无谋，兵不精而日增，饷随兵而日益，饷重则税重，税重则刑繁，复乘之以天灾，加之以饥馑，而守牧惕功令之严，畏参罚之峻，不得不举鸠形鹄面无食无衣之赤子而笞之禁之，下民无知，直谓有司仇我虐我，今而后得反之也，此又致乱之源也。"驱民死地，为丛殴雀，文震孟是政府的一员大官，统治集团的一个清流领袖，委婉地说出致乱之源是由于政府的上下当局所造成，官逼民反。

正面的指斥是李自成的檄文，他指斥统治集团的罪状说："明朝昏主不仁，宠宦官，重科第，贪税敛，重刑罚，不能救民水火，日罄师旅，掳掠民财，奸人妻女，吸髓剥肤。"完全违反农民的利益，剥夺人民的生存权利，接着他特别提出他是代表农民利益，而且他本身是出身农民阶层的，他说：“本营十世务农良善，急兴仁义之师，拯民涂炭，士民勿得惊惶，各安生理。各营有擅杀良民者，全队皆斩。”他提出鲜明的口号：“吃他娘，着他娘，吃着不尽有闯王，不当差，不纳粮！”以除力役，废赋税，保障生活为号召，以所掠得统治集团的财富散给饥民，百姓喜欢极了，叫这政府所痛恨的军队为“李公子仁义兵”。他标着鲜明的农民革命的旗帜，向统治集团作致命的打击。在这情势下，对方还是执迷不悟，茫然于当前的危机，抱定对外和平，对内高压的政策，几次企图和关外对峙的建州部族，讲求以不失面子为光荣的和平，只用一小部分军力在山海关内外，堵住建州入侵的门户，作消极的防卫，对内却用全力来消灭“流寇”。同时，内部又互相猜嫌排斥，“有忧念国事者则共诧之如怪物”，继续过着荒淫无耻的生活。对人民则更加强压迫，搜括出最后的血液，驱其反抗。政府和人民的对立情势达于尖锐化，以一小数的腐烂的统治集团来抵抗全体农民的袭击，自然一触即摧，朱明的政权于此告了终结。

十七世纪前期的政府和人民的对立，政府军包围，追逐“流寇”，两个力量互相抵消，给关外的新兴的建州部族以可乘之机，乘虚窜入，建立了大清帝国。这新政权的本质是继承旧传统的，又给铲除未尽的地主绅富以更甦的机会，民族的进展活力又被窒息了三百年！

附带地提出两件事实：

其一是距今三百零一年前的七月二十五日，当外寇内乱最严重的时候，江苏枫桥，举行空前的赛会，绅衿士庶男女老幼，倾城罢市，通国若狂。

其二是距今三百年前的四月初二，江苏吴江在得到北都倾覆的消息以后，举行郡中从来未有的富丽异常的赛会。

这两次亡国的狂欢之后，接着就是嘉定三屠，扬州十日！

论图籍之厄

抗战的建国大业，纲举目张，时贤已多论列，有一事似轻而实重，似可缓而实急，上关几千年来先民精神神智所寄托，下为后世子子孙孙所必守的，是旧藏的图籍的复原的问题。

从有记载以来，因内乱外患而引起的图籍的厄运著例有十几次，第一次是秦始皇的焚书，始皇三十四年（公元前213年）李斯请史官非秦纪者烧之，非博士官所职，天下有藏诗书百家语者皆诣守尉杂烧之，所不去者医药、卜筮、种树之书。制曰可。第二次是王莽之乱，刘歆总群书，著《七略》，大凡三万三千九十卷，莽败（公元前23年）焚烧无遗。第三次是汉末的丧乱，献帝初平元年（公元190年）董卓移都之际，吏民扰乱，自辟雍东观兰台石室宣明鸿都诸藏典策文章，竞共剖散，其缣帛图书，大则连为帷盖，小乃制为縢囊，及王允所收而西者载七十余乘，道路艰远，又弃其半，长安之乱，焚荡泯尽。第四次是惠怀之乱（公元300至312年）京华荡覆，石渠阁文籍，靡有孑遗。第五次是魏师入郢（公元554年），江陵城陷，梁元帝焚古今图书十四万卷，又以实剑砍柱令折，叹为文武道尽。第六次是大业之乱（公元618年）隋西京嘉则殿有书三十七万卷，东都修文殿有正御本三万七千余卷，兵起后焚失殆尽，唐平王世充，得隋旧书八千余卷，浮舟西运，又尽没于水。第七次是安史之乱，唐自武德以来，极意搜书，至开元天宝而极盛，两都各聚书四部，以甲乙丙丁为次，列经史子集四库，渔阳兵起，两都倾覆（公元755年），尺简不存。第八次是广明之乱（公元880年），肃代二帝相继搜访，文宗又诏秘阁采书，四库文书重复完备，黄巢乱起，复致荡然。第九次是靖康之变，宋代图史，一盛于庆历，再盛于宣和，汴都陷落（公元1127年），尽为金人辇载以去。第十次是临安陷落，南宋图书，一盛于淳熙，再盛于嘉定，中兴馆阁书目有书四万五千卷，嘉定又增一万五千卷。伯颜灭宋（公元1279年），尽数捆载以去。第十一次是英法联军（公元1860年），第十二次是八国联军，（公元1900年），这两次外患，北京俱曾被占领，公私藏书因之而流入海外者不可数计，著名世界的《永乐大典》，即因之而散失殆尽。到现在是第十三次的图籍遭厄了！

这一次的图籍损失的详细情形，目前虽然无法精确说明，但就大概而论，国内人文最盛藏书最多的五个城市北平、上海、南京、苏州、杭州已沦陷，国立图书馆如北平图书馆、故宫博物院图书馆的藏书，除掉小部分珍本图书先期南运以外，其余中西图书档案写本全部损失。国立大学图书馆如北京大学、清华大学，私立大学如南开大学，每校都经数十年的经营购置，各有藏书数十万册，变起仓卒，都全部沦陷。上海的藏书，以商务印书馆的涵芬楼为最多，所收地方志之多，全国无出其右，“一·二八”之役涵芬楼被毁，上海沦陷后所有书籍自然也被敌人捆载而走。南京龙蟠里国学图书馆所藏大部多为杭州丁氏八千卷楼善本，苏杭二地的故家和杭州省立图书馆也拥有数量极大的典籍，据说在陷落前，敌人即已精密调查，事后按图索骥，尽数运去。至于其他城市，公家和私人的藏书损失的如山东杨氏的海源阁，南浔刘氏的嘉业堂等更不可计数。例外幸而保全的，据现在所知只有中央研究院历史语言研究所和国立中央大学的藏书安全运到后方，算是替国家替民族保存了一点产业。

除开因战争而损失的图籍以外，在平时珍贵的普通的书籍正如漏卮一样，逐年流到海外，例如日本的静嘉堂文库所藏书大部是归安陆氏十万卷楼和皕宋楼的旧藏，陆家子孙没落了，要卖书，国内找不到买主，只好卖给外国。美国的哈佛燕京社委托燕京大学，□□在北平以□款收购旧书，运往美国。此外美国的国会图书馆、英国的伦敦博物院、法国的巴黎图书馆都收藏有数量极大的中国图籍，这些书都是逐年流出的。

这一次的图籍的损失，数量之多，范围之广，意义的重要，综合起来，也许超过以前十二次的总和。因为第九次以前的书都是写本，卷轴虽多，和后来的刻本书比，一本书要抵十几卷，隋炀帝有书三十七万卷，合起刻本书来，也不过几万册而已。第二在内乱时所损失的书籍，除非是孤本，除非是焚毁，否则楚弓楚得，将来还有办法可以寻访，可以重刻。第三在外患侵入时所损失的，例如汴都的书籍入金，金亡入元，元亡归明，临安的图籍运到大都，元亡后也是为明所继承，始终未曾流亡国外。和现在相比，不但损失的数量无法计算，而且有一部分是古刻本、古写本，一部分是孤本，而且都流出国外，其余的数量最多的普通刻本，有的刊印时代较早，有的校刊特精，有的经学者批注，有的纸墨图版特别考究，就版本学的领域说，都是无法补偿的至宝。即使用现代印刷技术，用摄影用珂罗版覆印，也到底是赝品，和原来的价值不可同日而语。次之刻本书和现代的印书术各有短长，近代刻本的版片，经过这次战争，恐怕都已散失，无法重印。刻本书怕要绝迹，流出海外的普通书的重刻，工费太浩大了，也是一件不可能的梦想。就现在的情势看，我们这一代已经感觉到读书的困难，旧的买不到，新的书出不来，下一代人势将无旧书可读，我们的历史将割成两截，战前和战后，上代和下代无法取得联系，先民精神神智所寄托的著作不复为后人所钻研，所景仰，这是一个意义极严重的问题。

要解救这厄运，我们提议几个具体的方法：

第一，在敌寇无条件投降以后，应该把敌国的公私藏书，凡是中国文字的一律运回，内中一部分是这次被抢去的，照法理应该收回，一部分是过去被收买去的，我们以战胜国的地位，得点战利品也是极应该的。

第二，在盟国的公私图书馆馆中的中文书籍，凡是有重本的，应该商请将重本赠送，如无重本，可以商洽派专家逐种摄影或晒印，运回后精钞数本，分藏各地国立图书馆。

第三，国内藏书家应该将藏书种目呈报政府，政府得就需要出款收买或派人誊录副本。

第四，聘请专家学者组织访书机构，就过去公私书目探求现存图籍种目，编成现存书目，然后再就此目录校查国内所有公私藏书，标明现有者某种共有几部，分藏地点，然后就所无者尽力搜访，务使十年之内，恢复原有现存图籍。

至于外国文字的图书杂志的复原，英美两大盟国俱未遭战祸，将来商请他们的政府和私人捐助，一定不会十分困难。苏联出版事业极发达，虽然被侵损失极大，在复兴文化的立场上，也一定会给我们以慷慨的援助的。

论戊戌变法

一、作不了官怎么办？

清德宗光绪二十四年（公元1898年），以康有为梁启超为中心的变法运动，全盘失败，到今年恰好是五十周年。这一桩历史公案，虽然是半世纪前的事情了，但在今天，似乎还很新鲜，具有现实意义。

这一年是戊戌年，通常叫这一次失败的革新运动为戊戌政变。梁启超曾著有《戊戌政变记》一书，是这次运动最主要的史料。

这一年二月德国胶州湾租借条约签定，三月帝俄租借旅顺大连，四月许英国在广东九龙设立租界，对日承诺福建省不割让于他国，英国租借威海卫。

往前推，光绪二十年中日战争，二十一年订了割地赔款求和的《马关条约》。

再往前，光绪十年的中法战争，法国占安南。同治十年（公元1871年）帝俄占伊犁。咸丰七年到十年（公元1857—

1860年）的英法联军，订了《天津条约》和《北京条约》。道光十九年到二十二年（公元1839—1842年）的鸦片战争，订了《南京条约》。

外侮纷至沓来，主权日蹙一日，士大夫中的进步人物康有为着急了，光绪二十三年十二月，德占胶州后，驰赴北京，上书极陈事变之急说：

> 昔者安南之役，十年乃有东事，割台之后，两载遂有胶州，中间东三省龙州之铁路，滇粤之矿，土司野人山之边疆尚不计矣。自尔之后，赴机愈急，事变之来，日迫一日，教堂遍地，无刻不可起衅，矿产遍地，无处不可要求，骨肉有限，剥削无已。且铁路与人，南北之咽喉已绝，疆臣斥逐，用人之大权亦失。浸假如埃及之管其户部，如土耳其之柄其国政，枢垣总署，彼皆可派其国人，公卿督抚，彼且将制其死命，鞭笞亲贵，奴隶重臣，囚奴士夫，蹂躏民庶，甚则如土耳其之幽废国主，如高丽之祸及君后，又甚则如安南之尽取其土地人民，而存其虚号，波兰之宰割均分，而举其国土，马达加斯加以挑水起衅而国灭，安南以争道致命而社墟，蚁穴溃堤，衅不在大。职恐自尔之后，皇上与诸臣，虽欲苟安旦夕，歌舞湖山而不可得矣，且恐皇上与诸臣求为长安布衣而不可得矣！

士大夫的利害和皇上的利害是一致的，再不想办法，不能“苟安旦夕，歌舞湖山”，甚至不能为“长安布衣”，怎么得了？第二年三月廿七日，京官二百余人在北京粤东会馆召开保国会，主张保地保民保权保教，康有为演说，于列举过去四十天内，失地失权二十事之后，接着说：

夫筑路待商之德廷，道员听其留逐，是皇上之权失，贾谊所谓何忍以帝王尊号为戎人诸侯。二月以来，失地失权之事，已二十见，来日方长，何以卒岁？缅甸安南印度波兰，吾将为其续矣。观分波兰事，胁其国主，辱其贵臣，荼毒缙绅，真可为吾之前车哉！必然之事，安能侥幸而免乎！印度之被灭，无作第六等以上人者。自乾隆三十六年至光绪二年（公元1771至1876年），百余年始有议员二人。香港隶英人，至今尚无科第，人以买办为至荣。英人之窭贫者皆可为大班，吾华人百万之富，道府之衔，红蓝之顶，乃多为其一洋行之买办，立侍其侧，仰视颜色，呜呼哀哉！及今不自强，恐吾四万万人，他日之至荣者不过如此也！

元人始来中国，尝废科举矣。其视安南之进士，抱布贸丝，有以异乎？故我士大夫设想他日，真有不可言者。即有无耻之辈，发愤作贰臣，前朝所极不齿者，而西人必不用中人，以西人之官必有专门，非专学不能承乏也。若使吴梅村在，他日将并一教官不能得，安敢望祭酒哉！即欲如熊开元作僧，而西教专毁偶像，佛像佛殿，将无可存，僧于何依？即欲蹈东海而死，吾中国无海军，即无海境，此亦非干净土矣。做贰臣不得，做僧不得，死而蹈海不得，吾四万万之人，吾万千之士大夫，将何依何归何去何从乎！

痛哭流涕说了一场，说的是如中国成为波兰印度，士大夫便做不成官了，即使发愤作汉奸，人家也不要，作和尚没有庙，投海没有海，怎么办啊！怎么办啊！结论只有一条路，“不责在上而责在下，而责我辈士大夫”，也就是韩文公“天王圣明，臣罪当诛”的译文。他要求士大夫向日本高山正芝学习，学他要求变法，学他“在东京痛哭于通衢，见人辄哭”，终于哭出明治维新来。

士大夫的利益寄托于皇家的存在，要保绅权官权，其前提为保皇权。皇帝是无可责备的，蚩蚩庶民轮不到责备，因之该责备，该挺身而起，为皇家画一蓝图，指出一条“新路”的，也就义不容辞，是士大夫之责了。

可惜，康有为早生了五十年，要不，看看今天的希腊、西班牙、日本以及无数的典型例子，他实在用不着担心。而且，在今天，不但不以买办为辱，有若干士大夫还巴不上这地步呢。吴梅村如在，一定可以作祭酒，熊开元可以作外国和尚。至于蹈海，华盛顿之豪华旅舍，巴西之橡树园，“虽不能至，心向往之！”

二、其惟变法乎？

当年所谓变法，也是今日所谓革新。

时代不同了，当然名目不同。时代变了，这些人没有变，没有变的是“不责在上”。

关于变，康有为主张：“观万国之势，能变则存，不变则亡。全变则强，小变仍亡。”又说：“不变则已，若决欲变，则势当全变。”就理论说，主张全变，就事实说，所谓全变是相对的，即在上不变，士大夫之利益不变，人民之被剥削被虐待被屠杀不变。

何以明之？

第一，所谓戊戌变法，是少数士大夫抬着清德宗实行新政，是以清德宗为主体的自上而下的变而不乱的改良运动。光绪二十三年十二月康有为上书：

> 伏愿皇上因胶警之变，下发愤之诏，先罪己以励人心，次明耻以激士气，集群材咨问以广圣听，求天下上书以通下情，明定国是，与海内更始……最要者，一曰采法日俄以定国是，二曰大集群材以图变政，三曰听任疆臣各自变法。

并且指出要："自兹国事付国会议行，采择万国律例，定宪法公私之分。"次年正月上书："日本维新之始，大誓群臣以定国是，立对策所以征贤才，开制度局而定宪法，皇上若决定变法，请先举此三者。"一句话，他的主张是君主立宪，立宪是为了保障君主的权益，为了巩固士大夫的权益。等到皇家被推翻了，这批改良主义者逻辑上自然成为保皇党。

假定用今天的说法来分析五十年前的局面，慈禧太后、荣禄、袁世凯这个穷凶极恶、反动顽固的集团，宁可将中国送给外国，不与家奴的主张，当然是极右派。孙中山亦即被清廷称为匪徒叛逆、改名"孙汶"所领导的革命党，主张推翻君主，把专制独裁政体连根挖掉，主张实行民主立宪政体的，当然是极左派。至于康有为站在皇帝的立场，反对慈禧的昏庸淫虐，反对满洲亲贵的昏聩无能，是和右派对立的；站在士大夫的立场，对外要保国保权保土保士大夫的利益，对内保皇保教，尤其是保皇这一点，是和左派完全相反的；就保皇而论，和右派一致。所不同的一个是保有位无权的青年皇帝，一个是保有权无位的慈禧太后，一个无权，所以要变法，一个有权，所以不许变法，因而引起正面冲突，造成所谓政变。就立宪而论，又和左派一致，所不同的，康派主张在皇帝领导之下行宪，而革命党则认为立宪的前提为推翻万恶的君主专制独裁制度。正当君主立宪派奔走呼号，大声喊变，开学会，办报馆，演说，请愿的时候，革命党在丢炸弹，搞会党，组民众，声讨那拉氏，正面和清廷斗争。

君主立宪派也就是后来的保皇党，要宪法又要君主的，正是所谓中间路线。

历史的记录证明孙中山先生所领导的路线是正确的，那拉氏和君主立宪派而今安在哉！

第二，如何变呢？据梁启超《新政诏书恭跋》编一简表：

四月二十三日	上谕定国是，举办京师大学堂。
二十五日	上谕引见康有为、张元济、黄遵宪、谭嗣同，梁启超着总理衙门查看具奏。
五月初二日	废八股，科举四书文改试策论。
十五日	官书局译书局并入大学堂，梁启超赏六品衔，办理译书局事务。
十六日	论振兴农务，着各督抚劝谕绅民，兼采中西各法，切实兴办，不准空言搪塞。
十七日	悬赏劝奖鼓励工艺新书新法新器，准予专利售卖，并创建学堂，开辟地利，兴造枪炮等厂，照军功例，给予特赏。
二十一日	裁并绿营练勇，改练西法洋操。
二十二日	令地方兴办中学小学，保护教堂，不准再有教案。

二十三日	举办经济特科。
二十八日	水陆各军，裁空粮，节饷需。
六月初一日	制定科举章程。
初八日	上海《时务报》改为官报。
十一日	各省学堂特派绅士督办。删改衙门则例。
二十三日	上谕褒奖湖南巡抚陈宝箴讲求新政，锐意整顿。筹办水师铁路矿务等专门学堂。
二十九日	于京师设立农工商总局，各省府州县，皆立农务学堂，开农会，刊农报讲农器。各省设农工商分局。
七月初十日	上海设立编译学堂，书籍报纸，一律免税。
十三日	各省设立商会，上海设总商会。
十四日	裁撤冗官，詹事府、通政司、光禄寺、鸿胪寺、太常寺、太仆寺、大理寺归并内阁及礼、兵等部，裁湖北、广东、云南三省巡抚，裁东河总督及粮道、盐道。
二十日	杨锐、刘光第、林旭、谭嗣同赏加四品卿衔，在军机大臣章京

	上行走，参预新政事宜。
二十三日	设立医学堂。
二十六日	设立茶务学堂及蚕桑公院。
二十七日	筹办速成学堂。劝谕绅民创设报馆。
八月一日	户部编岁出岁入表颁行天下。袁世凯以侍郎候补，责成专办练兵事务。

很明白，变的是形式，把书院改学堂，没有提及经费设备师资图书仪器。废了八股文，改为新式时务八股。练新军以用西法操练为要着。振兴实业，多添了若干新式衙门。兴办农务，创办学堂，建立工厂，都用一纸谕旨交绅士去做。果然，如康有为所建请的“诏令日下”，可是“百举”并不维新。

改革不但限于形式，而且只是文字上的。五月二十八日谕旨：“当兹时事多艰，朕宵旰焦劳，力图振作，每待臣下以诚，而竟不以诚相应。各该疆臣身膺重寄，具有天良，何至诰诫谆谆，仍复掩饰支吾，苟且塞责耶！”七月初十日上谕：“近来朝廷整顿庶务，如学堂、商务、铁路、矿政，一切新政，迭经谕令各将军督抚切实筹办，乃各省积习相沿，因循玩懈，虽经严旨敦迫，犹复意存观望。”说明新政的推行，只限于文字，没有丝毫现实的意义和作用。

新政一方面只是形式上文字上的蓝图。另一方面当时最重要的问题，人民的痛苦，没有一字提到，人民的要求，没有一句话说到。谈改革而不顾到人民，设新政而不为人民生活福利着想，即使退一步说，没有政变，这一连串的所谓新政，果真着着推行，也无救乎清皇朝的覆灭，也无法抵抗外来的侵略，这批士大夫还是不免，“求为长安布衣而不可得”，只好到海外去保皇！

三、摇身一变

五十年前的士大夫，今天叫作知识分子，摇身一变，人名变了，本质没变。他们仍然主张变，主张变而不乱，主张“不责在上而责我辈士大夫”。五十年的时间不算长，戊戌这一段史实，在今天看起来，还是新鲜的、现实的，具有教育意义的。

论五四

在中国历史上留下辉煌纪录的五四运动，到今天，屈指已二十六年，人民年年此日举行纪念，尤其是学生，青年的学生，更热爱这一天，憧憬这一天，因为这一天是他们自己的日子。

二十六年占一世纪的四分之一，在中国，三十年为一世，不算太短的时期。当年的青年，过了一世的日子，如今都已鬓发苍苍，在岸然的道貌，崇高的地位掩护下，劝告青年应该“明哲保身，勿偏勿枉”了。当年才出生的婴孩，过了一世的日子，如今也都年富力强，在受大学教育，或者已出校门，为社会服务，为人类争正义，争自由，争解放，争民主，正走着一世以前的青年所曾走的道路。累得中年人老年人在颦眉蹙额，不是说世风不古，而是慨叹世风之复古了！

上一代的青年在反抗旧传统，对礼教宣战，这一代的青年又在反抗上一代的青年，要求自由，要求民主。上一代青年要的是民主和科学，这一代青年所要的还是民主和科学。这一世纪的四分之一，可惜，真如我们中国人的口头禅“虚度”了。

不，不止是虚度，更使人痛心，更使人伤心的是这二十六年是血的时代，以万计，以千百万计的青年们的头颅，换得了支持民族命运的廿六年，换得了一块镀银描金的什么什么招牌，换得了……

“天下有道，庶人不议。”就整个的历史说，有东汉末季的宦官专政，卖官鬻爵，才引起太学生的清议，以致闹成党锢之祸。有建炎时代汪伯彦、黄潜善的朋比乱政，主和误国，才引起太学生陈东、欧阳澈的上书言事，汪、黄不除，二生被杀，金人长驱南下，宋朝几乎全部沦亡。有明末的魏忠贤盗政乱国，阉党横行，才引起东林党议。历代的学生运动都在亡国的前夕，都是对当前的腐烂政治，对误国的权奸，加以针砭，加以讨伐，都是知其不可为而为之，都是被传名追捕，望门投止，膏身草野，喋血市朝，这种至死不屈，为正义为人民服务的至大至刚的精神，真可以惊天地而泣鬼神，为百世师，为子孙式！

历史上时代末叶的学生运动，到现在颠倒了过来，在中华民国开国之初，就爆发了史无前例的五四运动，接着是“五卅”，“三一八”，“九一八”，“一二·九”，以至最近各大学的学生对时局的宣言运动，天真热诚的青年在为国家民族的前途担忧着急，食不甘味，寝不安席地在为国事奔走呼号，在为国事而被“自行失足落水”，失踪。长一辈的上一时代的青年呢？却脑满肠肥，温和地劝导着叫“少安勿躁”，国事我们自有办法，青年还是读书第一，不必受人利用。

是的，我们承认老年人中年人站在超然地位，对国家民族的存亡不闻不问，甚而从中渔利，混水摸鱼，才使得青年人忍无可忍，挺身而负起安危重任，对时代逆流作无情的斗争。青年论政，以至青年问政，都不是正常现象，只有在历史上，在国家民族发生危机时才有过这种情形。但是我们不仅要问，过去和现在，是谁把局面弄糟的？是谁把水弄浑的？是谁葬送了国家民族的利益？

过去的学生运动发生在时代末叶，而当前的学生运动却和国运同符，这是论五四运动所该深切注意的第一点。

其次，我们要究问为什么会有五四运动？

我们明白辛亥革命只是一个狭隘的种族革命，是一个早熟的先天不足的政治革命。结果大清帝国换成中华民国，龙旗改成五色旗，乳臭的溥仪换上老奸巨猾的袁世凯，以至袁世凯的羽翼腹心爪牙冯国璋、段祺瑞、曹锟、徐世昌一伙北洋军阀的余孽，名变貌变而质不变。甚至变本加厉而文以现代化的美名。封建的传统如故，官僚的习气如故，一家一族的利益如故，人民之被剥削被奴役也亦如故！如故的这一套，大清帝国因之以亡国，中华民国反因之以建国！在这腐烂的局面下，自然而然，民主和科学成为不甘腐烂不甘奴役的青年大众的呼声，他们要打倒吃人的礼教，他们要实行思想、学术的自由，人身的解放，从而反对文言，提倡白话，从而接受西洋的新思潮，锻炼组织新的力量。新的坚强的前进的革命主潮，在这运动展开以后，继续不断激起民族解放的思潮，于是而“五卅”，而“三一八”，以至1927年的大革命，都是以五四为其先导。虽然革命的高潮随即带来了反动的逆流，但整个的社会整个的思想界无疑地受到了巨大的影响，激起了空前的变化。

因之，我们可以肯定地说，五四运动是继承辛亥革命、补充辛亥革命的社会的思想的革命。五四运动之所以必然地出现于历史，是因为辛亥革命的早熟和缺陷。这是论五四运动所应该深切认识的第二点。

时至今日——五四运动以后的二十六年，仍然有学生运动，学生仍然不能缄口结舌，要过问国家民族的存亡安危，而且，风起云涌，意义比过去更严重，规模比过去更阔大，在全世界人类为自由、民主、正义与法西斯作伟大壮烈的生死斗争的今天，在中华民族争取独立解放而抗战八年的今天，青年人必然要继承五四光荣的传统精神，从反礼教而转变到反法西斯，反独裁，要求民主，要求自由，要求解放，配合着全世界的民主潮流，努力于奠定人民世纪的伟业。

在这新局面，史所未有的新局面之下，代表人民的青年，起来要求政治的民主。而且更进一步，要求经济的民主。要求思想，言论，出版，通讯，集会，结社，居住，演剧的以至最基本的人身自由，要求团结，要求统一，要求配合盟邦，要求整顿革新内政，用全民的力量，驱逐暴敌，还我河山，这是一个庄严的历史任务，也是今日中华民族的唯一生活。

从反封建而转变为反法西斯，从文化思想的改革转变到政治的经济的改革，从历史走到现实，这是论五四运动所应该深切认识的第三点。

只有用人民的力量才能解决人民本身的问题。只有用人民的力量，才能奠定人民的世纪。

五四以来的血没有白流，五四的精神永远存在，在每一个现代青年的胸膛中，脑袋里！

第三篇　历史与教训

汉代之巫风

一、巫

汉代巫风特盛，武帝世巫蛊之祸，是两汉史中的一件大事。

在先民的原始信仰中，浑浑噩噩，以为风吹草动，星辰运行，甚至一石一木都有不可知的神秘的凭藉者。由惊奇而恐惧，由恐惧而彷徨，由彷徨无所主而发生一种时常在动摇不定的物的崇拜，渐进而成为信仰，成为原始的宗教。替他们解释这神秘，领导着举行宗教的仪式的便是所谓巫和觋。担任这职司的人，大抵都属于族中的耆老，因为他们经验多，识见广，逐渐地成为世袭的专业，作一氏族中的指导者。

《国语·楚语》："古者民神不杂，民之精爽不携二者，而又能齐肃中正……如此则明神降之，在男曰觋，在女曰巫。"巫的职司是乐神；《说文解字》五："巫，祝也。女能事无形以舞降神者之。"《商书》："敢有恒舞于宫，酣歌于室，时谓巫风。"《疏》谓："巫以歌舞事神，故歌舞为巫觋之风俗也。"

巫又能前知；《荀子》："知其吉凶妖祥，伛巫跛击之事也。"又长祝咀；《史记·封禅书》："太初元年西伐大宛，丁夫人雒阳虞初等以方祠咀匈奴大宛焉。"擅祓除求雨之术；《周礼·春官》："女巫掌岁时祓除衅浴，旱暵则舞雩。"[1]

汉兴，尤重巫祝；《汉书·郊祀志上》："令祝立蚩尤之祠于长安，长安置祠祀官、女巫。其梁巫祠天、地、天社、天水、房中、堂上之属。晋巫祠五帝、东君、云中君、巫社、巫祠、族人炊之属。秦巫祠杜主、巫保、族累之属。荆巫祠堂下、巫先、司命、施糜之属。九天巫祠九天。皆以岁时祠宫中。其河巫祠河于临晋，而南山巫祠南山、秦中。秦中者，二世皇帝也。各有时日。"女巫以国家功令所祠的对象不伦不类地什么天、地、山、水、神、鬼、怪物、老巫……一起都被按期举行着古怪的典礼，保存着古代的习尚。

除上述地点以外，齐陈二地因历史的背景，巫风亦极盛。《汉书·地理志》记齐有巫儿："齐襄公淫乱，姑姊妹不嫁，于是国中民家长女不得嫁，名曰巫儿。为家主祠。嫁者不利其家。民至今以为俗。"（这颇和近代一本反对基督教的书——《辟邪纪略》中所记"玛丽"的教徒习惯相仿。）又云："陈太姬妇人尊贵，好祭祀，用史巫，故其俗巫鬼。"巫是女人，所以能出入宫禁，作压禳诅咒的勾当。（《汉书·公孙贺传》，《江

---

① "求雨以女巫。"《左传》僖公二十二年："夏大旱，公欲焚巫尪。"注谓："巫尪女巫也。主祈祷请雨者。"

充传》,《戾太子传》。)

二、神君与西王母

女巫所祠的神中最著是《封禅书》的神君。这故事荒唐得很有意思。对于西王母故事有兴趣的学者，常疑心为什么后来的著述家喜欢把汉武帝作西王母故事中的一个主角？这因缘从什么时候开始发生联系？这一有趣的问题，我们企图在本文中作一比较的解答。《封禅书》中的神君故事如下：

> 是时上求神君，舍之上林号氏观。神君者长陵女子，以子死，见神于先后宛若，宛若祠之其室，民多往祠。平原君[①]往祠，其后子孙以尊显。及今上即位，则厚礼置祠之内中，闻其言不见其人云……文成死明年，天子病鼎湖甚，巫医无所不致，不愈，游水发根言上郡有巫，病而鬼神下之，上召置祠之甘泉。及病，使人间神君，神君言曰：天子无忧病，病少愈，强与我会甘泉。于是病愈，遂起幸甘泉，病良已，大赦，置酒寿宫神君。寿宫神君最贵者太一，其属曰大禁司命之属皆从之，勿可得见，闻其言，言与人音等。时去时来，来则风肃然，居帷室中。时昼

① 武帝外祖母臧儿。

> 言，然常以夜。天子祓，然后入，因巫为主人，关饮食所欲言行下。又置寿宫北宫，张羽旗，设供具，以礼神君。神君所言，上使人受书其言，命之曰画法。其所语世俗之所知也，无绝殊者，而天子心独喜。其事秘，世莫知也。

在后出的《洞冥记》中，我们发现一段故事，和神君极有关系：

> 元光中，帝起灵寿坛，坛上列植垂龙之木，似青梧，高十丈，有朱露，色如丹斗。洒其叶地皆成珠。其枝似龙之倒垂，亦曰珍珠树。此坛高八尺。帝使董谒乘云霞之辇以升坛，至夜三更，闻野鸡鸣，忽如曙，西王母驾元鸾，歌春归乐。谒乃闻王母歌声而不见其形，歌声绕梁，三匝乃止。坛旁草树枝叶，或翻或动，歌之感也。

把两篇东西作一比较，很显明地这两篇有直接血缘关系。因为神君是长陵女子，所以后来的西王母，便从此衍成女性。因为其事秘，世莫知，所以后来西王母和汉武帝的故事，便不得不衍成各个不同的形式。——从太一衍成《洞冥记》《汉武内传》《外传》《仙传》《拾遗》《海内十洲记》《魏夫人传》（《说郛》卷一二三）、《黄帝内传》《墉城集仙录》（《道藏·洞神部·谱箓类》)《真诰》《龟山元录》诸书的西王母，其属大禁司令之属便衍成上元夫人、南极夫人、许双成、王子登等仙真。同时，“公孙卿候神于河南，言见仙人迹缑氏城上，有物如雉，往来城上。天子亲幸缑氏城视迹。”一段记载，也即为后来著作家指明西王母籍贯和氏姓的根据。

三、《焦氏易林》中的故事

《焦氏易林》是汉代一部占筮的书。每一筮辞大抵包含一个以上的故事。筮辞取其通俗，故事求其普遍。在这一部古代的故事总集中，我们发现有关于西王母的达四十条，占全书二十分之一。其中指明西王母的有十五条。在这一些零碎的故事中，可以看出汉代的巫风和民间信仰，和汉代农村社会的生活。

《易林》中言及王母善祷，祝榴，祝词，祷祠，一些巫的职司的有下列诸条。讼之第六需：

> 引船牵头，虽拘无忧，王母善祷，祸不成灾。

谦之第十五节：

> 穿鼻系株，为虎所拘，王母祝榴，祸不成灾，突然自来。

明夷之三十六讼，遂之四十五豫（词作祷，遂作突）：

穿鼻系株，为虎所拘，王母祝词，祸不成灾，遂然脱来。

按坎之二十九大有筮辞王母作灵巫：

棘钩我襦，为绊所拘，灵巫拜祷，祸不成灾。

可见王母即灵巫之一称。王母在古代是对于亲族中的近血缘的女性的通称。在上列的故事中所叙述的是农村未发达，野兽食人时的情事。王母是一氏族中的尊长，自然应该执行灵巫的职司，替被害者祝祷脱祸。

小畜之第九丰：

中田膏黍，以享王母，受福作亿，所求大得。

大壮之三十四咸：

畜鸡养狗，长息有储，耕田有黍，王母喜舞。

蒙之第四巽：

患解忧除，王母相于，与喜俱来，使我安居。

剥之二十三观，无妄之二十五同（末福字作昌）：

王母多福，天禄所伏，居之宠光，君子有福。

这是说王母能尽职祈祷，被她的氏族崇拜作社神，享以膏黍鸡狗，向她求加倍的收获。

农人向王母求农产物丰收，求福求禄，求解患除忧，农妇呢？自然是向王母求子了。鼎之五十萃，明夷之三十六萃，坤之第二贲有同样的筮辞说：

西逢王母，慈我九子，相对欢喜，王孙万户，家蒙福祉。

有了孩子，就须注意到孩子的："无灾无难到公卿。"要他身体长得结实，顽皮。小畜之第九大有有这样的祝词：

金牙铁齿，西王母子，无有患殃，扶舍陟道，到来不久。

又大有之第十四蹇：

金牙铁齿，西王母子，无有患害，减害道利。

《山海经》和《穆天子传》诸书中的西王母记载，或许采自民间传说，或许是民间的巫风受了记载的影响，渗合为一。这先后的安排很值得我们研究。讼之第六泰：

弱水之西，有西王母，生不知死，与天相保。

临之十九临：

弱水之上，有西王母，生不知老，行者危殆。利居善喜。

既济之六三大畜：

弱水之右，有西王母，生不知老，与天相保。不利行旅。

这是打算出外旅行前的筮辞，老巫拈得泰卦，意思是吉利长寿，宜远行。不幸拈到临或既济，“行者危殆，利居善喜”。不利行旅，便应遵守不能出门了。

民众都向王母这老巫求福求什么，自然一般古圣先王也不能例外。周穆王西游的故事，在当时一定脍炙人口，据下列两条，似乎在他出发之前，曾派王良去作先容。临之第十九履：

驾龙骈虎，周遍天下，为人所使，西见王母，不忧不殆。

比之第八蹇：

长股喜走，趋步千里，王良嘉言，伯来在道，申见王母。

稷也曾奉尧命，向王母求福求子。坤之第二贲：

稷为尧使，西见王母，拜请百福，赐我善子。

明夷之三十六萃：

稷为尧使，西见王母，拜请百福，赐我喜子，长乐福有。

据《古史》记载丹朱的行事，大概这一次稷没诚心，所以没好保佑。在讼之第六家人，师之第七离，离之三十剥，损之四十一离，夬之四十三夬，归妹之四十三升诸筮辞中，更拉扯一大堆名人起哄：

戴尧扶禹，松乔彭祖，西过王母，道路夷易，无敢难者。

小畜之剥：

孔鲤伯鱼，西至高奴，木马金鱼，驾游大都，王母送我，来牝字驹。

索性连孔夫子的儿子都来参与巫祝，成为一位畜牧家了。王母在正面被农民如此崇奉捧场，自应负有替农民求福保家的义务。要是她放弃或怠职时，农民受了损失，就得大闹骂街，把这老巫出气。剥之二十三咸：

三人辇车，乘入虎家，王母贪叨，盗我犁牛，

这是农家丢了牛，硬栽在她身上，无妄之二十五萃：

三人辇车，乘入旁家，王母贪叨，盗我资财。

这是农家丢了钱，因她没保佑，少不得也算是她的过错。另外还有一些，除前两条似和《左传》有关系外，其余的

因为故事的本身已经亡失，很难索解，无妄之二十五噬嗑：

戴喜抱子，与利为友，天之所命，不忧危殆，荀伯劳苦，未来王母。

屯之第三观，泰之第十豫，否之既济，剥之二十三无妄，家人之三十七遁：

东邻嫁女，为王妃后，筑公庄馆，以尊王母，归于京师，季姜悦喜。

乾之第一复，蒙之第四井（下多欢乐无疆四字），贲之第三十二井（三人作二人）：

三人为旅，俱归北海，入门上堂，拜谒王母，劳赐我酒。

蒙之第四泰：

果体殊患，各有所属，西邻孤媪，欲寄我室，王母骂害，求不可得。

豫之十六贲：

泉开泽竭，王母饥渴，君子困穷，乃徐有说。

随之第十七巽：

水坯我里，东流为海，龟鹜灌嚣，不睹王母。

后二条的旱灾和水灾，据《周礼·春官》“旱暵则舞雩”的记载，大概是祈祷无灵，旱了自己也得挨渴，水灾怕人们责问，私自跑开了。

四、西王母之祠祀与建平四年事件之意义

农村社会的巫风，已如上述。政府的和大都会间的呢？我们试引证其他一些可据的文献，来和上文作一参照。

《太平御览·礼仪部》引卫宏《汉旧仪》：

祭王母于石室，皆在所二千石令长奉祠。

可见王母不但由巫的地位而进为社神，并且在汉代已被国家功令所制定，成为地方官吏定期祭祀的神祇了。《吴越春秋·勾践谋外传》记文种劝越王尊天事鬼以求福佑：“立东郊以祭阳，名曰东王公，立西郊以祭阴，名曰西王母。”书的本

身及时代虽不可考，不过多少总和民间的巫风有关。在较后的记载中，李榕《华岳志》引唐李商隐《王母祠诗》，明末屈大均《广东新语》《仇池石》《羊城古钞》都记广东有王母祠，为乡民求福禄求子之处。宋沈括《梦溪笔谈》卷二十一载西王母咒语诅人立死。道教经典中有《道教灵验》记述西王母塑像救疾验，《道藏》中有《西王母反胎按摩玉经》，有《西王母叙诀》，《广黄帝本行记修行道德条登真隐诀》，《神洲七转七变经》《五符经》《三皇经》《内音玉字经》《洞真西王母实神起居经》《西王母实生无死玉经》《抱朴子·杂应篇》《历代真仙礼道通鉴》卷二十及二十三，《太平御览》卷六七一引《上元宝经》诸书均载有西王母祠祀、咒法、魇让、祈福、永生的故事。最值得我们注意的是《汉书》中关于西王母的记载。卷八十四《翟方进传》：

> 莽于是依《周书》作大诰曰：“太皇太后肇有元城沙鹿之右，阴精女主圣明之祥，配元生成，以兴我天下之符，遂获西王母之应[1]，神灵之征……”

卷九十八《元后传》：

> 莽乃下诏曰：“……更命太皇太后为新室文母太

[1] 孟康注曰：“民祠祀西王母之应也。”

皇太后，协于新室。故交代之际，信于汉氏，哀帝之代，世传行诏。为西王母共具之祥，当为历代为母，昭然著明。”

两诏均及西王之瑞应，可见当时朝廷及贵族大官对于西王母的信仰和西王母的地位与意义。所谓行诏，《汉书·五行志》下之上：

哀帝建平四年正月，民惊走持稿或掫一枚，传相付与，曰：“行诏筹。”道中相过逢，多至千数。或被发徒跣，或夜折关，或逾墙入，或乘车骑奔驰，以置驿传行经历郡国二十六至京师。

京师方面民众祠祭西王母的盛况，同书云：

其夏，京师郡国民聚会里巷阡陌，设祭，张博具，歌舞祠西王母。又传书曰：“母告百姓，佩此书者不死，不信我言，视门枢下当有白发。”至秋止。

歌舞祠西王母和门枢白发佩书不死，正是老巫的行径，可见这时代巫风的普通与热狂。同书卷二十六《天文志》也有相同的记载：

> 哀帝建平四年正月二月三月，民相惊动，欢哗奔走，传行诏筹，祠西王母。

又可见这疯狂的情绪维持时间之久。

这一件古怪事，杜邺以为是："西王母妇人之称，博弈男子之事，于街巷阡陌，明离阑内与疆外临事，盘乐炕阳之意，白发衰年之象。"以公羊家的眼光，典解为当时外家用事之征。

按《礼记·效特牲》："天子大蜡八……蜡也者索也。岁十二月合聚万物而索飨之也。蜡之祭也，立先啬而祭司啬也。祭百种以报啬也。飨农及邮来禽兽，仁之至，义之尽也。古之君子，使之必报之……黄衣黄冠而祭，息农夫也……既蜡而收，民息矣，故既蜡。君子不兴功。"蜡在岁底，农村中举行一种农事的祀典，主持的人当然是一氏族中的耆老——巫觋。其用意一面算是报答一切有功农事的事物，一方面借这机会给辛苦一年的农人以一个公开的休暇娱乐机会。所以《杂记》又说：

> 于贡观于蜡。孔子曰："赐也乐乎？"对曰："一国之人皆若狂，赐未知其乐也。"子曰："百日之蜡，一日之泽，非尔所知也。张而不弛，文武勿能也。弛而不张，文武勿为也。一张一弛，文武之

道也。”

“一国之人皆若狂”恰好拿来形容建平四年正月的事件。同时也足说明《焦氏易林》中关于农村社会情形。上文所已指出的西王母故事，和什么阴阳灾异之说全不相干。实在的原因是当时政治情形腐败，外戚丁傅嬖幸董贤等用事，不恤国政，穷奢极淫，“上有好者，下必有甚焉”。政治上的松懈病态及于社会，并且深入农村。在发生农村经济崩溃的过程中，产生一种所谓民族的歇斯底里亚症，自上一年的年底所举行的腊祭，继续地把它延长到第二年春间而已。

回纥助唐记

一千二百多年前，中国发生内战，长安、洛阳两个都城全陷落了。天宝皇帝抛弃了人民和土地，带着他宠爱的妃子出奔，一直逃到成都。在成都呆了一阵，靠将军郭子仪，尤其是盟邦回纥的福，居然打了几个胜仗，收复了京城，举行了还都大典。一切都复了原，腐化、贪污、作弊，加上卖官鬻爵，连和尚道士的度牒都卖钱，还有恶性通货膨胀。唯一未复员的是马嵬驿的孤坟。还有，年纪过七十了，儿子早当了家，只好当太上皇，吃碗有点蹩扭的闲饭。

回纥的骑兵是有名的，排山倒海而来的骑兵方阵，冲破了安禄山、史思明的曳落河（壮士、外族军），击溃了安庆绪、史朝义的蕃将汉兵。当然，也根据唐回条约，抢光了洛阳、长安和沿途所经的城市，榨干了中国人民的血汗，蹂躏侮辱了中国的子女。还在唐回商约的保证下，每年来笑纳一笔可观的保护费，或者说是援助费吧。

史实是这样的，不妨回忆一番：

天宝十四载（公元755年）十一月安禄山反于河北，以讨杨国忠为名，步骑精锐，烟尘千里，鼓噪震地，十二月陷洛阳，第二年六月入潼关，取长安，天宝皇帝南奔。他的儿子北奔，就当时最强的朔方军组织流亡政府。

朔方的统帅是郭子仪，有五万大军，还有许多骁猛的蕃将，本钱还不错。中原方面，有张巡、许远用力阻住安禄山，不许他南下。长江以南的局面是完整的。回纥可汗和吐蕃赞普都派人来说愿意出兵援唐。九月，唐肃宗为了要“借兵于外夷以张军势”，派一个宗室和蕃将仆固怀恩出使回纥，发援汗那兵和西方蕃族兵，条件是大大的经济报酬。

回纥派了贵将葛罗支带两千精骑和郭子仪合军，一到就打了个大胜仗。郭子仪觉得有办法了，劝唐肃宗再请回纥援助。回纥怀仁可汗也真慷慨，至德二年（757年）九月又派他的儿子叶护和将军帝德带四千余骑来助战。皇太子广平王俶作天下兵马元帅，和叶护结拜为兄弟，统帅朔方、回纥、安西、南蛮、大食兵十五万，号称二十万，一个实实在在的国际联军，从凤翔出发，削平“内乱”，收复失地。

回纥军的给养每天羊二百口，牛二十头，米四十斛。替唐朝作战的条件，说明在两都收复后土地人众归唐，玉帛子女归回纥，也就是政治的主权，拿不走的土地算一份，经济的物资和女人之类也算一份，两家平分。一个可以回老家，一个呢，做一票大买卖。

第一次大战是香积寺之战。在长安西，沣水东。

开头唐军被敌人齐头并进的曳落河所突破，阵势乱了。苦战了一阵子，前军用长刀冲锋，稳住战局。突然从斜刺里杀出仆固怀恩的回纥军，两头夹击，十万敌军被歼灭了六万，当晚退出长安。

第二天大军进入西京，叶护立刻下令大抢，履行条约。

广平王没办法，只好拜于叶护马前，说是“今始得西京，若遽俘掠，则东京之人皆为贼固守，不可复取矣。愿至东京乃如约”。叶护想这道理也对，答应到洛阳再动手。

第二役是新店之战，在陕城西面。

安禄山的部队有十五万，郭子仪军一接仗就吃了亏，又是回纥军抄背后。大风黄埃中万马奔腾，箭似连珠，安禄山军着了慌，一下就垮了。又是两头夹击，完成了一个歼灭战。第二天大军进入东京。

这一回双方都忠实实行条约上的权利，回纥军整整放开手抢了三天。政府库藏光，民间积蓄光，大元帅干瞪眼。回纥军到第四天还不肯住手，洛阳的绅士们只好再来一次自动的慰劳，献出中国的名产缯锦万匹，才算收了手。于是大元帅接收了空城，家家像洗过一样的空房子，和丢了老婆不见女儿的丈夫和父母。不过，主权是完整的。

叶护凯旋到长安，皇帝派群臣郊迎，在长乐驿举行慰劳仪式，在宣政殿摆庆功宴，人人赐锦绣缯器。叶护乐极，说要亲自回国，再调一批人马来，直捣范阳，奠定统一。皇帝也乐了，大夸奖说：“为朕竭义勇，成大事，卿等力也。”拜为司空，爵忠义王，每年赐绢二万匹。

岁币之外，是和亲。和亲照汉朝的老规矩，是拿宗室女子或民间美女来代替的。这次却不然，为了表示亲善，唐肃宗居然舍了自己亲生的小女儿宁国公主，奉送给他所册立的回纥英武威远毗架汗磨延啜。陪送使臣为了这一点，当面和可汗说明，是皇帝亲生公主，“恩礼至重！”于是公主成为回纥可敦，唐天子天可汗成为回纥可汗的老丈人，一门真正的亲戚。

当然，这时的纥军第三次来华，回纥王子骨啜特勒、宰相帝德又帅领骑兵三千来助战。

乾元二年（759年）二月九节度师溃于相州，回纥将军奔还长安。为了安慰，为了下次的援助，这些败军之将还是运回去比过去所得更多的赏赐。

宝应元年（762年）九月洛阳又失陷了，唐使臣刘清潭又到回纥去乞师。回纥先以为唐朝连遭玄宗和肃宗之丧，中国无主，落得趁火打劫。出兵到朔方三受降城，眼见边地已经残破不堪，越发起了轻视的念头，对天可汗的使臣加以困辱。唐朝急得没办法，还是请仆固怀恩去办交涉。这时的回纥可汗是怀恩的女婿，左劝右劝，才答应助唐。可是出师路线，左不行，右不行，最后才挑了一条不会和敌军接触，而又沿途给养充足的陕州线。

天可汗派皇太子雍王适作天下兵马元帅，行营在陕州。过河去见回纥可汗，同去的有两个将军和两个高级幕僚。一到便被逼向回纥可汗行拜舞礼，为了顾全体面，抵死不肯。将军幕僚每人被鞭一百，两个当场打死，剩下两个屈辱地跟元帅回营，什么也没有说，更说不上军事的配合。

东都再度收复，回纥军又随至大掠，杀人抢东西，无所不为，老百姓无处投奔，只好逃避到圣善寺和白马寺，求泥菩萨庇护。把回纥军搞恼了，一把火连烧了十几天，杀了一万多人。唐朝的官军也痒了手，在汝州、郑州照样来一套，整整三个月功夫，弄得这战区，没有一所房子是完整的。老百姓衣服被剥光，只好穿纸衣裳过日子。

为了报答收复东都的大功，天可汗册封回纥可汗为颉咄登里骨啜蜜施合具录英义建功毗伽可汗，可敦为娑墨光亲丽华毗伽可敦，从可汗到宰相，共赐实封二万户，将军都封王和国公。

回纥把所掠宝货安置在河阳，派兵守护，到回国时，又把沿途民家一扫而光。唐朝地方政府的招待稍不如意，便杀人放火，闹得没有人敢替回纥差。唐朝政府也知道这情形，广德元年（763年）七月下令：凡回纥行营所经过的地方，免今年田租一年以示体恤。

回纥从此算是唐朝的有功有德的盟邦了。对盟邦是不应该不友好的，对盟邦不友好便是违反政府利益，大逆不道。推而论之，即使是盟邦对我们稍有不友好情形，也应该容忍，原谅，务必在和谐的空气中，保持大国风度。

以下是零碎的一连串的回纥对唐表示友好的事实：

广德元年（763年）闰正月己酉夜，有回纥十五人犯含光门，突入鸿胪寺，守卫不敢拦阻。含光门在朱雀街西，是中央政府机关所在地，鸿胪寺是国宾招待所。

大历七年（772年）正月回纥使臣突出鸿胪寺，在闹市抢女人，殴击干涉他们的官吏。接着又一哄冲出三百多骑兵要冲进金光门、朱雀门，闹得皇城门全关上，长安罢市。政府派出经常出使回纥的太监，多方说好话，赔笑脸，才算了结此案。

同年七月又跑出鸿胪寺，到大街抢劫，连长安县令邵说也给赶跑了，把他的坐马抢走。邵说只好低头，另换一匹马回家。

大历九年（774年）七月壬寅，回纥白天在大街上杀人，地方官把杀人犯拘捕之后，皇帝下令特赦。

次年九月戊午，回纥又是白天在大街杀人，把一个市民肠子刺出，被拘囚在万年县监狱。回纥使臣赤心立刻带人劫狱，把狱吏砍伤，犯人抢走。政府得到报告，为了亲善，没有说话。

以上这几个例子只是在首都的暴行，而且只是当时史官所记下的暴行，至于其他地方的，史官所没有记下的更不知有多少。

可是，就是这几个例子也尽够了，在堂堂天可汗国的首都，在国宾招待所里，在皇城城门口，在政府机关，在大街广巷，攻打皇城城门，攻击官署，抢劫地方长官坐马，杀人劫狱，其他地方可想而知，对平民百姓又可想而知了。

不止如此，大历十三年（778年）正月，回纥大军入寇太原，唐军居然抵抗，死了一万多人，回纥纵兵大抢，过了一个月才被更大的兵力所压迫退出。政府还是容忍，也不问为什么来攻击来抢，回纥使臣来了，还是照旧招待。

而且，从758年以来，根据唐回商约，回纥用马来换唐的缯帛，每马一匹换帛四十匹。回纥每年赶几万匹马来通商，大部分是老的病的。买的不够数，给的缯帛不够数，立刻闹翻，不是动手打就是用军队打。政府苦于无法应付，而又不敢不应付，只好竭尽库藏，实在没办法，有时闹得由公务员捐月薪，将军献家财。每一次回纥使臣回去，所得的赏赐和马价要用一千多辆车子才够装。

这情形一直到843年，回纥接连发生内乱，部落离散，唐军大破回纥之后，才结束了这九十年来的亲善关系。

可惜，史缺有间，要不然，一定会有多少次的敦睦邦交令可以让我们参考。

宋代两次均产运动

——人民的历史之一章

十世纪末年（公元993—995年）四川成都平原爆发了伟大的农民均产运动。

十二世纪初期（公元1130—1135年）湖南洞庭湖一带产米区又爆发了和上次意义相同的运动。

在地主官僚贵族的高压的统治之下，有组织的正规军，犀利的武器，加上全国的财力，这两次均产运动当然是被“肃清”了。失败的鲜血在历史上写下了辉煌的一页。

宋代这两次失败的运动之所以值得现代人特别研究，是因为它们提出了明显的经济的政治的要求，改革的方案，具体的实践，是自觉的人民的呼声，是人民的历史的一章。

第一次的均产运动，宋李攸《宋朝事实》卷十七记：

淳化四年（公元993年）青城县民王小波聚徒起而为乱。谓其众曰，吾疾贫富不均，今为汝均之。贫民附者益众，先是国家平孟氏（昶）之乱，成都府库之物，悉载归于内府。后来任事者竞功利，于常赋外，更置博买务，禁商贾不得私市布帛。蜀地土狭民稠，耕稼不足以给，由是群众起而为乱。

说明了刺激这运动的两个政治经济的因素，第一是宋军平蜀，把蜀中的财赋都当作战利品运到开封。第二是新治权的统制商业行为，使人民生活陷于绝境。这两个因素造成了蜀人的心理反抗，不甘于被征服者的奴役，剥削，起来要求经济上的均等和政治上的解放。

宋王辟之《渑水燕谈录》所记大体相同，他说：

本朝王小波李顺王均辈，啸聚西蜀，盖朝廷初平孟氏，蜀之帑藏，尽归京师。其后言利者争述功利，置博易务，禁私市，商贾不行，蜀民不足，故小波得以激怒其人曰，吾疾贫富不均，今为汝均之。贫者附之益众。

均贫富的方案和实践，宋沈括《梦溪笔谈》二十五记（王明清《挥麈后录》五同）：

李顺本蜀江王小博之妻弟。始王小博反于蜀中，不能抚其众，众乃推顺为主。顺初起，悉召乡里富人大姓，令具其家所有财粟，据其生齿足用之外，一切

> 调发，大赈贫乏，录用材能，存抚良善，号令严明，所至一无所犯。时两蜀大饥，旬日之间，归之者数万人，所向州县，开门延纳，传檄所至，无复完垒。及败，人尚怀之，故顺得脱去三十余年，乃始就戮。

就是把富豪地主的过剩的，除开生活必需以外的财粟，用公开的手续，让他们自己报告，由人民调发，分配给贫民，这一新的经济措施自然获得广大的贫民阶层的支持。相对的严明的军纪和合理的政治，使这一运动更获得广大的发展，虽然遭遇政府正规军，数和质都占优势的大军所围剿而消灭，然而，在几十年后，这一运动的成果仍然温暖地被保存于蜀中父老子弟的心坎中。

第二次的均产运动的背景，绍兴三年（公元1133年）伪齐尚书户部郎中兼权给事中冯长宁尚书右司员外郎许同伯同修什一税法，报告北宋的税制，给豪富地主以兼并的机会，造成贫富对立的尖锐现象说：

> 宋之季世，税法为民大蠹，权要豪右之家，交通州县，欺侮愚弱，恃其高赀，择利兼并，势必膏腴，减落税亩，至有入其田宅而不承其税者，贫民下户，急于贸易，俯首听之。间有陈词，官吏附势，不能推割，至有田产已尽，而税籍犹在者，监锢拘囚，至于卖妻鬻子，死徙而后已。官司摊逃户赋，则牵连邑

里，岁使代输，无有穷已。折变之法，小估大折，名曰实直，巧诈欺民，十倍榨取，舍其所有，而责其所无。至于检灾之蠲放分数，方田之高下土色，不公不实，率毕大姓享其利，而小民被其害。贪虐相资，诛求不辍，朝行宽恤之诏，夕下割剥之令，元元穷蹙，群起为盗。[①]

洞庭湖沿岸是最饶足的米仓，贫富对立的现象也就特别显著。当宋徽宗正在穷奢极欲，搜敛豪取，建宫室，崇道教，求长生的时候，洞庭西岸武陵的农民钟相，相对地在宣扬等贵贱，均贫富的新教义。《建炎以来系年要录》卷三十一记：

建炎四年（公元1130年）正月甲午，鼎州（常德）人钟相作乱，自称楚王。初金人去潭州（长沙），群盗乃大起，东北流移之人，相率渡江……相武陵人，以左道惑众，自号天大圣，言有神灵与天通，能救人疾患。阴语其徒，则曰，法分贵贱贫富，非善法也，我行法，当等贵贱，均贫富。持此语以动小民，故环数百里间，小民无知者翕然从之，备粮谒相，谓之拜父，如此者二十余年。相以故家赀巨万，及湖湘盗起，相与其徒结集为忠义民兵，士大夫避免

① 李心传：《建炎以来系年要录》卷六十五。

> 者多依之。相所居村曰天子岗，遂即其处筑垒浚壕，以捍贼为名。会孔彦舟入澧州，相乘人情惊扰，因托言拒彦舟以聚众。至是起兵，鼎澧荆南之民响应。相遂称楚王，改元天战，行移称圣旨，补授一用黄牒，一方骚然。遂焚官府城市寺观及豪右之家，凡官吏儒生僧道巫医卜祝之流，皆为所杀。

钟相的作风比李顺又进一步，不但要均贫富，而且要等贵贱，就现在的意义说，不止是彻底消灭地主贵族集团的经济特权，而是更进一步，消除更根本的这一集团人搜括剥削的政治特权，使人人有平等的经济的享受，有过问政治、运用政权的权利。这一运动所消灭的对象，是贪污不法的官吏，武断乡曲的儒生，不劳而食的僧道，和劳苦民众的寄生虫巫医卜祝，四种靠原始迷信生活的废物。所破坏的对象是特权阶级所凭藉的官府，和保护官府安全的城市，僧道所在的为民脂民膏所经营的寺观，以及豪右之家，农民所最痛恨的吸血鬼的巢穴。

这一运动经过几次的挫折，最后，于1135年为名将岳飞所荡平。

明代的锦衣卫和东西厂

一

在旧式的政体之下，皇帝只是代表他的家族以及外环的一特殊集团的利益，比较被统治的人民，他的地位，不但孤立，而且永远是在危险的边缘，尊严的神圣宝座之下，酝酿着待爆发的火山。为了家族的威权和利益的持续，他们不得不想尽镇压的法子，公开的律例，刑章，公开的军校和法庭不够用，也不便用，他们还需要造成恐怖空气的特种组织，特种监狱，和特种侦探，来监视每一个可疑的人，可疑的官吏，他们用秘密的方法侦伺，搜查，逮捕，审讯，处刑。在军队中，在学校中，在政府机关中，在民间，在茶楼酒馆，在集会场所，甚至在交通孔道，大街小巷，处处都有这类人在活动。执行这些任务的特种组织，历代都有。在汉有“诏狱”和“大谁何”，在唐有“丽景门”和“不良人”，在宋有“诏狱”和“内军巡院”，在明有锦衣卫和东西厂，在袁世凯时代则有“侦缉队”。

锦衣卫和东西厂明人合称为厂卫。从十四世纪后期一直到十七世纪中叶，这两机关始终存在（中间曾经几度短期的废止，但不久即复设）。锦衣卫是内廷的侦察机关，东厂则由宦官提督，最为皇帝所亲信，即使锦衣卫也受其侦察。锦衣卫初设于明太祖时，是内廷亲军，皇帝的私人卫队，不隶都督府。其下有南北镇抚司，南镇抚司掌本卫刑名，北镇抚司专治诏狱，可以直接取诏行事，不必经过外廷法司的法律手续，甚至本卫长官亦不得干预。[①]锦衣卫的正式职务，据《明史·职官志》说是“掌侍卫缉捕刑狱之事，凡盗贼奸宄街涂沟洫，密缉而时省之”。经过嘉靖初年裁汰后，缩小职权，改为“专察不轨妖言人命强盗重事”[②]。其实最主要的还是侦察“不轨妖言”，不轨指政治上的反动者或党派，妖言指宗教的集团如弥勒教、白莲教、明教等。明太祖出身于香军，深知“弥勒降生”和“明王出世”等宗教传说，对于渴望改善生活的一般农民，所发生的政治作用，是如何重大。他尤其了解聚众结社对现实政权有如何重大的意义和威胁，他从这两种活动中得到政权，也已为这政权立下基础，唯一使他焦急的问题是如何才能永远子子孙孙都能不费事地继承这政权。他所感觉到的严重危机有两方面，其一是并肩起事的诸将，个个都身经百战，枭悍难制。其二是出身豪室的文臣，他们有地方的历史势力，有政治的声望，又有计谋，不容易对付。这些人在他在位的时候，

① 王世贞：《锦衣志》。

② 《明史·刑法志》。

固然镇压得下，但也还惴惴不安。身后的继承人呢，太子忠厚柔仁，只能守成，不能应变。到太子死后，他已是望七高年，太孙不但幼稚，而且比他儿子更不中用，成天和一批腐儒接近，景慕三王，服膺儒术，更非制驭枭雄的脚色。他为着要使自己安心，要替他儿孙斩除荆棘，便不惜用一切可能的残酷手段，大兴胡蓝党案，屠杀功臣，又用整顿吏治，治乱国用重刑的口实，把中外官吏地主豪绅也着实淘汰了一下，锦衣卫的创立和授权，便是发挥这个作用。经过几次的大屠杀以后，臣民侧足而立，觉得自己的地位已经安定了。为了缓和太过紧张的空气，洪武二十年（公元1387年）下令焚毁锦衣卫刑具，把锦衣卫所禁闭的囚徒都送刑部。再隔六年，胡党蓝党都已杀完，不再感觉到政治上的逼胁了，于是又解除锦衣卫的典诏狱权，诏内外狱毋得上锦衣卫，大小案件都由法司治理。天下从此算太平了。①

不到十年，帝位发生争执，靖难兵起，以庶子出藩北平的燕王入居大位，打了几年血仗，虽然到了南京，名义上算作了皇帝，可是地位仍不稳固。因为第一，建文帝有出亡的传说，宫内自焚的遗体中不能决定是否建文帝也在内，假如万一建文帝未死，很有起兵复国的可能。第二，他以庶子僭位，和他地位相同的十几个亲王看着眼红，保不住也重玩一次靖难的把戏。（这一点在他生前算是过虑，可是到孙子登位后，果然又

① 《明史·刑法志》。

闹了一次叔侄交兵。）第三，当时他的兵力所及的只是由北平到南京一条交通线，其他地方只是外表表示服从。第四，建文帝的臣下，在朝的如曹国公李景隆驸马都尉梅殷等，在地方的如盛庸平安何福等都曾和他敌对作战。其他地方官吏文武臣僚也都是建文旧人，不能立地全盘更动。这使他感觉有临深履薄的恐惧。在这样的情况之下，他用得着他父亲传下的衣钵，于是锦衣卫重复活动，一直到亡国，始终作皇帝的耳目，担任猎犬和屠夫的双重任务。

锦衣卫虽然亲近，到底是外官，也许会徇情面，仍是不能放心。明成祖初起时曾利用建文帝左右的宦官探消息，即位以后，以为这些内官忠心可靠，特设一个东厂，职务是“缉访谋逆妖言大逆等”，完全和锦衣卫相同。属官有贴刑，以锦衣卫千百户充任，所不同的是用内臣提督，通常都以司礼监秉笔太监第二人或第三人派充，关系和皇帝最密切，威权也最重。[①]以后虽有时废罢，名义也有时更换为西厂或外厂，或东西厂内外厂并设，或在东西厂之上加设内行厂，连东西厂也在伺察之下。但在实际上，厂的使命是没有什么变更的。

厂与卫成为皇帝私人的特种侦探机关，其系统是锦衣卫监察侦伺一切官民，东（西）厂侦察一切官民及锦衣卫，有时或加设一最高机构，侦探一切官民和厂卫，如刘瑾的内行厂和冯保的内厂，皇帝则直接监督一切侦缉机关。如此层层缉伺，层

---

① 《明史》,《刑法志》《职官志》。

层作恶，人人自疑，人人自危，造成了政治恐怖。

二

厂卫同时也是最高法庭，有任意逮捕官吏平民，加以刑讯判罪和行刑的最高法律以外的权力。

卫的长官是指挥使，其下有官校，专司侦察，名为缇骑。嘉靖时陆炳官缇帅，所选用卫士缇骑皆都中大豪，善把持长短，多布耳目，所睚眦无不立碎。所召募畿辅秦晋鲁卫骈胁超乘迹射之士以千计。卫之人鲜衣怒马而仰度支者凡十五六万人。[①]四出迹访："凡缉绅之门，各有数人往来其间，而凡所缉访，止属风闻，多涉暧昧，虽有心口，无可辩白。各类计所获功次，以为升授。凭其可逞之势，而邀其必获之功，捕风捉影，每附会以仇其奸，非法拷讯，时威逼以强其认。"[②]结果，一般仕宦阶级都吓得提心吊胆，"常晏起早阖，毋敢偶语，旗校过门，如被大盗"[③]。抓到了人时先找一个空庙祠宇榜掠了一顿，名为打桩，"有真盗幸免，故令多攀平民以足数者，有括家囊为盗贼，而通棍恶以证其事者，有潜种图书陷人于妖言之律者，有怀挟伪批坐人以假印之科者，有姓名仿佛而荼毒

① 王世贞：《锦衣志》。

② 《明书》卷七十三。

③ 《明史·刑法志》。

连累以死者”。访拿所及，则“家资一空，甚至并同室之有而席卷以去，轻则匿于档头火长校尉之手，重则官与瓜分”。被访拿的一入狱门，便无生理，“五毒备尝，肢体不全。其最酷者曰琵琶，每上百骨尽脱，汗下如水，死而复生，如是者二三次，荼酷之下，何狱不成”[①]。

其提人则止凭驾帖，弘治元年（公元1488年）刑部尚书何乔新奏：“旧制提人，所在官司必验精微批文，与符号相合，然后发遣。近者中外提人，只凭驾帖，既不用符，真伪莫辨，奸人矫命，何以拒之？”当时虽然明令恢复批文提人的制度，可是锦衣旗校却依旧只凭驾帖拘捕。[②]正德初周玺所说：“迩者皇亲贵幸有所奏陈，陛下据其一面之词，即行差官赍驾帖拿人于数百里之外，惊骇黎庶之心，甚非新政美事。”[③]便是一个例子。

东厂的体制，在内廷衙门中最为隆重。凡内官奉差关防皆曰某处内官关防，唯东厂篆文为“钦差监督东厂官校力事太监关防”[④]。《明史》记：“其隶役皆取给于卫，最轻巧儇佶者乃充之。役长曰档头，帽上锐，衣青素裤褶，系小绦，白皮靴，专主伺察。其下番子数人为干事，京师亡命诓财挟仇视干事者为窟穴，得一阴事，由之以密白于档头，档头视其事大小先予之金，事曰起数，金曰买起数。既得事，帅番子至所犯家，左

---

① 《明书》卷七十三。

② 《明史·刑法志》。

③ 《垂光集》一，《论治化疏》。

④ 刘若愚：《酌中志》十六。

右坐曰打桩，番子即突入执讯之无有左证符牒，贿如数径去，少不如意，榜治之名曰乾酢酒，亦曰搬罾儿，痛楚十倍官刑，且授意使牵有力者，有力者予多金即无事，或靳不予，予不足，立闻上，下镇抚司狱，立死矣。”对于行政官吏所在，也到处派人伺察：“每月旦，厂役数百人掣签庭中，分瞰官府。”有听记坐记之别，“其视中府诸处会审大狱，北镇抚司拷讯重犯者曰听记，他官府及各城门缉访曰坐记”。所得秘密名为打事件，即时由东厂转呈皇帝，甚至深更半夜也可随时呈进，“以故事无大小，天子皆得闻之，家人米盐猥事，宫中或传为笑谑，上下惴惴，无不畏打事件者”[①]。

锦衣卫到底是比不上东厂亲近，报告要用奏疏，东厂则可以直达。以此，厂权就高于卫。

东厂的淫威，试举一例。当天启时，有四个平民半夜里偷偷在密室喝酒谈心。酒酣耳热，有一人大骂魏忠贤，余三人听了不敢出声。骂犹未了，便有番子突入，把四人都捉去，在魏忠贤面前把发话这人剥了皮，余三人赏一点钱放还，这三人吓得魂不附体，差一点变成疯子。

锦衣卫狱即世所称诏狱，由北镇抚司专领。北镇抚司本来是锦衣卫指挥使的属官，品秩极低，成化十四年（公元1478年）增铸北司印信，一切刑狱不必关白本卫，连卫所行下的公事也可直接上请皇帝裁决，卫指挥使不敢干预，因之权势日

① 《明史·刑法志》。

重。[1]外廷的三法司（刑部，大理寺，都察院）不敢与抗。嘉靖二年（公元1523年），刑科给事中刘济上言："国家置三法司以理刑狱，其后乃有锦衣卫镇抚司专理诏狱，缉访于罗织之门，锻炼于诏狱之手，裁决于内降之旨，而三法司几于虚设矣。"[2]其用刑之惨酷，有非人类所能想象，沈德符记："凡厂卫所廉谋反杀逆及强盗等重辟，始下锦衣之镇抚司拷问，寻常止曰打着问，重者加好生二字，其最重大者则曰好生着实打着问，必用刑一套，凡十八种，无不试之。"[3]用刑一套为全刑，曰械，曰镣，曰棍，曰拶，曰夹棍，五毒备具，呼号声沸然，血肉溃烂，宛转求死不得。[4]诏狱"室卑入地，墙厚数仞，即隔壁号呼，悄不闻声，每市一物入内，必经数处检查，饮食之属十不能得一，又不得自举火，虽严寒不过啖冷炙披冷衲而已。家人辈不但不得随入，亦不许相面。惟于拷问之期，得遥于堂下相见"[5]。天启五年（公元1625年）遭党祸被害的顾大章所作《狱中杂记》里说："予入诏狱百日而奉旨暂发（刑）部者十日，有此十日之生，并前之百日皆生矣。何则，与家人相见，前之遥闻者皆亲证也。"拿诏狱和刑部狱相比，竟有天堂地狱之别。瞿式耜在他的《陈时政急著疏》中也说："往者

① 《明史》卷九十五。

② 《明世宗实录》。

③ 《野获编》卷二十一。

④ 《明史·刑法志》。

⑤ 《野获编》。

魏崔之世，凡属凶网，即烦缇骑，一属堤骑，即下镇抚，魂飞汤火，惨毒难言，苟得一送法司，便不啻天堂之乐矣。”[①]被提者一入抚狱，便无申诉余地，坐受榜掠。魏大中《自记年谱》：“十三日入都羁锦衣卫东司房，二十八日许显纯崔应元奉旨严鞫，许既迎二魏（忠贤、广微）意，构汪文言招辞而急毙之以灭口。对簿时遂断断如两造之相质，一拶敲一百，穿梭一夹，敲五十板子，打四十棍，惨酷备至，而抗辩之语悉阏不得宣。”“六君子”被坐的罪名是受熊廷弼的贿赂，有的被刑自忖无生理，不得已承顺，希望能转刑部得生路，不料结果更坏，厂卫勒令追赃，“遂五日一比，惨毒更甚。比时累累跪阶前，诃诟百出，裸体辱之，弛扭则受拶，弛拶则受夹，弛拶与夹则仍戴杻镣以受棍，创痛未复，不再宿复加榜掠。后讯时皆不能跪起荷桎梏，平卧堂下”[②]。终于由狱卒之手秘密处死，死者家人至不知其死法及死期，苇席裹尸出牢户，虫蛆腐体。六君子是杨涟、左光斗、顾大中、袁化中、周朝瑞、顾大章，都是当时的清流领袖，朝野表率，为魏忠贤所忌，天启五年（公元1625年）相继死于诏狱。

除了在狱中的非刑以外，和厂卫互相表里的一件恶政是廷杖，锦衣卫始自明太祖，东厂为明成祖所创设，廷杖却是抄袭元朝的。

---

① 《瞿忠宣公集》卷一。

② 《明史纪事本末》卷七十一。

在元朝以前，君臣之间的距离还不十分悬绝，三公坐而论道，和皇帝是师友，宋朝虽然臣僚在殿廷无坐处，却也还礼貌大臣，绝不加以非礼的行为，“士可杀不可辱”这一传统的观念，上下都能体会。蒙古人可不同了，他们根本不了解士的地位，也不能用理论来装饰殿廷的庄严。他们起自马上，生活在马上，政府中的臣僚也就是军队中的将校，一有过错，拉下来打一顿，打完照旧办事，不论是中央官，地方官，在平时，或是在战时，臣僚挨打是家常便饭，甚至中书省的长官，也有在殿廷被杖的记载。明太祖继元而起，虽然一力“复汉官之威仪”，摒弃胡俗胡化，对于杖责大臣这一故事，却习惯地继承下来，著名的例子，被杖死的如亲侄大都督朱文正，工部尚书薛祥，永嘉侯朱亮祖父子，部曹被廷杖的如主事茹太素。从此殿陛行杖，习为祖制，正德十四年（公元1519年）以南巡廷杖舒芬等百四十六人，死者十一人，嘉靖三年（公元1523年）以大礼之争廷杖丰熙等百三十四人，死者十六人。循至方面大臣多毙杖下，幸而不死，犯公过的仍须到官办事，犯私仇者再下诏狱处死。[①]至于前期和后期廷杖之不同，是去衣和不去衣，沈德符说：“成化以前诸臣被杖者皆带衣裹氈，不损肤膜，然犹内伤困卧，需数旬而后起，若去衣受笞，则始于逆瑾用事，名贤多死，今遂不改。”[②]廷杖的情形，据艾穆所说，行刑的

① 《明史·刑法志》。

② 《野获编》卷十八。

是锦衣官校，监刑的是司礼监："司礼大珰数十辈捧驾帖来，首喝曰带上犯人来，每一喝则千百人一大喊以应，声震甸服，初喝跪下，宣驾帖杖吾二人，着实打八十棍，五棍一换，总之八十棍换十六人。喝着实打，喝打阁上棍，次第凡四十六声，皆大喊应如前首喝时，喝阁上棍者阁棍在股上也。杖毕喝踩下去，校尉四人以布袱曳之而行。"[①]天启时万璟被杖死的情形，樊良材撰《万忠贞公传》说："初璟劾魏珰疏上，珰恚甚，矫旨廷杖一百。褫斥为民。彼一时也，缇骑甫出，群聚蜂拥，绕舍骤禽，饱恣拳棒，摘发捉肘，拖沓摧残，曳至午门，已无完肤。迨行杖时逆档领小竖数十辈奋袂而前，执金吾（锦衣卫指挥使）止之曰留人受杖，逆珰瞋目监视，倒杖张威，施辣手而甘心焉。杖已，血肉淋漓，奄奄待尽。"

廷杖之外，还有立枷，创自刘瑾，锦衣卫常用之："其重枷头号者至三百斤，为期至二月，已无一全。而最毒者为立枷，不旬日必绝。偶有稍延者，命放低三数寸，则顷刻殒矣。凡枷未满期而死，则守者梧土掩之，俟期满以请，始奏闻领埋，若值炎暑，则所存仅空骸耳，故谈者谓重于大辟云。"[②]

诏狱、廷杖、立枷之下，士大夫不但可杀，而且可辱，君臣间的距离愈来愈远，"天皇圣明，臣罪当诛"，打得快死而犹美名之曰恩谴，曰赐杖，礼貌固然谈不到，连主奴间的恩意也

① 《熙亭先生文集》卷四，《恩谴记》。

② 《野获编》卷十八。

因之而荡然无存了。

三

厂卫之弊，是当时人抗议最集中的一个问题，但是毫无效果，并且愈演愈烈。著例如商辂《请革西厂疏》说："近日伺察太繁，法令太急，刑网太密，官校提拿职官，事皆出于风闻，暮夜搜检家财，初不见有驾帖，人心汹汹各怀疑畏。内外文武重臣，托之为股肱心膂者也，亦皆不安于位。有司庶府之官，资之以建立政事者也，举皆不安于职，商贾不安于市，行旅不安于涂，士卒不安于伍，黎民不安于业。"[①]在这种情形下，任何人都有时时被捕的危险。反之，真是作恶多端的巨奸大憝，只要能得到宫廷的谅解，更可置身法外。《明史·刑法志》说："英宪以后，钦恤之意微，侦伺之风炽，巨恶大憝，案如山积，而旨从中下，纵不之问。或本无死理，而片纸付诏狱，为祸尤烈。"明朝二祖设立厂卫之本意，原在侦察不轨，尤其是注意官吏的行动。隆庆中刑科给事中舒化上疏只凭表面事理立论，恰中君主所忌，他说："朝廷设立厂卫，所以捕盗防奸细，非以察百官也。驾驭百官乃天子之权，而奏劾诸司责在台谏，朝廷自有公论。今以暗访之权归诸厂卫，万一人非正直，事出冤诬，是非颠倒，殃及善良，陛下何由知之。且朝

① 《商文毅公集》卷一。

廷既凭厂卫，厂卫必委之番役，此辈贪残，何所不至！人心忧危，众目睚眦，非盛世所宜有也。”[①]至于苛扰平民，则更非宫廷所计及，杨涟劾魏忠贤二十四大罪疏中曾特别指出：“东厂原以察奸细，备非常，非扰平民也。自忠贤受事，鸡犬不宁，而且直以快恩怨，行倾陷，片语违，则驾帖立下，造谋告密，日夜未已。”[②]甚至在魏忠贤失败以后，厂卫的权力仍不因之动摇，刘宗周上疏论其侵法司权限，讥为人主私刑，他说：“我国家设立三法司以治庶狱，视前代为独详，盖曰刑部所不能决者，都察院得而决之，部院所不能平者，大理寺得而平之，其寓意至深远。开国之初，高皇帝不废重典以惩巨恶，于是有锦衣之狱。至东厂缉事，亦国初定都时偶一行之于大逆大奸，事出一时权宜，后日遂相沿而不复改，得与锦衣卫比周用事，致人主有私刑。自皇上御极以后，此曹犹肆罗织之威，日以风闻事件上尘睿览，辇毂之下，人人重足。”结果是：“自厂卫司讥访而告奸之风炽，自诏狱及士绅而堂廉之等夷，自人人救过不给而欺罔之习转盛，自事事仰承独断而谄谀之风日长，自三尺法不伸于司寇而犯者日众。”[③]

厂卫威权日盛，使厂卫二字成为凶险恐怖的象征，破胆的霹雳，游民奸棍遂假为恐诈之工具，京师外郡并受荼毒，其祸

① 《春明梦余录》卷六十三。

② 《杨忠烈公文集》卷二。

③ 《刘子全书》十六《痛陈时艰疏》，十七《敬循职掌疏》。

较真厂卫更甚。崇祯四年（公元1631年）给事中许国荣《论厂卫疏》历举例证说："如绸商刘文斗行货到京，奸棍赵瞎子等口称厂卫，捏指漏税，密擒于崇文门东小桥庙内，诈银二千余两。长子县教官推升县令，忽有数棍拥入其寓内，口称厂卫，指为营干得来，诈银五百两。山西解官买办黑铅照数交足，众棍窥有余剩在潞绌铺内，口称厂卫，指克官物，捉拿王铺等四家，各诈银千余两……蓟门孔道，假侦边庭，往来如织……至于散在各衙门者，藉口密探，故露踪迹，纪言纪事，笔底可操祸福，书吏畏其播弄风波，不得不醵金阴饵之，遂相沿为例而莫可问。"[①]崇祯十五年（公元1642年）御史杨仁愿疏《论假番及东厂之害》说："臣待罪南城，所阅词讼多以假番故称冤，夫假称东厂，害犹如此，况其真乎？此由积重之势然也。所谓积重之势者，功令比较事件，番役每悬价以买事件，受买者至诱人为奸盗而卖之，番役不问其从来，诱者分利去矣。挟忿首告，诬以重法，挟者志无不逞矣。伏愿宽东厂事件而后东厂之比较可缓，东厂之比较缓而番役之买事件与卖事件者俱可息，积重之势庶可稍轻。"[②]抗议者的理由纵然充分到极点，也不能消除统治者孤立自危的心理。《明史》说："然帝（思宗）倚厂卫益甚，至国亡乃已。"

① 《春明梦余录》卷六十三。

② 《明史》,《刑法志》三。

明代的奴隶和奴变

一、奴隶的来源

元末明初的学者陶宗仪，在所著《辍耕录》卷十七奴婢条，说明这个时代的奴隶情形，他指出了几点：第一蒙古、色目人的臧获，男曰奴，女曰婢，总称为驱口，这类人是元初平定诸国所俘到的男女匹配为夫妇，所生的子孙，永为奴婢。第二是由于买卖，由元主转卖与人，立券投税，称为红契买到。第三是陪送，富人嫁女，用奴婢标拨随女出嫁。这三类来源不同，性质一样，在法律上和奴隶对称的是良人，买良为驱，就法律说是被禁止的，因为良人是国家的公民，驱口或奴隶则是私人的财产。

其次，奴隶的婚姻限于同一阶级，奴婢止可自相婚嫁，例不许聘娶良家，除非是良家自愿娶奴隶的女儿，至于奴娶良家妇女，则绝对为法律为社会所不容许。

主奴关系的改变，有一种情形。奴隶发了财，成为富人，主子眼红，故意找出一点小过错，打一顿关起来，到他家席卷财物而去，名为抄估。家倾了，产荡了，依然是奴才。除非是自己识相，自动献出家财以求脱免奴籍，主人出了放良凭执，才能取得自由人的地位。

在法律上，私宰牛马杖一百，打死驱口或奴隶呢，比平人减死一等，杖一百七，奴隶的生命和牛马一样！

奴婢所生的子女叫家生孩儿。

买卖奴隶的红契，据姚燧《牧庵集》十二《浙西廉访副使潘公神道碑》说：凡买卖人口，都要被卖人在契上打手指印，用的是食指，男左女右，以指纹的疏密来判断人的短长壮少。这位潘廉访就曾用指纹学，集合同年龄的十个人的指纹，来昭雪一件良人被抑为奴的冤狱。

买奴的实例，最值得我们注意的是1555年杨继盛的遗嘱，他在被杀前写信给儿子处分后事，有一条说：

> 麹钺，他若守分，到日后亦与他地二十亩，村宅一小所。若是生事，心里要回去，你就合你两个丈人商议告着他。——原是四两银子买的他，放债一年，银一两得利六钱，按着年间他要，不可饶他，恐怕小厮们照样行，你就难管。

奴隶作为财产处分的实例，小说《今古奇观》“徐老仆义愤成家”是根据《明史》二百九十卷《阿寄传》写的，淳安徐家兄弟三人分家，大哥分得一匹马，二哥分得一条牛，老三被欺侮，分得五十多岁的老奴阿寄，寡妇成天悲哭，以为马可以骑，牛可以耕田，老奴才光会吃饭，老奴才气急了，发愤经商，发了大财，临死时说："老奴牛马之报尽矣！"

二、《大明律》中的奴隶

驱口这一名词在明代似乎不大用了，奴隶的社会地位和生活情形却并不因为朝代之改变而有所不同。

为了维持阶级的尊严，庶民是不许蓄养奴隶的，《明律》四《户律》一：

> 庶民之家养奴婢者，杖一百，即放一奴婢从良。

良贱绝对不许通婚，《明律》六《户律》一：

> 凡家长与奴娶良人女为妻者，杖八十。女家减一等。不知者不坐，其奴自娶者罪亦如之。家长知情者减二等，因而入籍为婢者杖一百。若妄以奴婢为良人而与良人为夫妻者，杖九十，各离异改正。

奸淫的处刑也不问行为，只问所属阶级，《明律》二十五《刑律》八：

凡奴及雇工人奸家长妻女者各斩。妾各减一等，强者亦斩。凡奴奸良人妇女者，加凡奸罪一等。良人奸他人婢者减一等，奴婢相奸者以凡奸论。

殴骂杀伤也是一样，《明律》二十《刑律》三：

凡奴婢殴良人等加凡人一等，至笃疾者绞，死者斩。其良人殴伤他人奴婢者减凡人一等，若死及故杀者绞。若奴婢自相殴伤杀者，各依凡斗伤法，相侵财物者不用此律。

凡奴婢殴家长者皆斩，杀者皆凌迟处死，过失杀者绞，伤者杖一百，流三千里。

若奴婢殴旧家长，家长殴旧奴婢者以凡人论。

凡奴婢骂家长者绞。若雇工人骂家长者，杖八十，徒二年。

大体地说来，私人畜养的奴隶愈多，国家的人民就愈少，租税力役的供给就会感觉到困难。以此政府虽然为代表官僚贵族地主的少数集团利益而存在，但是，这少数集团的过分发展将要动摇政府生存的基础时，政府也会和这少数集团争夺人口，发生内部的斗争。著例如洪武五年（公元1372年）五月下诏解放过去因战争流亡，因而为人奴隶的大量奴隶。正统十二年（公元1447年）云南鹤庆军民府因为所辖诸州土官，家僮庄户，动计千百，不供租赋，放逸为非，要求依照品级，量免数丁，其余悉数编入民籍，俾供徭役。政府议决的方案是四品以上免十六丁，五品六品免十二丁，七品以下递减二丁，其余尽数解放，归入民籍，但是，在实际上，这些法令是不会发生效力的，因为庶民不许畜养奴隶，而畜养奴隶的人正是支持政府的这少数官僚贵族地主集团，法令只是为庶民而设，刑不上大夫，这法令当然是落空的。

三、奴隶的生活

明代统治集团畜养奴婢的数量是值得注意的，单就吴宽《匏翁家藏集》的几篇墓志铭说，卷五十七《先世事略》：

> 先母张氏，勤劳内助，开拓产业，僮奴千指，衣食必均。

七十四《承事郎王应详墓表》：

> 家有僮奴千指。

何乔新《何文肃公集》三十一《故承事郎赵孺人董氏墓表》：

无锡赵氏族大资厚，僮使千指。

唐顺之《荆川文集》十一《葛母传》：

葛翁容庵，游于商贾中，殖其家，僮婢三百余指。

嘉靖时名相徐阶家人多至数千。[①]至于军人贵族，那更不用说了，洪武时代的凉国公蓝玉蓄庄奴假子数千人[②]，武定侯郭英私养家奴百五十余人。[③]

大量奴隶的畜养，除开少数的家庭奴隶，为供奔走服役的以外，大部分是用来作为生产力量的。用于农业的例子如《匏翁家藏集》五十八《徐南溪传》：

徐讷不自安逸，率其僮奴，服劳农事，家用再起。

六十五《封文林郎江西道监察御史王公墓志铭》：

① 于慎行：《穀山笔麈》五。

② 《明太祖实录》卷二二五。

③ 《明太祖实录》卷一五五。

吴江王宗吉置田使僮奴隶以养生，久之，囷有余粟。

《何文肃公文集》三十《先伯父稼轩先生墓志铭》：

买田一区，帅群僮耕之。

用于商业的例子如《匏翁家藏集》六十一《裕庵汤府君墓志铭》：

世勤生殖，有兄弟八人，其仕者曰渭，他皆行货于外，其家出者，率僮奴能协力作居，而收倍蓰之息。

六十二《李君信墓志铭》：

益督僮奴治生业，入则量物货，出则置田亩，家卒赖以不堕。

用于工业的如《榖山笔麈》所记：

吴人以织作为业，即士大夫家多以纺织求利，其

> 俗勤啬好殖，以故富庶。然而可议者如华亭相（徐阶）在位，多蓄织妇，岁计所织，与市为贾，公仪休之所不为也。

高度的劳动力的剥削，造成这些统治集团大量的财富，奴隶过着牛马一样的生活，在精神上也被当作牛马一样看待。谢肇淛《五杂俎》十四《事部》说，福建长乐奴庶之别极严，为人奴者子孙不许读书应试，违者必群击之。新安之俗，不禁出仕，而禁婚姻。江苏娄县则主仆之分尤严，据《研堂见闻杂记》：

> 吾娄风俗极重主仆，男子入富家为奴，即立身契，终身不敢雁行立。有役呼之，不敢失尺寸。而子孙累世不得脱籍，间有富厚者，以多金赎之，即名赎而终不得与等肩，此制御人奴之律令也。

四、明末的奴变

奴隶在统治集团的政治和军力控制之下，他们受尽了虐待，受尽了侮辱。然而，一到这集团腐烂了，政治崩溃了，军队解体了，整个社会组织涣散无力了，他们便一哄而起，要索还身契，解放自己和他的家族了。明朝末年的奴隶——奴隶解放运动，可以说是历史上最光辉的一件大事。这运动从崇祯十六年到弘光元年（公元1644至1646年），地域从湖北蔓延到江浙。

徐鼒《小腆纪年》卷二：

崇祯十六年四月，张献忠连陷麻城。楚士大夫仆隶之盛甲天下，而麻城尤甲于全楚。梅刘田李诸姓家僮不下三四千人，雄张里闾间。寇之将作也，（奴）思齐以民伍为相蔽，听其纠率同党，坎牲为盟为里仁会。诸家兢饰衣冠以夸耀之，其人遂炮烙衣冠，推刃故主，城中大乱。城外义兵围之，里仁会之人大惧，其渠汤志杀诸生六十人，而推其与己合者曰周文江为主，缒城求救于献忠。献忠自残破后，步卒多降于自成，麾下惟骑士七千人，闻麻城使至，大喜，进兵城下，义兵解围走，献忠逐入麻城，城中降者五万七千人，献忠别立一军名曰新营，改麻城为州，以文江知州事。

次年北都政权覆灭后，嘉定又起奴变，《小腆纪年》卷六：

崇祯十七年五月，嘉定华生家客勾合他家奴及群不逞近万人，突起劫杀，各缚其主而数之，倨坐索身契。苏松巡抚祁彪佳捕斩数人，余尽掩诣狱，令曰，有原主来者得免死，于是诸奴搏颡行匄原主以免。

金堡《偏行堂集》卷六《朱它园传》：

东南故家奴树党叛主，所在横行。翁家豢奴谋乘宗祠长至之祀，围而焚之。翁即从山中，归预祭毕，门外剑戟林立，翁久以恩信孚诸健儿，里无赖闻声辄敛手。

至是出叱之去，群奴尽靡，翁密语当涂，诛其首恶，主仆之分始明。

虽然被地方政府用军力压服，可是这运动还是在继续发展，《研堂见闻杂记》记1646年娄县的情形：

乙酉乱，奴中有黠者，倡为索契之说，以鼎革故，奴例何得如初。一呼千应，各至主门，立逼身契。主人捧纸待，稍后时即举火焚屋，间有缚主人者。虽最相得受恩，此时各易面孔为虎狼，老拳恶声相加。凡小奚佃婢在主人所者，立即扶出，不得缓半刻。其大家不习井任事者，不得不自举火。自城及镇及各村，而东村尤甚，鸣锣聚众，每日有数千人，鼓噪而行，群夫至家，主人落魄，焚劫杀掠，反掌间耳，如是数日而势稍定。

到建州政权在各地奠定以后，这些旧地主官僚和资本家又得到新主人的荫蔽了，他们替新主人镇压人民，维持秩序，搜括财富，征发劳役，自然，所得到的报酬是财产的尊重和奴隶的控制。

一部分人民的厄运，又因大清帝国的成立，而延续了将近三百年。

晚明仕宦阶级的生活

一

晚明仕宦阶级的生活，除了少数的例外，（如刘宗周之清修刻苦，黄道周之笃学正身）可以用“骄奢淫泆”四字尽之。田艺衡《留青日札》记：“严嵩孙严绍庚、严鹄等尝对人言，一年尽费二万金，尚苦多藏无可用处。于是竞相穷奢极欲。”《明史·严嵩传》记鄢懋卿之豪奢说：“鄢懋卿持严嵩之势，总理两浙两淮长芦河东盐政，其按部尝与妻偕行，制五彩舆，令十二女子舁之。”万历初名相张居正奉旨归葬时：“真定守钱普创为坐舆，前舆后室，旁有两庑，各立一童子供使令，凡用舁夫三十二人。所过牙盘上食味逾百品，犹以为无下箸处。”[①]这种闹阔的风气，愈来愈厉害，直到李自成、张献忠等起来，这风气和它的提倡者同归于尽。

其实，说晚明才有这样的放纵生活，也不尽然，周玺《垂

① 《明史》卷二一三，《张居正传》。（此条引文出处似有误——编者注）

光集·论治化疏》说："中外臣僚士庶之家，靡丽奢华，彼此相尚，而借贷费用，习以为常。居室则一概雕画，首饰则滥用金宝，倡优下贱以绫缎为袴，市井光棍以锦绣缘袜，工匠役之人任意制造，殊不畏惮。虽朝廷禁止之诏屡下，而奢靡僭用之习自如。"[①]周玺是弘正时人（公元？—1508年），可见在十六世纪初期的仕宦生活已经到这地步。风俗之侈靡，自上而下，风行草偃，渐渐地浸透了整个社会。堵允锡曾畅论其弊，他说："冠裳之辈，怡堂成习，厝火忘危，膏粱文绣厌于口体，宫室妻妾昏于志虑，一簋之费数金，一日之供中产，声伎优乐，日缘而盛。夫缙绅者士民之表，表之不戒，尤以成风。于是有纨绔子弟，益侈豪华之志以先其父兄，温饱少年亦竞习裘马之容以破其家业，挟弹垆头，吁庐伎室，意气已骄，心神俱溃，贤者丧志，不肖倾家，此士人之蠹也。于是又有游手之辈，习谐媚以蛊良家子弟，市井之徒，咨凶谪以行无赖之事，白日思群，昏夜伏莽，不耕不织，生涯问诸傥来，非士非商，自业寄于亡命，狐面狼心，冶服盗质，此庶人之蠹也。如是而风俗不致颓坏，士民不致饥寒，盗贼不致风起者未之有也。"[②]

① 《垂光集》卷一。

② 《堵文忠公集·救时十二议疏》。

二

大人先生有了身份有了钱以后，饱食终日，无所用心，自然而然会刻意去谋生活的舒适，于是营居室，乐园亭，侈饮食，备仆从，再进而养优伶，召伎女，事博弈，蓄姬妾，雅致一点的更提倡玩古董，讲版刻，组文会，究音律，这一集团人的兴趣，使文学、美术、工艺、金石学、戏曲、版本学等部门有了飞跃的进展。

八股家幸而碰上了机会，得了科第时，第一步是先娶一个姨太太，（以今较昔，他们的黄脸婆还有不致被休的运气）王崇简《冬夜笔记》："明末习尚，士人登第后，多易号娶妾。故京师谚曰：改个号，娶个小。"第二步是广营居室，作大官的邸舍之多，往往骇人听闻，田艺蘅记严嵩籍没时之家产，光是第宅房屋一项，在江西原籍共有六千七百四间，在北京共一千七百余间。[①]陆炳当事时，营别宅至十余所，庄园遍四方。[②]郑芝龙田园遍闽粤，在唐王偏安一隅的小朝廷下，秉政数月，增置仓庄至五百余所。[③]

士大夫园亭之盛，大概是嘉靖以后的事。陶奭龄说："少

① 《留青日札》。

② 《明史》卷三〇七，《陆炳传》。

③ 林时对：《荷锸丛谈》卷四。

时越中绝无园亭，近亦多有。”[①]奭龄是万历时代人，可见在嘉隆前，即素称繁庶的越中，士大夫尚未有经营园亭的风气。园亭的布置，除自己出资建置外，大抵多出于门生故吏的报效。顾公燮《消夏闲记》卷上说：“前明缙绅虽素负清名者，其华屋园亭佳城南亩，无不揽名胜，连阡陌。推原其故，皆系门生故吏代为经营，非尽出己资也。”王世贞《游金陵诸园记》记南京名园除王公贵戚所有者外，有王贡士杞园、吴孝廉园、何参知露园、卜太学味斋园、许典客长卿园、李象先茂才园、汤太守熙召园、陆文学园、张保御园等。《娄东园亭志》仅太仓一邑有田氏园、安氏园、王锡爵园、杨氏日涉园、吴氏园、季氏园、曹氏杜家桥园、王世贞弇州园、王士骐约园、琅砑离薋园、王敬美澹园等数十园。园亭既盛，张南垣至以叠石成名：“三吴大家名园，皆出其手。其后东至于越，北至于燕，召之者无虚日。”[②]

对于饮食衣服尤刻意求精，互相侈尚。《小柴桑喃喃录》卷上记：“近来人家酒席，专事华侈，非数日治具，水陆毕集，不敢轻易速客。汤饵肴蔌，源源而来，非惟口不给尝，兼亦目不周视，一筵之费，少亦数金。”平居则“耽耽逐逐，日为口腹谋”。张岱《陶庵梦忆》自述：“越中清馋无过余者，喜啖方物。北京则苹婆果、黄鼠、马牙松；山东则羊肚菜、秋白

① 《小柴桑喃喃录》下。

② 黄宗羲：《撰杖集·张南垣传》。

梨、文官果、甜子；福建则福橘、福橘饼、牛皮糖、红腐乳；江西则青根、丰城脯；山西则天花菜；苏州则带骨鲍螺、山查丁、山查糕、松子糖、白圆、橄榄脯；嘉兴则马交鱼脯、陶庄黄雀；南京则套樱桃、桃门枣、地栗团、窝笋团、山查糖；杭州则西瓜、鸡豆子、花下藕、韭芽、元笋、塘栖蜜橘；萧山则杨梅、莼菜、鸠鸟、青鲫、方柿；诸暨则香狸、樱桃、虎栗；嵊则蕨粉、细榧、龙游糖；临海则枕头瓜；台州则瓦楞蚶、江瑶柱；浦江则火肉；东阳则南枣；山阴则破塘笋、谢橘、独山菱、河蟹、三江屯蛏、白蛤、江鱼、鲥鱼、里河鰦。远则岁致之，近则月致之，日致之。"[①]衣服则由布袍而为䌷绢，由浅色而改淡红。范濂《云间据目钞》记云间风俗，虽然只是指一个地方而言，也足以代表这种由俭朴而趋奢华的时代趋势。他说："布袍乃儒家常服，周年鄙为寒酸，贫者必用绸绢色衣，谓之薄华丽。而恶少且从典肆中觅旧段旧服翻改新起，与豪华公子列坐，亦一奇也。春元必用大红履，儒童年少者必穿浅红道袍，上海生员冬必穿绒道袍，暑必用绉巾绿伞，虽贫如思丹，亦不能免。稍富则绒衣巾，盖益加盛矣。余最贫，尚俭朴，年来亦强服色衣，乃知习俗移人，贤者不免。"明朝制定士庶服饰，不许混淆，嘉靖以后，这种规定亦复不能维持，上下群趋时髦，巾履无别。范濂又记："余始为诸生时，见朋辈戴桥梁绒线巾，春元戴金线巾，缙绅戴忠靖巾。自后以为烦

---

① 张岱：《陶庵梦忆》卷四，《方物》。

俗，易高士巾素方巾，复变为唐巾晋巾汉巾褊巾。丙午（公元1606年）以来皆用不唐不晋之巾，两边玉屏花一双，而年少貌美者加犀玉奇簪贯发。”他又很愤慨地说：“所可恨者，大家奴皆用三镶宦履，与士官漫无分别，而士官亦喜奴辈穿著，此俗之最恶者也。”

三

士大夫居官则狎优纵博，退休则广蓄声伎，宣德间都御史刘观每赴人邀请，辄以妓自随。户部郎中肖翔等不理职务，日惟挟妓酣饮恣乐。[①]曾下饬禁止：“宣德四年八月丙申，上谕行在礼部尚书胡濙曰：祖宗时文武官之家不得挟妓饮宴。近闻大小官私家饮酒，辄命妓歌唱，沉酣终日，怠废政事。甚者留宿，败礼坏俗。尔礼部揭榜禁约，再犯者必罪之。”[②]妓女被禁后，一变而为小唱，沈德符说：“京师自宣德顾佐疏后，严禁官妓，缙绅无以为娱，于是小唱盛行，至今日几如西晋太康矣。”[③]实际上这项禁令也只及于京师居官者，易代之后，勾栏盛况依然。《冰华梅史》有《燕都妓品序》：“燕赵佳人，颜美如玉，盖自古艳之。矧帝都建鼎，于今为盛，而南人风

① 《明宣宗实录》卷五六。

② 《明宣宗实录》卷五七。

③ 《野获编》卷二四。

致，又复袭染熏陶，其色艳宜惊天下无疑。万历丁酉庚子（公元1597—1600年）其妖冶已极。”所定花榜借用科名条例有状元榜眼探花之目。称妓则曰老儿，茅元仪《暇老齐杂记》卷四：“近来士人称妓每曰老，如老一老二之类。”同时曹大章有《秦淮士女表》,《萍乡花史》有《广陵士女殿最序》。余怀《板桥杂记》记南京教坊之盛：“南曲衣裳妆束，四方取以为式。”崇祯中四方兵起，南京不受丝毫影响，依然征歌召妓：“宗室王孙，翩翩裘马，以及乌衣子弟湖海宾游，靡不挟弹吹箫，经过赵李，每开筵宴，则传呼乐籍，罗绮芬芳，行酒纠觞，留髡送客，酒阑棋罢，堕珥遗簪，真欲界之仙都，升平之乐国也！”①

私家则多蓄声伎，穷极奢侈。万历时理学名臣张元忭后人的家伎在当时最负盛名。《陶庵梦忆》卷四《张氏声伎》条记：“我家声伎，前世无之。自大父于万历年间与范长白邹愚公黄贞父包涵所诸先生讲究此道，遂破天荒为之。有可餐班，次则武陵班……再次则梯仙班……再次则吴郡班……再次则苏小小班……再次则平子茂苑班……主人解事日精一日，而傒僮伎艺则愈出奇愈。”阮大铖是当时最负盛名的戏曲作家，他的家伎的表演最为张宗子所称道。同书卷八记：“阮元海家优讲关目，讲情理，讲筋节，与他班孟浪不同。然其所打院本又皆主人自制，笔笔勾勒，苦心尽出，与他班卤莽者又不同。

① 余怀：《板桥杂记》。

故所搬演本本出色，脚脚出色，出出出色，句句出色，字字出色。”士大夫不但蓄优自娱，谱制剧曲，并能自己度曲，压倒伶工。沈德符记：“近年士大夫享太平之乐，以其聪明寄之剩技。吴中缙绅留意音律，如太仓张工部新、吴江沈吏部璟、无锡吴进士澄时俱工度曲，每广座命伎，即老优名倡俱皇遽失措，真不减江东公瑾。”[①]风气所趋，使梨园大盛，所演若《红梅》《桃花》《玉簪》《绿袍》等记不啻百种：“括共大意，则皆一女游园，一生窥见而悦之，遂约为夫妇。其后及第而归，即成好合。皆徒撰诡名，毫无古事可考，且意俱相同，毫无足喜。”乡村每演剧以祷神：“谓不以戏为祷，则居民难免疾病，商贾必值风涛。”[②]豪家则延致名优，陈懋仁《泉南杂志》：“优伶媚趣者不吝高价，豪奢家攘而有之，婵鬓傅粉，日以为常。”使一向被贱视的伶工，一旦气焰千丈。徐树丕《识小录》记吴中在崇祯十四年（公元1641年）奇荒后的情形：“辛巳奇荒之后……优人鲜衣美食，横行里中。人家做戏一台，一本费至十余金，而诸优犹恨恨嫌少。甚至有乘马者，乘舆者，在戏房索人参汤者，种种恶状。然必有乡绅主之，人家惴惴奉之，得一日无事便为厚矣。”优人服节有至千金以上者。[③]男优之外，又有女戏：“十余年来苏城女戏盛行，必有

① 《野获编》卷二四。

② 汤来贺：《梨园说》。

③ 黄宗羲：《南雷集子·刘子行状》。

乡绅主之。盖以倡兼优而缙绅为之主。”[①]亦有缙绅自教家姬演戏者，张岱记朱云峡女戏，“西施歌舞，对舞者五人，长袖缓带，绕身若环，曾挠摩地，扶旋猗那，弱如秋乐；女官内侍，执扇葆璇盖、金莲宝炬、纨扇宫灯二十余人，光焰荧煌，锦绣纷叠，见者错愕”[②]。刘晖吉女戏则以布景著：“刘晖吉奇情幻想，欲补从来梨园之缺陷；如唐明皇游月宫，叶法善作，场上一时黑魆地暗，手起剑落，霹雳一声，黑幔忽收，露出一月，其圆如规，四下以其羊角染五色云气，中坐常仪，桂树吴刚，白兔捣药。轻纱幔之内，燃赛月明数株，光焰青黎，色如初曙，撤布成梁，遂蹑月窟，境界神奇，忘其为成也。”[③]

四

士大夫的另一种娱乐是赌博。顾炎武《日知录》记：“万历之末太平无事，士大夫无所用心，间有相从赌博者。至天启中始行马吊之戏，而今之朝士若江南山东几乎无人不为此。有如韦昭论所云穷日尽明，继以脂烛，人事旷而不修，宾旅阙而不接。”甚至有“进士有以不工赌博为耻”的情形。吴伟业又

① 《识小录》卷二。

② 《陶庵梦忆》卷二。

③ 《陶庵梦忆》卷五。

记当时有叶子戏："万历末年，民间好叶子戏，图赵宋时山东群盗姓名于牌而斗之，至崇祯时大盛。有曰闯，有曰献，有曰大顺，初不知所自起，后皆验。"[①]缙绅士大夫以纵博为风流，《列朝诗集小传》记："福清何士壁跅弛放迹，使酒纵博。""皇甫冲博综群籍，通挟凡击毬音乐博弈之戏，吴中轻侠少年咸推服之。""万历间韩上桂为诗多倚待急就，方与人纵谈大噱，呼号饮博，探题立就，斐然可观。"此风渐及民间，结果是如沈德符所说："今天下赌博盛行，其始失货财，甚则鬻田宅，又甚则为穿窬，浸成大伙劫贼，盖因本朝法轻，愚民易犯。"[②]

自命清雅一点的则专务搜古董，巧取豪夺："嘉靖末年海内宴安，士大夫富厚者以治园亭教歌舞之际，间及古玩。如吴中吴文恪之孙，溧阳史尚宝之子，皆世藏珍秘，不假外索。延陵则稽太史应科，云间则朱太史大韶，携李项太学，锡山安太学华户部辈不吝重资收购，名播江南。南部则姚太史汝循、胡太史汝嘉亦称好事。若辈下则此风稍逊，惟分宜严相国父子、朱成公兄弟并以将相当途，富贵盈溢，旁及雅道，于是严以势劫，朱以货贿，所蓄几及天府。张江陵当国亦有此嗜。董其昌最后起，名亦最重，人以法眼归之。"[③]

① 《绥寇纪略》卷一二。

② 《野获编补遗》卷三。

③ 《野获编》卷二六。

年轻气盛少肯读书的则组织文社，自相标榜，以为名高。《消夏闲记》下：“文社始于天启甲子张天如等之应社……推大讫于四海。于是有广应社，复社，云间有几社，浙江有闻社，江北有南社，江西有则社，又有历亭席社，昆阳云簪社，而吴门别有羽朋社，武林有读书社，山左有大社，佥会于吴，统于复社。”以讥弹骂詈为事，黄宗羲讥为学骂，他说：“昔之学者学道者也，今之学者学骂者也。矜气节者则骂为标榜，志经世者则骂为功利，读书作文者则骂为玩物丧志，留心政事者则骂为俗吏，接庸僧数辈则骂考亭为不足学矣，读艾千子定待之尾，则骂象山阳明为禅学矣。濂溪之主静则盘桓于腔子中者也，洛下之持敬则曰是有方所之学也。逊志骂其学误主，东林骂其党亡国，相讼不决，以后息者为胜。”[①]老成人物则伪标讲学，内行不修。艾南英《天慵子集》曾提及江右士夫情形：“敝乡理学之盛，无过吉安，嘉隆以前，大概质行质言，以身践之。近岁自爱者多而亦不无仰愧前哲者。田土之讼，子女之争，告讦把持之风日有见闻，不肖视其人皆正襟危坐以持论相高者也。”[②]

仕宦阶级有特殊地位，也自有他们的特殊风气。《小柴桑喃喃录》卷下说：“士大夫膏肓之病，只是一俗，世有稍自脱者即共命为迂为疏为腐，于是一入仕途，则相师相仿，以求

① 《南雷文案》卷一七。

② 艾南英：《天慵子集》卷六，《复陈怡云公祖书》。

人乎俗而后已。如相率而饮狂泉，亦可悲矣。”在这情形的社会，谢肇淛说得最妙：“燕云只有四种人多，奄竖多于缙绅，妇女多于男子，倡伎多于良家，乞丐多于商贾。”[①]

一九三四年一月二十二日

① 《五杂俎》卷三。

三百年前的历史教训

今年，假如我们不太健忘的话，正好是明代亡于外族的三百周年纪念。

历史是一面镜子，三百年前，有太多的事情，值得我们追念。

三百年前，当明思宗殉国以后。李自成西走，清人藉吴三桂的向导，占领北平分兵南下的时候，南京小朝廷领袖弘光帝，正在粉饰升平，兴建宫室，大备百官，征歌选舞，夜以继日。他的父亲死于非命，元配离散不知下落，国君殉国，国土一部分沦于“流寇”，一部分被异族兵威所蹂躏，人民流亡离散，被战争所毁灭，被饥饿瘟疫所威胁，覆巢之中无完卵，即使是禽兽也该明白当前危机的严重。然而这位皇帝还是满不在乎，人生行乐耳，对酒当歌，南京沦陷的前夕，他还在排演当代有名的歌剧《燕子笺》！

三百年前，当南京小朝廷覆亡的前夕，清兵迫近江北，流寇纵横晋陕，民穷财尽，内忧外患交迫的时候。宰相马士英凭了一点拥立的私恩，独擅朝权，排斥异己，挨史可法于江北，斥刘宗周、黄道周于田野，迎合弘光帝的私欲，滥费国帑，搜括金帛，卖官鬻爵，闹得“职方多似狗，都督满街走！”左良玉举兵东下，以清君侧为名，他才着了急，尽撤防江的军队来堵住西兵，给清军以长驱深入的机会，他宁可亡国于外族，不肯屈意于私争。到南京沦陷以后，他却满载金帛，拥兵到浙江，准备再找一个傀儡皇帝，又富又贵，消遣他的余年。

三百年前，当国家民族存亡系在一发的严重关头，过去名列阉党，作魏忠贤干儿子，倒行逆施，为士大夫所不齿的阮大铖勾结了马士英，奉承好了弘光帝，居然作了新朝廷的兵部尚书，综全国军政，负江防全责，在大权在握的当儿，他的作为不是厉兵秣马，激励士气，也不是构筑工事，协和将帅，相反的他提出分别邪正的政策，他是多年来被摈斥的阉党，素来和清流对立的，趁时机把所有在朝的东林党人一一摈斥，代以相反的过去名在逆案的阉党。他造出十八罗汉五十三参的黑名单，把素所不快的士大夫留在北都不能出来的，和已经逃亡南下的，都依次顺列，定以罪名。对付一般读书人，他也不肯放松，咬定他们与东林和左良玉有关，开了名单，依次搜捕。天不如人意，这些计划都因南都倾覆而搁浅。他只好狼狈逃到浙江，清军赶到，叩马乞降，不久又为清军所杀，结束了他不光明的一生。

三百年前，当外族铁蹄纵横河朔，“流寇”主力恣张晋豫，国破民散，人不聊生的时候，拥兵数十万虎踞长江上游的左良玉，却按兵不动，坐观兴亡。他看透了政局的混乱，只要自己能保全实力，舍出一点贿赂当局，自然会加官晋爵，封妻荫子。在这个看法之下，他不肯用全力来消灭“流寇”，却用全力来扩充队伍。政府也仰仗他全力对付“流寇”，不肯调出来对付外敌。驻防在江北的四镇，又是一种看法，一面用全副精神勾结权要，一面用全副力量来争夺防区，扬州是东南最繁荣的都会，也就是这些军阀眼红的目标。敌人发动攻势了，他们自己还发动内战，杀得惊天动地。好容易和解了，指定了任务，北伐的一个被部下暗杀了，全师降敌，其他两个，清兵一到，不战而降，只有一个战死。左良玉的部队东下，中途良玉病死，全军都投降了清朝，作征服两浙闽广的先头部队。

三百年前，当前方战区的民众，在被敌人残杀奴役，焚掠抢劫，辗转于枪刀之下，流离于沟壑之中的时候，后方的都市，后方的乡村，却像另一个世界，和战争无关，依然醉生梦死，歌舞升平，南京的秦淮河畔，盛极一时，豪商富贾，文人墨士，衣香鬓影，一掷千金，画舫笙歌，穷奢极欲。杭州的西湖，苏州的阊门，扬州的平山堂，都是集会的胜地，文人们结文社，谈八股，玩古董，捧戏子，品评妓女，研究食谱，奔走公堂，鱼肉乡里。人民也在欢天喜地，到处迎神赛佛，踏青赏月，过节过年，戏班开演，万人空巷。商人依旧在计较锱铢，拿斤拈两。在战区和围城中的，更会居奇囤积，要取厚利。大家似乎都不知道，也不愿意知道当前是什么日子，更不在乎发生什么变局。他们不但是神经麻木，而且患着更严重的痿痹症。敌人一到，财产被占夺了，妻女被糟蹋了，伸颈受戮，似乎是很应该的事情。《扬州十日记》和《嘉定三屠记》所描写的正是这些人物的归宿，糊里糊涂过活的结局。

三百年前，从当局到人民，从将军到文士，都只顾自己的享受，儿女的幸福，看不见国家民族的前途，个人的腐化，社会的腐化，宣告了这个时代的毁灭。虽然有史可法、黄道周、刘宗周、张煌言、瞿式耜、李定国、郑成功，一些代表民族正气的人物，却都无救于国家的沦亡，民族的被奴化！

三百年后，我们想想三百年前的情形，殷鉴不远，在夏后氏之世。

第四篇　战争与战将

论夷陵之战

夷陵之战发生于蜀章武元年（公元221年）。这年七月，刘备帅军伐吴，孙权写信请和，刘备盛怒不许。到第二年六月，吴将陆逊大破蜀军于夷陵（今湖北宜昌），刘备退屯白帝城，十月，孙权又遣使请和，刘备答应了。这一仗前后历时一年，吴将陆逊坚取守势，捕捉战机，最后以火攻取得大胜，是历史上有名的战役之一。

战事发生的原因是荆州的归属问题。

公元208年赤壁战役之后，曹军败退，留曹仁、徐晃守江陵，周瑜、刘备水陆并进，追到南郡（今湖北江陵县东南），瑜军围曹仁，相持了一年多，曹仁弃城走。孙权以周瑜为南郡太守。刘备推刘琦为荆州刺史，南征四郡，武陵（今湖南常德）、长沙（今湖南长沙）、桂阳（今湖南郴县）、零陵（今湖南零陵）皆降。刘琦病死，诸将推刘备为荆州牧，驻公安（今湖北公安）。刘备从此有了根据地了。

荆州原来不属孙权，赤壁之战，刘备是有功劳的，南征四郡是刘备自己的战果，蜀吴双方怎么会发生荆州的归属问题呢？据《吴书·鲁肃传》："后备诣京见权，求都督荆州，惟肃劝权借之，共拒曹公。"鲁肃死后，孙权评论他："后虽劝吾借玄德地，是其一短。"看来当时兵力，孙强刘弱，孙权兵力可以直取四郡，刘备要求有个立足之地，鲁肃从孙刘联盟，为曹操树敌的战略出发，劝孙权答应，有了这个默契，刘备才能南取四郡，和孙吴成犄角之势，所以"曹操闻权以土地业备，方作书，落笔于地"，给曹操以极大威胁。

公元214年，刘备取益州。第二年孙权就要讨还长沙、零陵、桂阳三郡。刘备不肯。孙权派吕蒙率军争取，刘备也到公安，派关羽争三郡。鲁肃驻益阳（今湖南益阳），和关羽相拒。鲁肃责备关羽不还三郡。关羽说：赤壁之战，刘备和吴军戮力破魏，岂能徒劳？连立足之地都没有！达不成协议。正好这时曹操南定汉中，蜀汉北方受到威胁，刘备赶紧与孙权联合，分荆州为二，江夏、长沙、桂阳属吴；南郡零陵、武陵属蜀，以湘水为界，双方罢兵。暂时妥协了，但问题并未根本解决。

公元219年，关羽率众攻曹仁于樊（今湖北襄阳），水淹于禁七军，斩将军庞德，威震华夏。曹操遣使说孙权，出军攻关羽后路，权将吕蒙诱降关羽在江陵、公安的守将，尽虏羽军妻子。羽军遂散，关羽父子出走，为孙权所杀。

刘备失了荆州，也就失去了向东出川的门户，和曹操抗衡的军事重镇，在战略上是非争不可的。

他和关羽、张飞的关系，从汉灵帝末年，公元184年黄巾起义以后，便相从征伐，“寝则同床，恩同兄弟”。小说上桃园结义之说，便是从这两句话演绎出来的。三四十年的战友、君臣，镇守出川门户的上将，一旦摧折，刘备的感情冲动是可想而知的。公元221年张飞又为部下所杀，持首级奔吴，旧仇加新恨，伐吴报仇便成为他的最后志愿，什么好话也听不进去了。

诸葛亮远在隆中对策时，便指出孙权“可与为援而不可图”。赤壁战前，他和鲁肃共同努力，定下了联合抗曹的大计。他是始终坚持刘、孙两家联合的方针的。但他也深知刘备的个性，对关羽、张飞的感情，和荆州在军事上的重要性，明知用言语是劝阻不了刘备的。夷陵败后，他叹气说：

> 使法孝直（正）若在，则能制主上，令不东行。就复东行，必不倾危矣。

赵云是坚决反对伐吴的，他指出主要的敌人是曹操，不是孙权。如先灭魏，则吴自服。当前形势，决不应该放掉主要的敌人，先和孙吴交兵。广汉处士秦宓也说天时不利，朝臣很多人都反对，刘备一概不听。

蜀吴交兵后，孙权遣使求和。吴将诸葛瑾驻公安，写信劝刘备，要他留意于大，不要用心于小。指出关羽和汉朝的轻重，荆州和海内的大小，虽然都应仇疾，但要分清先后。论点和赵云是一致的，刘备当然不能接受。

交战双方，蜀军由刘备自己指挥，兵四万余人，大将吴班、冯习攻破权将李异、刘阿等于巫，进军秭归。将军黄权自请为先锋，劝刘备为后镇，刘备不听，派他督江北军以防魏师。夷陵败后，交通断绝，他不肯降吴，只好降魏。备军从巫峡、建平连营直到夷陵界，立数十屯，树栅连营七百多里，全军成一条直线，踞高临下，兵力分散。曹丕听说蜀军布置之后，笑道：刘备不懂兵法，岂有立营七百里而可以拒敌的！必败无疑。

吴军以陆逊为大都督，率诸将朱然、潘璋、宋谦、韩当、徐盛、鲜于丹、孙桓等五万人拒守。蜀军远来，利于速战，吴军诸将要迎击，陆逊坚决不许。他指出蜀军锐气方盛，而且乘高守险，不利进攻，如有不利，影响全局。不如坚闭固拒，伺机捕捉战机，以逸制劳，取得胜利。

两军对峙相持了七八个月，蜀军兵疲意沮，陆逊乘机发起攻击，先攻一营，得不到便宜。诸将正埋怨他枉然死了许多人，陆逊却说，我已经找到破敌的方法了，下令诸军每人拿一把茅草，乘风纵火，全线进攻，阵斩蜀大将张南、冯习，连破四十余营，蜀军溃败，刘备退守白帝城。

蜀军败后，吴诸将要求直取白帝，陆逊认为曹丕正在大合士众，不怀好意。下令退军。

这年十一月，孙权遣使到蜀汉聘问，刘备也遣使报聘，两国又恢复和平，重建了对魏的掎角之势。

这次战役，刘备犯了两个大错误：第一是政略的错误，正如赵云、诸葛瑾所指出的，他把大小、轻重摆错了次序，因荆州之失、关羽之死而发动对吴战争，破坏了两国联合共同抗曹的正确策略；第二是战略的错误，不听黄权的忠告，把他一军放在江北，削弱了兵力，又把全军列成纵深战斗序列，战线过长，兵力分散，前军一败，后军动摇，彼此不相呼应，造成全面的败局。

京剧《夷陵之战》是根据历史事实编成的历史剧，剧情是符合历史真实情况的。主题思想是通过战争的失败来批判刘备个人的“义气”，赵云、诸葛亮的谏阻，诸葛瑾的求和，直到马良死后刘备的自责，都表达了这个看法。就演出而论，是成功的。特别是保留了传统剧目哭灵牌一折，造成全剧的高潮。问题也正是出在这里，恰恰因为前半部把刘、关、张三人的关系写得深了，再加上这一哭，又哭得这么好，使观众的同情逐步引到刘备方面，相对地把主题思想削弱了。

剧中次要人物关兴是关羽的次子，作过侍中、中监军的官，早死。张飞的儿子张苞也是早夭的。看来都没有参加夷陵之战。剧本把这两人写成蜀军的大将，通过他们加强刘备主战拒和的决心，是完全可以的。

马良在征吴之役，奉命到武陵招抚当地少数民族，军败后，他也被杀。剧本把他写成掩护刘备，中箭身死，也是可以的。

阵图和宋辽战争

在古代，打仗要排阵，要讲究、演习阵法。所谓阵法就是野战的战斗队形和宿营的防御部署；把队形、部署用符号标识，制成作战方案，叫作阵图。

根据阵图在前线指挥作战或防御的带兵官，叫作排阵使。

从历史文献看，如郑庄公用鱼丽阵和周王作战，到清代的太平军的百鸟阵，无论对外对内，无论是野战，或防御，都要有阵法。没有一定的组织形式，几千人几万人一哄而上，是打不了仗的，要打也非败不可。其中最为人所熟知的是诸葛亮的八阵图，“功盖三分国，名成八阵图”的诗句，一直为后人所传诵。正因为如此，小说戏剧把阵图神秘化了，如宋辽战争中辽方的天门阵，杨六郎父子虽然勇敢，但还得穆柯寨的降龙木才能破得了。

穆柯寨这出戏虽然是虚构的，但是就打仗要排阵说，也反映了一点历史的真实性。从公元976年到1085年左右，这一百一十年中，北宋历朝的统治者特别重视阵图。（无论是在这时期以前或以后，关于阵图的讨论、研究、演习、运用，对前线指挥官的控制，和阵图在战争中的作用，都比不上这个时期）从这一时期的史料分析，北宋的统治者是用阵图直接指挥前线部队作战的，用主观决定的战斗队形和防御部署，指挥远在几百里以至千里外的前线部队。敌人的兵力部署、遭遇的地点、战场的地形、气候等，都凭主观的假设决定作战方案，即使作战方案不符合实际情况，前线指挥官也无权改变。照阵图排阵打了败仗，主帅责任不大；反之，不按阵图排阵而打了败仗，那责任就完全在主帅了；败军辱国，罪名极大。甚至在个别场合，机智一点而又有担当的将领，看出客观情况不利，不按阵图排阵，临机改变队形，打了胜仗，还得向皇帝请罪。

宋辽战争的形势，两方的优势和劣势，989年熟悉北方情况的宋琪曾作具体分析，并提出建议。他说："每蕃部南侵，其众不啻十万。契丹入界之时，步骑车帐，不从阡陌，东西一概而行。大帐前及东西面差大首领三人各率万骑，支散游奕，百十里外，亦交相侦逻，谓之栏子马……未逢大敌，不乘战马，俟近我师，即竞乘之，所以新羁战蹄，有余力也。且用军之术，成列而不战，俟退而乘之。多伏兵断粮道，冒夜举火，土风曳柴，馈饷自资。退败无耻，散而复聚，寒而益坚，此其所长也。中原所长，秋夏霖霪，天时也。山林河津，地利也。枪突剑弩，兵胜也。败丰士众，力张也。"契丹以骑兵冲锋为主，宋方则只能凭气候地利取守势。以此，他建议："秋冬时河朔州军，缘边砦栅，但专守境。"到戎马肥时，也"守陴坐甲，以逸待劳……坚壁固守，勿令出战"。到春天新草未生，陈草已朽时，“蕃马无力，疲寇思归，逼而逐之，必自奔北”。最后，还提出前军行阵之法，特别指出，要“临事分布，所贵有权”[①]。宋太宗采纳了他一部分意见，沿边取守势，作好防御守备，但要集中优势兵力，大举进攻。至于授权诸将，临事分布，则坚决拒绝了。

由于宋辽的军事形势不同，采取防御战术，阻遏骑兵冲击的阵法便成为宋代统治者所特别关心的问题了。在平时，和大臣研究、讨论阵图，如987年并州都部署潘美、定州都部署田重进入朝，宋太宗出御制平戎万全阵图，召美、重进及崔翰等，亲授以进退攻击之略。[②]997年又告诉马步军都虞候传潜说：“布阵乃兵家大法，小人有轻议者，甚非所宜。我自作阵图给王超，叫他不要给别人看。王超回来时，你可以看看。”[③]1000年，宋真宗拿出阵图三十二部给宰相研究，第二年又和宰相讨论，并说：“北戎寇边，常遣精悍为前锋，若捍御不及，即有侵轶之患。今盛选骁将，别为一队，遏其奔冲。又好遣骑兵出阵后断粮道，可别选将领数万骑殿后以备之。”[④]由此可见这些阵图也是以防御敌骑奔冲和保卫后方给养线为中心思想的。1003年，契丹入侵，又和宰相研究阵图，指出：“今敌势未辑，尤须阻遏，屯兵虽多，必择精锐，先据要害以

① 《宋史》卷二六四，《宋琪传》。

② 李焘：《续资治通鉴长编》卷二八。

③ 李焘：《续资治通鉴长编》卷四〇。

④ 李焘：《续资治通鉴长编》卷四七、四九。

制之。凡镇、定、高阳三路兵，悉会定州，夹唐河为大阵。量寇远近，出军树栅，寇来坚守勿逐，俟信宿寇疲，则鸣鼓挑战，勿离队伍，令先锋、策先锋诱逼大阵，则以骑卒居中，步卒环之，短兵接战，亦勿令离队伍，贵持重而敌骑无以驰突也”[①]。连远在河北前线部队和敌人会战的地点以及步外骑内的战斗部署都给早日规定了。景德元年（公元1004年）八月出阵图示辅臣，十一月又出阵图，一行一止，付殿前都指挥使高琼等。[②]1045年宋仁宗读《三朝经武圣路》，出阵图数本以示讲读官。[③]又赐辅臣及管军臣僚临机抵胜图。[④]1054年赐近臣御制攻守图。[⑤]1072年宋神宗赐王韶御制攻守图、行军环株、战守约束各一部，仍令秦凤路经略司钞录。[⑥]1074年又和大臣讨论结队法，并令五路安抚使各具可用阵队法，及访求知阵队法者，陈所见以闻[⑦]，出攻守图二十五部赐河北。[⑧]1075年讨论营阵法，郭固、沈括都提出意见，宋神宗批评当时臣僚所献阵图，以为皆妄相惑，无一可取，并说："果如此辈之说，则两敌相遇，须遣使预约战日，择一宽平之地，仍夷阜塞壑，诛

① 李焘:《续资治通鉴长编》卷五四。

② 李焘:《续资治通鉴长编》卷五七、五八。

③ 李焘:《续资治通鉴长编》卷一五四。

④ 李焘:《续资治通鉴长编》卷一五六。

⑤ 李焘:《续资治通鉴长编》卷一七六。

⑥ 李焘:《续资治通鉴长编》卷二四一。

⑦ 李焘:《续资治通鉴长编》卷二五四。

⑧ 李焘:《续资治通鉴长编》卷二五六。

草伐木，如射圃教场，方可尽其法耳。以理推之，知其不可用也决矣。”否定当时人所信从的唐李筌《太白阴经》中所载阵图，以为李筌的阵图止是营法，是防御部署，不是阵法。而采用唐李靖的六花阵法，营阵结合，止则为营，行则为阵，以奇正言之，则营为正，阵为奇，定下新的营阵法。沈括以为“若依古法，人占地二步，马四步，军中容军，队中容队，则十万人之队，占地方十余里，天下岂有方十里之地，无丘阜沟涧林木之碍者！兼九军共以一驻队为篱落，则兵不可复分，如九人共一皮，分之则死，此正孙武所谓縻军也”[①]。可见宋神宗的论断，是采取了沈括的意见的。宋代统治者并以阵法令诸军演习，如宋仁宗即位后，便留心武备，令捧日、天武、神卫、虎翼四军肄习战阵法。[②]1044年韩琦、范仲淹请于鄜延、环庆、泾原路各选三军，训以新定阵法；于陕西四路抽取曾押战队使臣十数人，更授以新议八阵之法，遣往河北阅习诸军。这个建议被采纳了，1045年遣内侍押班任守信往河北路教习阵法。[③]到命将出征，就以阵图约束诸将，如979年契丹入侵，命李继隆、崔翰、赵延进等将兵八万防御，宋太宗亲授阵图，分为八阵，要不是诸将临时改变阵法，几乎打大败仗。[④]1070年李复圭守庆州，以阵图授诸将，遇敌战败，复圭急收回阵图，推卸

① 李焘：《续资治通鉴长编》卷二六〇；沈括：《梦溪笔谈》。

② 《宋史》卷二八七，《兵志》一。

③ 《长编》卷一四九、一五五。

④ 《长编》卷二〇；曾公亮：《武经总要》后集三。

责任，诸将以战败被诛。[①]

在宋代统治者讲求阵法的鼓励下，诸将纷纷创制阵图，如1001年王超援灵州，上二图，其一遇敌即变而为防阵，其一置资粮在军营之外，分列游兵持劲弩，敌至则易聚而并力。[②]1036年洛苑使赵振献阵图。1041年知并州杨偕献龙虎八阵图。青州人赵宇献大衍阵图。1045年右领军卫大将军高志宁上阵图。1051年泾原经略使夏安期上弓箭手阵图，1055年并代钤辖苏安静上八阵图，1074年定州路副都总管、马步军都虞候杨文广献阵图及取幽燕之策。这个杨文广就是宋代名将杨六郎的儿子，也就是为人所熟知的穆柯寨里被俘的青年将领杨宗保。[③]

在作战时，选拔骁将作排阵使。如976年攻幽州，命田钦祚与郭守文为排阵使，钦祚正生病，得到命令，喜极而死。1002年周莹领高阳关都部署，为二路排阵使。1004年澶渊之役，石保吉、李继隆分为驾东西都排阵使等。[④]

由于皇帝事先所制阵图不可能符合客观实际情况，统军将帅又不敢违背节制，只好机械执行，结果是非打败仗不可。1075年宋神宗和朝廷大臣研究对辽的和战问题，张方平问宋神

---

① 《长编》卷二一四。

② 《长编》卷五〇。

③ 《宋史》本传，卷一一八、一三二、一三三、一五七、一七〇、一七九、二五四、二五七。

④ 《长篇》卷二五九，注引陈师道：《谈丛》。

宗，宋和契丹打了多少次仗，其中打了多少次胜仗，多少次败仗，宋神宗和其他大臣都答不出来。神宗反问张方平，张说，“宋与契丹大小八十一战，惟张齐贤太原之战，才一胜耳”。八十一仗败了八十次，虽然失于夸大，但是，大体上败多胜少是没有疑问的。打败仗的原因很多，其中之一是主观主义的皇帝所制阵图的罪过。

相反，不凭阵图，违背皇帝命令的倒可以不打败仗。道理是临机应变，适应客观实际情况。著例如979年满城之战，李继隆、赵延进、崔翰等奉命按阵图分为八阵。军行到满城，和辽军骑兵遭遇，赵延进登高瞭望，敌骑东西两路挺进，连成一片，不见边际。情况已经危急了，崔翰等还在按图布阵，每阵相去百步，把兵力分散了，士卒疑惧，略无斗志。赵延进、李继隆便主张改变阵势，把原来“星布”的兵力，集中为两阵，前后呼应。崔翰还怕违背节制，万一打败仗，责任更大。赵延进、李继隆拍胸膛保证，如打败仗，由他两人负责。才改变阵势，兵力集中了，士卒忻喜，三战大破敌军。这里应该特别指出，赵延进的老婆是宋太宗尹皇后的妹子，李继隆则是宋太宗李皇后的兄弟，两人都是皇帝亲戚，所以敢于改变阵图，转败为胜。①另一例子是1001年威虏军之战。镇、定、高阳关三路都部署王显奉诏于近边布阵和应援北平控扼之路。但辽军并

① 《宋史》卷二七一《赵延进传》，卷二五七《李处耘传附李继降停》:《长编》卷二〇；《武经总要》后集三。

没有根据宋真宗的“作战部署”行事，这年十月入侵，前锋挺进，突过威虏军，王显只好就地迎击。刚好连日大雨，辽军的弓以皮为弦，雨久潮湿，不堪使用，王显乘之大破敌军。虽然打了胜仗，还是忧悸不堪，以违背诏令，自请处分。宋真宗亲自回信慰问，事情才算结束。[①]

前方将帅只有机械地执行皇帝所发阵图的责任，在不符合实际客观情况下，也无权临机应变，以致造成屡战屡败，丧师辱国的局面，当时的文臣武将是很深切了解这一点的，多次提出反对意见，要求不要再发阵图，给前方统帅以机动作战的权力。例如989年知制诰田锡上疏说：“今之御戎，无先于选将帅，既得将帅，清委任责成，不必降以阵图，不须授之方略，自然因机设变，观衅制宜，无不成功，无不破敌矣……况今委任将帅，而每事欲从中降诏，授以方略，或赐以阵图，依从则有未合宜，专断则是违上旨，以此制胜，未见其长。”[②]999年，京西转运副使朱台符上疏说：“夫将帅者王之爪牙，登坛授钺，出门推毂，阃外之事，将军裁之，所以克敌而制胜也。近代动相牵制，不许便宜。兵以奇胜，而节制以阵图，事惟变适，而指踪以宣命，勇敢无所奋，知谋无所施，是以动而奔北也。”[③]1040年三司使晏殊力请罢内臣监军，不以阵图授诸将，

① 《宋史》卷二六八，《王显传》。

② 《长篇》卷三〇。

③ 《长篇》卷四四。

使得应敌为攻守。[①]同时王德用守定州，也向宋仁宗指出真宗时的失策："咸平景德（时）边兵二十余万，皆屯定武，不能分扼要害，故敌得轶境，径犯澶渊。且当时以阵图赐诸将，人皆谨守，不敢自为方略，缓急不相援，多至于败。今愿无赐阵图，第择诸将，使应变出奇，自立异功，则无不济。"[②]话都说得很透彻，但是，都被置之不理，像耳边风一样。其道理也很简单，一句话就是统治者对爪牙的不信任。最好的证据是以下一个例子。922年盐铁使李惟清建议慎擢将帅，以有威名者俾安边塞，庶节费用。宋太宗对他说私话："选用将帅，亦须深体今之几宜……今纵得人，未可便如古委之。此乃机事，卿所未知也。"[③]由此看来，即使将帅得人，也不能像古代那样授权给他们，而必须由皇帝亲自节制，阵图是节制诸将的主要手段，是非要不可的。

王安石和宋神宗曾经几次讨论宋太宗以来的阵图问题，并且比较了宋太祖、太宗兄弟两人的御将之道，说得十分清楚。一次是在熙宁五年（公元1072年）八月：

> 神宗论太宗时用兵，多作大小卷（阵图）付将帅，御其进退，不如太祖。

① 《长篇》卷一二六，《欧阳修文集》三，《晏公神道碑铭》。

② 叶梦得：《石林燕语》九。

③ 《宋史》卷二六七，《李惟清传》。

> 王安石曰：太祖知将帅情状，故能得其心力。如言郭进反，乃以其人送郭进，此知郭进非反也，故如此。所以如进者皆得自竭也。其后郭进乃为奸人所摧，至自杀。杨业亦为奸人所陷，不得其死。将帅尽力者乃如此，则谁肯为朝廷尽力？此王师所以不复振，非特中御之失而已。
>
> 神宗曰：祖宗时从中御将，盖以五代时士卒或外附，故惩其事而从中御。
>
> 王安石曰：太祖能使人不敢侮，故人为用，人为用，故虽不中御，而将帅奉令承教无违者，此所以征则强，守则固也。[①]

指出从中御将，颁赐阵图是惩五代之事，是怕士卒叛变，怕将帅割据，指出宋太祖虽不中御，而将帅奉令惟谨。反面的话也就是宋太宗和他以下的统治者，不能使人不敢侮，因之也就越发不放心，只好从中御将，自负胜败之责了。

另一次讨论在第二年十一月：

> 宋神宗问先朝何以有澶渊之事。
>
> 安石曰：太宗为傅潜奏防秋在近，亦未知兵将所在，诏付两卷文字云，兵数尽在其中，候贼如此，即

① 《长编》卷二三七。

> 开某卷，如彼，即开某卷。若御将如此，即惟傅潜王超乃肯为将。稍有才略，必不肯于此时为将，坐待败衄也。但任将一事如此，便无以胜敌。[①]

连兵将所在、兵数多少也不知道的前方统帅，只凭皇帝所发阵图作战。这样的统帅，这样的御将之道，要打胜仗是绝对不可能的。这是宋辽战争中宋所以屡战屡败，不能收复幽燕的原因之一。这也是宋代著名将帅如广大人民所熟知的杨业，所以遭忌战死，狄青作了枢密使以后，被人散布谣言去职忧死的原因。因为这些人都不像傅潜、王超那样，而是有才略、有决断、有经验、有担当的。同时，这一事实也反映了宋代统治阶级内部的深刻矛盾。

---

① 《长编》卷二四八。

明代的火器

火药从中国传到欧洲、东南亚、日本和世界各地。到十五世纪，中国又从安南（今越南）、葡萄牙、日本等国输入各种使用火药的火器。

明代最早的火器是从安南传来的，叫作神机枪、炮。

神机枪、炮用熟铜或生、熟赤铜相间铸造。也有用铁的，最好的是建铁，其次是西铁。大小不等，大的用车发，次和小的用架用桩用托，是当时行军的要器。明成祖非常重视这个新武器，特别组织了一支特种部队，叫神机营，并设监枪太监，是京军三大营之一。

永乐十年（公元1412年）下令从开平到怀来、宣府、万全、兴和等山顶，都安放五个炮架，二十年又增设了山西大同、天城、阳和、朔州等地以御敌。[①]缺点是临时装火药，一发之后，装第二发要花很多时间。虽然威力大，敌人摸透了情况，临阵就趴在地下，到神机枪打出之后，立刻冲锋，火器就

① 《明史·兵志》。

无从施展威力了。[①]

古代战争是人和人面对面站着打的，有了远距离的火器以后，就非卧倒、趴在地下不可了。武器的改进也改变了战争的方式方法。同时，在战争中战将和战士的武艺的比重，也逐渐为使用远距离的火器的熟练程度所代替了。

第一个帮助明成祖制造神机枪的是安南人黎澄。[②]

其次是佛郎机。佛郎机即今葡萄牙。公元1517年葡萄牙商船到广东通商，白沙巡检何儒买了他们的炮，就叫这种炮作佛郎机。用铜制造，长五六尺，大的重一千多斤，小的重一百五十斤，巨腹长颈，腹部有长孔，藏子铳五个，装火药在腹中，射程达到一百多丈，是水战的利器。

公元1519年宁王宸濠反，福建莆田乡官林俊得到消息，连夜派人用锡作了佛郎机的模型和火药配方，送给统帅王守仁，送到的时候，王守仁已经把宸濠俘虏了，没有用上。[③]到公元1529年才正式制造，叫作大将军，发给各边镇用于防守。[④]

倭寇侵扰中国，又从日本传入鸟嘴铳。唐顺之记其形制说：

佛郎机、子母炮、快枪、鸟嘴铳都是嘉靖时的新

① 丘濬：《大学衍义补·火攻论》。

② 沈德符：《野获编》。

③ 王守仁：《阳明集要》，《文华集》三，《庚辰书佛郎机遗事》。

④ 《明史·兵志》。

> 武器，鸟嘴铳最后出，也最厉害。铳以铜、铁为管，用木杆装管。中贮铅弹，所击人马洞穿。其点放之法，用手握铳，点燃药线。管背安雌雄两臬（瞄准器），用眼睛对臬，用臬对准所要射击的目标，对准了才发射，要打敌人的眉毛鼻子，没有一失。快于神机枪，准于快枪，是火器中的最好的东西。[①]

宋应星《天工开物》记鸟铳的制造方法很详细，说鸟雀在三十步内被铳击，羽肉皆碎。五十步外方有完形，百步以外，铳力微弱，便不行了。

到明末，又传入红夷炮，长两丈多，重的到三千斤，能够打穿城墙，声闻数十里。天启元年（公元1621年）兵部建议，招寓居澳门，精于火炮的西洋人罗如望、阳玛诺、龙华民来内地制造铳炮。制成后命名为大将军，并派官祭炮。1630年又派龙华民、毕方济到澳门买炮和招募炮手，西洋人陆若汉、公沙的西劳带领西洋人多名带铳炮应募，参加宁远、涿州等战役。[②]1626年明将袁崇焕守宁远，和清军作战，用红夷炮轰击敌人，打了一个大胜仗，就是著名的宁锦大捷。传说清太祖努尔哈赤就是被红夷炮打伤致死的。1631年明将孔有德带着红夷炮投降清军，1632年清也开始造炮。

---

① 《荆川外集》卷二,《条陈蓟镇练兵事宜》。

② 《明史·兵志》；黄伯禄:《正教奉褒》，14、15页。

现在陈列在北京故宫午门左右阙门的几尊古老的大炮，就是明、清战争的遗物。

谈甲午海战

甲午战争是中国近代对外战争史上重要的转折点，这一仗日本打败了清朝，北洋海军全军覆没，清朝政府委曲求和，忍辱割地赔款，订立不平等条约，把已经走向没落的腐朽的清朝统治，推向悬崖的边沿。同时，也因为这一不光彩的败仗，一连串的屈辱，激发了全国各阶层人民的同仇敌忾，看清楚了清朝统治者的真实面貌，知道非用自己的力量来保家卫国不可，非用自己的力量来反抗侵略不可，高举反对帝国主义的大旗，敢于斗争，进一步敢于革命，从而改变了中国历史的面貌。

这一仗是腐朽的垂死的封建主义和新兴的资本主义国家间的战争，清朝政府的失败是必然的。但是，应该着重指出，军事上的失败是次要的，主要的是政治。

首先是清朝政府的失败主义，注定了战争的结局。清军统帅李鸿章从一开头便不敢抗争，不惜牺牲一切来换取和平。当敌人着着备战，引起战火，甚至在击沉清政府的运兵船高升号以后，李鸿章始终采取避战方针，幻想通俄、英、法、美等国的斡旋，出卖中国人民利益，求得暂时的妥协。事实是你愈退让，敌人便愈疯狂，你越不敢打，敌人便越要打，以退让、出卖国家主权来换取屈辱的妥协，结果是导致甲午战争的完全失败。

更有讽刺意义的是海陆军统帅主和，手无寸铁的文人却坚决主战，以翁同龢为首的一批清谈家和傀儡皇帝却极力主战。他们没有实权，不懂军事，却大嚷大叫，制造了强烈的舆论，可是在实际行动上却拿不出一点办法来，更谈不到和人民联结在一起了。这样，统治集团内部就形成两派，翁同龢和皇帝这派主战，李鸿章和西太后这派主和，吵个不休。在两派的混吵中，敌人却全国一致，全力进攻。清朝政府呢？一面向各国哀求斡旋，一面被动挨打，因为正在不惜牺牲一切祈求和平，也就没有认真备战，也正因为没有认真备战，就不能不接连打败仗，这样，连屈辱的妥协也哀求不到了。政治的腐烂，决定了战争是非失败不可的。

以这次著名的海战为例，事实也正是这样。

中日两国海军的实力，李鸿章是清楚知道的，他在光绪二十年（公元1894年）七月二十（阴历）报告清朝政府：

> 查北洋海军可用者只镇远、定远铁甲船二艘，为倭船所不及。然船重行缓。吃水过深，不能入海汊内港。次则济远、经远、来远三船，有水线甲、穹甲而行驶不速。致远、靖远二船，前定造时号称一点钟十八海里，近因行用日久，仅十五六海里。此外各船

逾旧逾缓。海上交战，能否趋避，应以船行之速迟为准，速率快者，胜则易于追逐，败亦便于引避。若迟速悬殊，则利钝立判，西洋各大国讲求船政，以铁甲为主，必以极快船只为辅，胥是道也。

详考各国判行海军册籍，内载日本新旧快船推为可用者共二十一艘，中有九艘自光绪九年后分年购造，最快者每点钟行二十三海里，次亦二十海里上下。我船订购在先，当时西人船机之学尚未精造至此，仅每点钟行十五至十八海里，已为极速，今则二十余海里矣。

近年部议停购船械，自光绪十四年后，我军未增一船……倭人心计谲深，乘我力难添购之际，逐年增益。

战舰的吨位和航行速度，决定海军的作战力量。北洋海军只有两条大铁甲舰，却船老行迟，日本呢，主力舰吨位虽小，却船新行速。更重要的是清朝从光绪十四年以后未添一船，日本却从光绪九年以后逐年添造，白白给日本以六年时间，走到前面，这不是单纯的军事问题，而且是政治问题。

其次是速射炮的出现。《晨园漫录》指出：

我各军舰之购置，其最新者亦距开战十二三年。其时军舰之牺装大抵专注重舰首之重炮，而于两舷侧

> 之速射炮，则不甚加意。试一检查各舰之炮位表可以知之矣。其后速射炮日益发达，我各舰依然仍旧，未曾加以改造。

李鸿章知道不知道这情况呢？他是知道的，并且专写报告要求添装，但是政府决策是“停购船械”，实现不了。可见这也不是单纯的军事问题，而且是政治问题。

主力舰舰首的重炮比敌人的威力大，在战时是可以发生作用的。但是到临战时重炮的炮弹一共只有三枚，英人泰莱亲身参加了这次海战，他在《甲午中日海战见闻记》中说：

> 在旅顺查看军械清单，得知一可悲之事实，战舰中十吋口径之大弹，只有三枚。其练习用之小弹亦奇绌。惟其他诸舰，弹储尚足。

他立刻向李鸿章提意见，要求补充。结果负责后勤的官员答复，此种炮弹不能制造。这个官员是谁呢？李鸿章的亲戚张士珩，这难道不是政治而是军事问题？泰莱明确地指出：“盖腐败，中饱，及援结私亲诸症，使其手下各组织无复完肤者，其病源皆在鸿章自身，而彼之染此诸症，且视寻常中国官吏为甚。”事后，他总结说：“是故中国舰队，就重炮及铁甲而论，至少与日本相埒，炮术甚精。训练虽稍有遗憾，惟水兵可称善战。极严重之事因厥为子弹之缺乏。此缺乏也，吾人有理由可信其咎非仅在疏忽，而在其工厂总办之通敌卖国。”其实，更确切地说应该是，“其病源皆在清朝政府自身”，李鸿章不过是代表人物之一而已。

海战发生在1894年9月17日。

据泰莱的观察，海军战士的士气很高：“呈欣欣之色者，大率为水手。彼等举动活泼机敏，以种种方式装饰其炮座，若不胜其爱护者，其响望之情盎然可觉。”又说：“惟水兵可称善战。”

提督丁汝昌是陆军出身的，战事由海军总兵刘步蟾指挥。刘步蟾是海军中公认“怯懦已素著”的胆小鬼。

发现日舰后，刘步蟾发出信号，改变丁汝昌和将领们一致决定的分段纵列式，两主力舰居前的战斗序列，改为诸舰相并横列，以主力舰居中的横阵。这样，敌舰炮火就会集中两翼的弱舰，不致集中到刘步蟾指挥的旗舰了。他本人比较安全了，可是北洋海军的命运也就由这一个怕死的指挥官改变阵势而决定了。他是知道这两种不同战斗序列的意义的，为了个人的安全而牺牲全军，这不只是军事上的严重错误，而且是政治上的严重错误。

交战后，北洋舰队凌乱成半月形，仅有的三个重炮弹，有一弹射入日舰松岛之腹内。“北洋士兵均狞厉振奋，毫无恐惧之态。”致远舰经过激战，炮弹打完了，管带邓世昌开足马力去撞日舰吉野，和敌人同归于尽，被日舰鱼雷击中牺牲。超勇等四舰亦被击沉，济远船见致远沉没，管带方伯谦先逃，撞沉另一战舰，剩下的残舰也先后驶出阵地逃避，这场不光彩的海战就此结束了。

电影《甲午风云》中的正面人物是邓世昌和李士茂、王国成，反面人物是方伯谦和李鸿章，都是符合历史实际的。当时虽然有人为方伯谦被军法处死而鸣不平，写了一本《冤海述闻》的书，是不可信的，没有根据的。书中说日海军击沉高升号时，济远发炮打伤日船有功，其实，方伯谦一见日船就害怕，赶忙挂白旗，日舰不理，他又挂日本旗，又不理，就赶忙逃走，只是由于士兵英勇，李士茂、王国成等违令发炮，才能打伤日舰。就方伯谦两次临阵脱逃而论，他的死是千该万该的。

这次海战失败的教训是，第一，和平不可能是祈求得来的，也不可能是从任何国际活动或会议得来的，祈求和妥协只能招致屈辱和失败。第二，侵略战争既然强加于人，那么反侵略战争就是不可避免的。当敌人着着进攻，战争怎么有可能单方面避免呢？相反，只有团结一致，被侵略者奋起抗战，沉重打击侵略者才能保国卫民，取得胜利。第三，战争是政治的继续，也是政治表现的形式，甲午战争的失败，主要不是军事上的，而是政治的腐烂和内部的不团结。第四，只有敢于斗争，敢于革命，敢于胜利的人民，才有可能阻止战争的爆发，也才有可能在战争中取得胜利，保障和平的事业。

最后，还要插一句话，清朝政府从光绪十四年起就决定不再添买军舰和武器了，那么，海军经费用到什么地方去了呢？

《晨园漫录》指出了这笔钱的去路："拨其经费，作为建造颐和园之用！"

古代的战争

苏联国防部长马利诺夫斯基在苏共二十一次代表大会上，讽刺美英战争狂人的核战争方案说，“先生们，你们的手太短了！”

现代战争广泛运用科学技术成就，苏联的洲际火箭、导弹可以击中地球上任何一个角落，百发百中；苏联的科学技术成就有力地保障了世界和平，使得手太短的战争狂人不敢轻易发动毁灭自己的战争。

手的长短说明今天两大阵营的军事力量。

古代也是如此。在远距离的杀伤武器发明以前，战争是人与人的搏斗，枪、刀、箭、槊等都是手的延长。战将和士兵的体力，运用武器的熟练程度，武器的重量，和勇敢、机智的结合，在战争中发生作用。

在战争进行中，士兵和士兵、战将和战将搏斗，面对面地厮杀，往往以伤亡较多的一方无力继续进行战斗而结束战局。

将军和将军的厮杀，大战几百个回合。甲杀了乙或乙杀了丙，虽然不一定决定战争的胜负，但是，在有些场合，却也起着关键性的作用，特别是敌方的主将或骁将阵亡，失去指挥，影响士气，就非打败仗不可了。

小说和戏文上常常描写、演出战争，戏台上除了战争双方的队伍用几个战士作为大军的象征以外，战争展开的重点通常放在两方主将的搏斗上面，这种表现手法是有历史事实根据的。

在斗将的场合，有大战几百个回合之说，一个回合的意思是交手一次。战将无论骑将或步将，都得手执武器。两军相对，中间有一段距离，双方同时前进，到了面对面接触的程度，互用武器杀伤对方，一击不中，就得退回来，准备第二次的接触，这样一进一退，就叫一个回合。在生和死的搏斗中，手的长短也就是武器的长短、重量，是有极重要意义的。长枪、大刀、马槊等长武器要比用剑、短刀这类短武器更为优越。而更重要的则是使用武器的熟练程度、人的机智，这就要讲武艺了。同样的体力和武器，决定胜负的是武艺。战将为了保护自己，就得戴盔披甲，一副盔甲分量是很重的，骑将的马也得披甲，再加上武器本身的重量，没有极健壮的体力是支持不了的。在有些场合，斗到相持不下的时候，还得换马。也有这样一种情况，战将本人并未打败，只因马力乏了，或者马受伤了，进退不得，被敌方杀伤，吃了败仗。“射人先射马”，就是这个道理。

战争时用旗、金、鼓指挥，叫作三官。

旗是管节度的，大将有大纛，指挥全军；有方面旗，东方碧，南方赤，西白，北黑，中央黄，指挥各方。因为人多距离远，讲话听不见，走马传令费时间，就用旗来指挥：中央旗挥动，全军集合，旗俯即跪，旗举即起，卷旗衔枚，卧旗俯伏，见敌旗三挥，布阵旗左右挥。方面旗举，方面兵急须装束，旗俯即进，旗竖即住，旗卧即回。召将用皂旗，一点皂旗队头集，二点皂旗百人将集，三点皂旗五百人将集，一点一招千人将集。

金、鼓管进退，击鼓进军，鸣金退军。

击鼓三通共千槌，一通三百三十三槌（一说是三百六十五槌）。行军平时挝鼓吹角戒严，吹角一十二变为一叠，鼓音止，角音动，一昼夜三角三鼓。大将以下都按级别备金鼓，遇有紧急事故，先头部队击鼓报警，全军就进入战争准备状态了。①

杀败敌人以首级论功，是沿袭秦的制度，杀一个敌人赐爵一级来的。

报功和发表战绩时也照例要夸大一番，以一为十，例如杀敌百人，露布上必定要写千人之类。②

帅旗是中军所在的标识，也是全军指挥的中心，帅旗一倒，全军就失去指挥，陷于混乱。以此，夺取敌方的帅旗也就成为古代战将的主要目标了。

---

① 曾公亮：《武经总要》卷二；《通典》卷一五七。

② 《资治通鉴》卷六六。

古代的斗将

两军对垒，将和将斗，叫作斗将。我国的武打戏有悠久的传统，武打戏中的斗将，突出地集中地表现了勇士们的英勇气概，更是受人欢迎。其实，不止是今天的人们喜欢看斗将的戏，古代人也是喜欢的。例如司马光编《资治通鉴》，态度很严肃，取材极谨慎，但写晋将陈安的战斗牺牲，却十分寄与同情。

太宁元年（公元323年）七月，晋将陈安被赵主刘曜打败，帅精骑突围，出奔陕中。

刘曜遣将军平先等追击陈安。

陈安左手挥七尺大刀，右手运丈八蛇矛，近则刀矛俱发，一杀就是五六个人，远则左右驰射，边打边逃。平先也勇捷如飞，和陈安搏斗，打了三个回合，夺掉陈安的蛇矛。

到天黑了，下着大雨，陈安和几个亲兵只好丢掉马，躲在山里。第二天天晴了，赵军追踪搜索，陈安被擒牺牲。

陈安待将士极好，和将士共甘苦。死后，陇上人民很想念他，为他作壮士之歌，歌词道：

> 陇上壮士有陈安，躯干虽小腹中宽，爱养将士同心肝，骣骢交马铁瑕鞍。七尺大刀奋如湍，丈八蛇矛左右盘，十荡十决无当前。战始三交失蛇矛，弃我骣骢窜岩幽，为我外援而悬头；西流之水东流河，一去不还奈子何！

为我外援而悬头，这是陈安被陇上人民长久思念的道理。司马光在北宋对辽和西夏的战争中，怀念古代孤军抗敌的民族英雄，闻鼙鼓而思将帅，怕也是有所寄托吧。

北宋曾公亮《武经总要》也记了几件斗将的故事。一是史万岁。隋将窦荣定将兵击突厥，史万岁到辕门要求参军，窦荣定早听说史万岁勇敢的声名，一见大喜。派人告诉突厥，各选一壮士决胜负。突厥同意，派一骑将挑战，荣定就派史万岁应战。万岁驰出，斩敌骑而回。突厥大惊，立刻退军。

一件是白孝德的故事。史思明攻河阳，使骁将刘龙仙率铁骑五千临城挑战。龙仙健勇，骄傲轻敌，把右脚放在马鬣上，破口谩骂。

唐军元帅李光弼登城，看敌人情况，对诸将说："谁能去干掉他？"大将仆固怀恩报了名，光弼说："这不是大将干的事，看还有谁去？"大家都推白孝德。

光弼问白孝德要多少兵，孝德说，我一个人就行了。光弼很称赞他的勇气，还问需要什么，孝德只要五十个骑兵，大军鼓噪助威。

孝德手挟两个蛇矛，骑马过水，刘龙仙见他只一个人，不以为意，还是把脚放在马鬣上。稍近，龙仙刚要动弹，孝德摇摇手，好像叫他别动，龙仙不知其意，也就不动了。孝德对他说："侍中（光弼官称）叫我来讲话，没有别的。"龙仙退却几步，还是破口大骂。孝德勒住马，瞪着眼说："狗贼，你认得我吗？"龙仙说："谁啊？"孝德说："我是大将白孝德。"龙仙骂："是什么猪狗！"孝德大叫一声，持矛跃马便刺，城上一齐鼓噪，五十骑也跟着冲锋，龙仙来不及射箭，只好沿堤乱转，孝德追上，斩首而回。

一是王敬荛，说他多力善战，所用的枪、箭都用纯铁制成。枪重三十多斤，摧锋破敌，都以此取胜。

第五篇　人物与思想

卧薪尝胆的故事

卧薪尝胆的故事，发生在公元前494到473年这二十年间，离现在已经有两千四百多年了。

我国是一个多民族的国家。两千四百多年前，在我国的东南部，以现在江苏省苏州为中心的有吴国，以浙江省绍兴为中心的有越国。吴国的统治者大概是从西北来的，传说和周王是一个家族。至于越国，那里的人们“断发文身”，头发剪得短短的，身上刺着花纹，显然和吴人是两个不同的民族。

当时的政治形势，许多国家分立，其中西北的晋国（今山西一带），南方的楚国（今湖北、湖南、安徽一带）最为强大。东方的齐国（今山东一带）曾经很强大，称霸诸侯，但这时候已经衰落了。晋、楚两国争夺领导诸侯的霸权，经常打仗。晋国为了要战胜楚国，便派人联络吴国。越国原来是楚国的一部分，楚国也派人到越国去，例如越王勾践的谋臣范蠡、文种都是楚国人。相反，楚国杀了伍子胥的父兄，伍子胥逃亡到吴国，作吴国的大将，带兵打败楚国。吴、越两国，吴帮晋国，越帮楚国，在政治上是敌对的两个国家。

在生产上，吴国比越国先进，公元前585年吴王寿梦即位以后，吴国日渐强大。第二年晋国的使臣到了吴国，教会了吴人使用兵车和训练军队的方法，劝他们进攻楚国。吴人接受了中原地区的先进的生产技术和文化，和中原诸国的来往也日渐加多了。越国的地势比较低洼，农业生产也比较落后。

从吴王寿梦到吴王阖闾这九十年间，吴国的生产日益发展，地域日益扩大，从当时许多铸剑的传说看来，铁已经应用到生产上来了，也很可能吴人已经学会了炼钢的技术，制造成锋利的宝剑。

公元前496年，吴王阖闾带兵进攻越国，兵败负伤而死。临死前要他的儿子夫差为他报仇。

吴王夫差练了三年兵，公元前494年大败越兵，越王勾践只剩下五千多兵，被围困在会稽山上，派文种求和，伍子胥主张灭掉越国，劝吴王拒绝，文种用美女珍宝买通了吴王的宠臣太宰嚭，替他求情，伍子胥虽然坚决反对，吴王还是听信了太宰嚭的话，许和退兵。

越王勾践夫妇和范蠡被吴国拘囚了三年，勾践替吴王养马，受尽了屈辱。最后还是用贿赂通过太宰嚭说服吴王，吴王夫差拒绝伍子胥的谏净，把越王君臣放回越国。

越王勾践回国之后，发愤图强，苦身焦思，夜晚睡在柴草里，办事的地方放一个苦胆，经常尝胆的苦味，也经常告诫自己："你忘掉会稽山的耻辱吗？"生活刻苦，自己参加农业劳动，夫人织布，吃饭只吃一样菜，穿的衣服也很朴素。和百姓同甘共苦。对有才德的贤人十分尊重，厚待过往的宾客，百姓有穷困的加以救济，生病和死亡的亲自慰问。和大臣们经常研究讨论问题，有好的意见立刻接受。

特别注意农业生产，开垦荒地，充分利用人力，适应农业季节，采用先进生产技术，这样做的结果，仓库充实了，百姓有余粮了，国家富足了。

在经济发展的基础上，修改了法律，缓刑薄罚，减少农民的负担，人民富足了。

为了人口蕃殖，增加人力的来源，法令规定青年人不许娶年纪太大的女人，老年人不许娶青年女子；女孩子十七岁不嫁，男孩子二十岁不娶，父母都要受罚。临产的派医生看护，生双胎男的送一壶酒一只狗，生双胎女的送一壶酒一只猪，生三个的公家给奶妈，两个的公家给养一个。

经过十年的积极生产，粮食和人口增加了，便转到军事训练方面，号召青壮年参加军队，铸造武器，练习战阵，更重要的是让全体人民都明白发愤图强的道理，“明耻教战”，上下一心，越国的落后情况完全改变了，后来人总结这二十年的经验为八个字：“十年生聚，十年教训。”越国成为强国了。

为了孤立吴国，越国采取结齐、亲楚、附晋的方针，齐、楚都是吴的敌国，晋国呢，吴国自恃强大，要和晋国争霸。越国和齐、楚、晋三国都建立友好关系，同时，又对吴国表面上十分尊重，要粮食送粮食，要木材送木材，要美女送美女，使敌人麻痹，失去警惕。

和越王勾践相反，吴王夫差从战胜、臣服越国以后，便骄傲自满起来，自以为十分强大，向北发展，要在中原建立霸主地位。公元前484年，发兵北攻齐国，大败齐军。伍子胥反对攻齐，结怨邻国，吴王逼令自杀。伍子胥死后，吴国朝廷上便再也没有提不同意见的人了，吴王越发刚愎自用，尽情享乐，政治腐败，民生困苦。两年以后，公元前482年又亲自率领大军，北上到黄池（今河南封丘县南）大会诸侯，和晋国争霸。吴国这些年来，虽然打了多次胜仗，但是军队中的精锐部分都已消耗，人民负担重，过日子很困难，表面上看来很强大，实质上国力却已经衰弱了。

正当吴军北上的时候，越王乘虚发兵攻入吴都，俘虏了吴国的太子。吴王赶紧回兵援救，抵抗不住，只好向越国求和。公元前473年，越兵攻灭吴国，吴王夫差自杀。替越王说好话的太宰嚭自以为有功，也被越王所杀。越国从此称霸诸侯，和中原地区的先进生产技术、文化，有了更多的接触，越国的经济、文化面貌有了新的发展。一些不同的生活习俗，例如上面提到过的断发文身，也相应地改变了。以后，经过长时间的融合，越人就成为汉族的一部分，过去曾经存在过的民族间的差别、隔阂，日益消除，团结成为一个民族了。

正因为历史上曾经存在过吴、越两国敌对交战的史实，所以后来人往往形容敌对关系为“吴越”，例如《孙子》上说：“吴人与越人，相恶也。当其同舟济而遇风，其相救也如左右手。”

越王勾践立下雄心大志，发愤图强，他的卧薪尝胆的故事，两千多年来为人民所喜闻乐道，成为很著名的有教育意义的优良遗产。

伟大的历史学家司马迁

公元前126年的春天，一辆马车，载着一个二十岁的青年，驭者不断挥动丝鞭，四匹雪白的骏马撒开着腿飞跑，走遍了祖国大江南北的著名城市。

这个青年生得眉清目秀，长身玉立，衣着朴素整洁。随身带着许多竹简、木板，准备把所看到听到的事情，随时记录下来。他这次旅行的目的是访求古代史书，向老人们访问古代遗事，调查了解各地情况，是一次学术旅行。

他叫司马迁（公元前145—前86年？），字子长，左冯翊夏阳（今陕西韩城县南）人。父亲司马谈，作汉朝太史令的官。太史令在政府中是专管天文历法的官员，司马一家从很古时代就专管天文历法，到周宣王时代（公元前827—前782年）还兼管周朝历史资料的保管和编写。到了司马谈，除了继承世代相传的天文历法和历史的家学以外，又跟著名天文学家唐都学天文，有名的学者杨何学《易经》，黄子学道论，精通各家学说，学问很好。他很钟爱这个儿子，一心一意要教育司马迁继承世代相传的家学，亲自讲授指点，在闲暇时，还和儿子讲论诸子百家流派，所见所闻的史事。司马迁读书非常用功，儿童时从师就学会了当时所通行的文字，十岁就念古文《左传》《国语》《世本》等书，到二十岁时已经博通群书，有了广泛的知识，很扎实的基础了。

这一年，司马谈为他儿子安排了一次学术旅行，接触实际，扩大眼界，增长知识，结交朋友。

根据司马迁所著《史记》里有关这次旅行的记载，大致情况是这样的：他到过长沙，在《屈原贾生列传》里说，我读了《离骚》《天问》《招魂》《哀郢》，很为他的志向所感动。到了长沙，又亲眼看了屈原投水自杀的地方，想象中有这么一个形容憔悴、满腔抑郁的爱国诗人，在这儿行吟、踯躅，他忠于君主，热爱人民，热爱祖国，却落得这样下场，徘徊沉思，不禁伤心落泪。顺便看了九疑山，传说中舜安葬的地方。到江西庐山，考察了夏禹疏浚九江的情况。在山顶独坐，恍惚看到平原上浊流滚滚，洪水滔天，老妇幼儿，随波呼号，牲畜家具，互相挤撞的惨象。一会儿又看到一群短衣赤脚的汉子，其中有一个身材特别高大的在指手划脚，他摩顶放踵，治水十三年，三过家门而不入，采用疏浚的办法，导水入河，终于战胜了洪水，这是何等的勤劳、智慧和毅力啊！接着到浙江会稽（今浙江绍兴），参观传说中的禹穴。[①]到江苏姑苏（今江苏苏州），

① 《史记·自序》。

游览了五湖，领略了烟波浩渺、一望无际的内湖景色。[①]参观了楚国春申君黄歇的故城，发出“宫室盛矣哉”的感慨。[②]到淮阴，当地人民说：淮阴侯韩信在当老百姓的时候，志向就和众人不同，母亲死了，虽然很穷，备不起棺椁，却找了一个高敞空旷的地方葬下，准备日后在墓旁可以安置万数人家。司马迁听了，就跑去看，果然是这样情况。[③]

北上到山东，沿途考察了许多河流的水利情况。在过去齐国、鲁国的都城，和一些戴着高高的帽子，宽大的衣袖的学者们，商讨学问，反复辩论，观察孔子的遗风余韵。到曲阜时，还看了孔子的庙堂和保存着的车服礼器，看到学生们在那里按时学习礼节，仪容端正，队伍整齐，看了又看，竟舍不得走。[④]在薛，看到地方上的青年人，大多数有点粗野，和邹、鲁地方文绉绉的风气不一样，便打听缘故，说是从前孟尝君在的时候，招致了各地方任侠的有各种本领的人到薛来，有六万多家。从这件事证明，孟尝君以好客自喜，确是名不虚传啊！[⑤]在汉高祖发迹的丰、沛地区，访问了许多老人，谈了旧事。还看了汉初功臣萧何、曹参、樊哙、滕公等人的故居，他和樊哙的孙子他广是朋友，他广也告诉了他汉初功臣许多轶

① 《史记·河渠书》。

② 《史记·春申君列传》。

③ 《史记·淮阴侯列传》。

④ 《史记·孔子世家》。

⑤ 《史记·孟尝君列传》。

事。[①]西向经梁、楚，这是战国时代战争频繁的地区。在大梁之墟，访问信陵君时代的夷门，原来就是城的东门。徘徊门下，仿佛想见当年信陵君亲自执辔，车骑簇拥，夷门监者侯生，一个七十岁白须白发的穷老头子，在车上高坐，信陵君执礼愈恭，路人聚观、从骑窃骂的情景。[②]当地人都说，秦国攻魏国的都城，引河水灌城，城墙坏了，守不住了，魏王只好投降，秦就灭掉魏国。人们的意见，认为因为魏国不用信陵君，所以国家削弱，以至于亡。司马迁研究了当时历史情况，不同意这种意见，他认为秦灭魏是当时人民要求统一的必然结果，魏王即使有伊尹那样的贤臣辅佐，也还是抗拒不了的。[③]

在《史记·龟策列传》里，司马迁说：我到江南，了解南方人的生活习惯，访问了许多年纪大的长老。他们说沿江一带人们有养龟的习惯。很有意思，我也是南方人，四十年前在一个朋友的家里，看到院子的水池里就养着许多大大小小的龟。隔了两千多年了，江南人民还保持着这种习惯，可见司马迁观察事物是很细心的。

在山东地区游历的时候，他从泰山一直到琅邪，东到海边，看到这一带两千里之间肥沃的土壤，和当地人民接触，发现他们很有气概，不大暴露聪明，他认为这是和当地的地理环

① 《史记·樊郦滕灌列传》。

② 《史记·魏公子列传》。

③ 《史记·魏世家》。

境有关系的。[①]

在这次旅行以后，不久他就作了郎中的官，有机会跟从汉武帝到各地游历。公元前112年，他跟皇帝西到空同（今甘肃岷县西）。公元前110年又奉使到四川南部，看了秦时蜀郡守李冰所凿的离碓（今成都都江堰）。回来复命后，又跟皇帝东封泰山，从碣石一直到辽西一带，经过北边九原（今内蒙古乌喇特、茂明安二旗之地），回到甘泉（今陕西淳化县）。在这次旅行中，他观察了秦朝将军蒙恬所修的长城，和秦朝所修从九原到甘泉的直道（公路），在《史记·蒙恬列传》里说：我到北边，从直道回来，看到蒙恬所修筑的秦长城，和亭、障，他们把山凿开了，把谷填平了，工程非常浩大，所用的人力可真是不少啊！第二年又跟皇帝到河南、山东，上泰山。这一年黄河决口泛滥，水灾严重，汉武帝亲自在河北濮阳县黄河决口处主持堵口工程，随从人员从将军以下都参加劳动，背着柴木堵口，司马迁也参加了。决口堵塞以后，汉武帝很高兴，就在堵口处建造一所宫殿作纪念，叫作宣房宫。通过这次实践，司马迁认识了水的利和害两个方面，后来就特别在《史记》里写了《河渠书》的专门记载。公元前107年，又跟皇帝到河北涿鹿，和当地父老们谈论古代黄帝、尧、舜的传说。[②]

司马迁一生所游历的地方很多，他不是为了游山玩水，

---

① 《史记·齐太公世家》。

② 《史记·五帝本纪》。

而是有一定的目的——作历史的调查研究工作。他注意地理环境，人民生活习惯，历史传说，和著名人物的遗闻轶事，他到处访问地方长老，随时记录，很用功，也很细心，观察力又很敏锐，就这样，通过长期的多次的游历，不但丰富了文章的词藻，壮大了文章的气势，展开了自己的眼界，开阔了自己的心胸，也积累了无数的宝贵的历史资料。

为了求得历史的真实性，司马迁还通过和史事有关人物的谈话，来核对史实。例如赵王迁的情况，在《史记·赵世家》里，司马迁说：我听冯王孙说，赵王迁的母亲原来是妓女，赵悼襄王很宠爱她，把嫡子嘉废了，立迁为王。赵王迁品德很不好，又喜欢听一些没有根据的话，把最好的将军李牧杀了，用无能的郭开作将军，结果，赵国为秦所灭。这段故事指出了赵国宫廷的情况，和赵王迁的家庭教育影响。又如荆轲刺秦始皇的真实情形，当时目击者有秦始皇的侍医夏无且，司马迁父亲的朋友公孙季功、董生都曾和夏无且交游，《史记》这部分记载看来就是司马迁从父亲那儿听来的，所以写得非常生动、精彩。又如《史记·郦生陆贾传赞》说：平原君（朱建）的儿子和我是好朋友，所以我才能谈论这件事。《田叔列传赞》说：田叔的小儿子田仁是我的好朋友，我所以一并谈论他。《卫将军骠骑列传赞》说：苏建对我说，他曾批评大将军（卫青）地位那样高，可是国内的贤士大夫没有称道大将军的。希望大将军能够像古代名将那样注意选择贤人，结交朋友才是。通过卫青部下将领苏建的话，指出卫青的短处。有些历史人物的特征，则是听朋友说的，如《项羽本纪赞》说：我听周生（周霸）说，舜的眼睛重瞳，项羽也如此。留侯（张良）的相貌，则是看了他的画像，《留侯世家》说：我以为这个人的相貌一定是魁梧奇伟的，谁知道看了画像，样子却像个漂亮的妇女。孔子说过，用相貌来衡量人的品德，对子羽（澹台灭明字子羽，是孔子的学生，长得很丑，品德却很好）就不适用。我看留侯也是这样。有些历史人物则是根据他自己的直接接触来描写的，例如《史记·李将军（李广）传赞》说：我看李将军，样子老老实实像个庄稼人，嘴里说不出话。司马迁和李广的孙子李陵同为郎官，所以有机会见到李广。又如《游侠传赞》说：我看郭解，长得不比平常人好，谈话也不怎样出色。但是全国不管是好人、坏人，知道他和不知道他的人，都仰慕他的名声，讲游侠的都拿他作榜样。司马迁是夏阳人，郭解也曾经逃亡在夏阳住过一个时期，因此，司马迁不止认识了郭解，了解了郭解，还替他写了传，通过对郭解的叙述，表达了他对当时社会现象的愤慨。

在到处游历访问的同时，司马迁还跟当时著名的学者受学，例如孔子的后代孔安国做博士（教授）的时候，司马迁向他学习古文《尚书》。（《尚书》有古文、今文两种本子，今文是汉朝当时通行的隶书，古文则是蝌蚪文字。学者讲解两种本子，各有流派师传。）《史记》里所记《尧典》《禹贡》《洪范》《微子》《金縢》这些篇，用的都是古文家说。又如董仲舒是当时著名的《春秋》学者，《史记·太史公自序》讲孔子作

《春秋》的缘故，就是听董仲舒说的，可见司马迁也是跟董仲舒受过教的。在朋友中，贾谊的孙子贾嘉最为好学，和司马迁通信；壶遂是个天文学家，和司马迁同事，讨论过历史问题。

公元前110年，司马迁从四川奉使回来，这时汉武帝正要东封泰山，司马谈是太史令，照例是应该从行的。不料生了重病，留在洛阳。司马迁回到洛阳见了父亲，司马谈拉着儿子的手，哭着说：我的祖先是周朝的史官，远祖专管天文历法，很有名气。后来中间衰落了。你如能够再作太史令，那就可以继承祖先的事业了。我死后，你一定会作太史令的！作了太史令，不要忘了我想要讨论、著作的事。作一个好儿子，首先是对父母好，其次是对君主好，但最重要的是做一个堂堂的人，能够站得住。要做好事情，使声名传到后代，使人们知道这是他父母的好教育，这是最大的孝。人们都在歌诵周公，因为他做了好事，表达了他先人的成就。以后到孔子，论《诗》《书》，作《春秋》，讲学问的人到现在还以他为榜样。孔子死后四百多年了，各国互相兼并，历史也没有人记载了。现在汉朝建立，全国统一，有多少应该记载的可歌可泣的历史啊！我作太史令多年，可是没有着手做，让国家的历史断绝了，我非常之着急，恐慌，你要记住这件事才好！司马迁低头流泪，对父亲说：儿子虽然不成材，一定要把祖先和你所谈论的记录下来，不让它有一点遗漏。他对父亲立下了编写国家历史的庄严誓言。

不久，司马谈就死去了。三年以后，公元前108年，司马迁果然继承了父亲的工作，作了太史令。这一年司马迁三十八岁。

石室、金匮是国家藏书的地方，司马迁作了太史令，尽情阅读了国家的藏书，特别是古代各国的史记，他的历史知识越发丰富了，对历史发展的看法也日益成熟了，作了编写《史记》的充分准备工作。这里应该指出，远在两千多年前，那时候，纸和印刷术都还没有发明，所有的书都是用竹简或者木板抄写的，抄写一部书要用很多时间，费用很贵，数量也很大。一般人读书只能听老师口授和笔记，要读很多部书是极不容易的事情。司马迁生在世代掌管编写历史的家庭，有特别优越的条件，能够阅读家藏的史书，现在又有更多更好的机会阅读国家藏书了，他的著作之所以能够取得伟大的成就，除了他的家庭教育，好学勤读，游历访问，作了充分的调查研究工作之外，指出这一点也是必要的。

公元前104年，司马迁和公孙卿、壶遂建议改定历法，奉命造太初历，这个历法也就是“夏历”，一直通行到今天。从这一年开始，司马迁用全部力量编写国家的历史，从有史以来一直到当代的通史，总结了过去时期的经济、社会、政治、军事、文学、科学、艺术等各方面活动的经验。

五年以后，公元前99年，汉将军骑都尉李陵战败投降匈奴，司马迁说了几句公道话，触怒了汉武帝，被处宫刑。

事情的经过是这样的，李陵是名将李广的孙子，勇敢果决，善于作战，奉命率领五千步卒出击匈奴，在浚稽山（今蒙古人民共和国喀尔喀土喇河及鄂尔浑河之间）为匈奴骑兵三万所包围，全军力战，杀伤匈奴兵几千人，且战且退，原来配备的援军没有来到，匈奴方面又增加了八万的兵力，经过几天的激战，又杀伤了匈奴兵几千人，最后退入山谷中，匈奴骑兵从山上射箭，矢如雨下，李陵军士卒死伤惨重，箭射完了，援兵还没有影子，势穷力竭，投降了匈奴。李陵战败的消息到了长安，满朝官员都骂李陵辱国，汉武帝问司马迁的意见，司马迁以为李陵兵力少，和兵力大十几倍的强敌死战，转战千里，后无援兵，杀伤敌兵近万，这样英勇，古代的名将也不过如此。他虽然力竭投降，还可能找机会立功报答国家的。李陵投降敌人当然是不好的事情，但是司马迁根据敌我情况，作了如实的说明。他不是肯定李陵，而是希望李陵以后能有机会作出报效国家民族的表现，不料汉武帝大怒，以为司马迁替李陵说情，立刻把他关进监牢，处以重刑。（下蚕室，去掉睾丸。）

司马迁的身体虽然残废了，汉武帝还是爱惜他的才学，改官为中书令，这个职务掌管接受百官报告，转达给皇帝，是个宫廷的机要工作。

李陵案件，对司马迁是极为严重的打击。但他没有灰心，下定决心要活下去，无论如何，要完成国家历史的编写工作。公元前93年，他在答复朋友任安的信里说道：我受了这样可耻的重刑，所以隐忍苟活是有原因的。多年来搜集全国历史事迹，考察比较，研究其成功、失败、兴起、灭亡的道理，写了一百三十篇，目的是要弄清人类和自然界的关系，阐述古代到现代的发展、变化，建立一家之言。不料工作还没有完成，便遇到这件惨祸，为了写完这部书，便只好忍受这种刑罚。反之，假如早已成书，传布开了，就是死一万次，也是不会后悔的。信写得十分愤慨激昂，非常动人，说出了司马迁对历史著作的严肃、郑重、负责的态度，和百折不挠完成事业的奋斗精神。

司马迁的死年，历史上没有记载，根据史料估计，大概死在公元前86年左右，存年约六十岁。

司马迁的时代，是我国历史上最杰出的皇帝——汉武帝在位的时代（公元前141—前87年）。经过秦朝末年农民战争的历史教训，汉朝初期的统治者采取了一些缓和阶级矛盾的措施，让农民能够休养生息，发展生产。经过几十年的统一、安定局面，经济发展了，社会繁荣了，国家富足了，军事力量强大了。汉武帝是一个雄才大略的政治家，他在这个基础上，几次出兵打败多年来经常侵扰北方边境的匈奴，打通河西走廊，和西方许多部落建立了联系，交换了物资。并且通过各种方式，扩大了国家的疆域。把煮盐、冶铁、铸钱三大工业收为国有，使政府的收入大为增加。汉武帝在位的时代是汉朝的全盛时代。

也正是这个时代，阶级矛盾更加尖锐化了。地主无休止地剥削、兼并农民，地主愈富，农民愈加贫困；商人囤积货物，勾结官吏，放高利贷，剥削中小地主和农民。封建统治集团也越来越腐化了，官吏欺凌、奴役人民，老百姓有冤无处诉，社会上出现一些游侠，为受苦难的人们打抱不平的人物。

司马迁以自己敏锐的观察力，忠实地、科学地用富有文采的动人描述，概括地记录了这个时代。他同情农民战争，歌颂陈胜、吴广起义；对项羽和刘邦的斗争，感情也是偏向项羽一面的。他谴责酷吏，赞扬游侠。对皇帝的缺点，从汉高祖的无赖到汉武帝的妄想长生、封禅、求仙，都直笔不讳。对广大人民的痛苦生活，一再表示同情。特别是对封建官僚的龌龊生活，寡廉鲜耻的行为，“侯之门，仁义存”，只有作官的人才有道理的不平现象，予以有力的揭露和抨击。他通过人物、事件本身的叙述，表达了自己的观点，也通过历史家的笔法，用自己的口气——“太史公曰”，提出自己的意见和评价。他注意社会生活、活动的各个方面，对当时经济情况作了详尽的记录和分析，也注意到人和人的关系，对那种不公道、不合理的社会现象，发出了忧时的感慨和愤怒。他的爱和憎是分明的，对是和非是毫不含糊的。在他的著作中，充满了对祖国的热爱和歌颂，也对坏人、坏事作了有力的暴露和谴责。

他的著作原名《太史公书》，后人称为《史记》，内容分十二本纪，十表，八书，三十世家，七十列传，共一百三十篇，五十二万六千五百字。《史记》的学术地位是极高的，汉代大学者扬雄推许《史记》为实录，实录是真实的记录，是历史著作的基本要求。史学家班固说：刘向、扬雄两人都博极群书，都称赞司马迁有良史之材，佩服他善于叙述事理，辨而不华，质而不俚，其文直，其事核，不虚美，不隐恶，所以称为实录。宋代史学家郑樵更是推崇，说司马迁继承孔子的意图，把有史以来下至秦、汉的历史，编成一部通史，分成五种体裁：本纪是帝王的编年史，世家是诸侯的家族史，表扼要记事，书记典章制度，传详叙人物，这五种体裁的奠定，后代的历史家都不能改变。学者离不开这部书，六经之后，只有这部书！清代史学家王鸣盛说司马迁自己说写这部书是述而非作，其实是以述兼作的，是有创造性的。赵翼说《史记》是史家的最高准则，在过去的历史时期，没有任何一部历史著作曾经超过《史记》。这些评论都是公允的，符合实际的。

当然，也还必须指出，《史记》不止在历史著作方面占有极高的地位，在文学艺术方面，也是有其光辉灿烂的成就的。他写人物都栩栩如生，呼之欲出，写事件简明扼要，生动活泼。《史记》不止是一部极为优良的历史著作，也是一部极为优良的文学作品，在历史和文学两个方面，都占着历史时期第一流的地位。在我国的历史著作中，史学和文学一向是统一的，这个优良的传统，经过司马迁的努力而更加发扬光大，永远值得后人继承、学习和敬仰。

司马迁是我国的伟大的历史家和文学家。

1961年12月26日

谈曹操

一、谈的意义

这些天来，一碰见人就谈曹操，大家兴致很高，甚至在会场上，会前，会后，中间休息的时候，谈的都是曹操。有的说他是好人，有的说是坏人，也有人说一半一半，一半好人，一半坏人。议论很多，文章也不少，人人各抒己见。正是春暖花开的时候，有了谈曹操这样一个好题目，学术界也在百花齐放了，春色满园关不住，好得很。

好人坏人的争论，不止是曹操，历史上许多人物都有。不止是大人，小孩子也有。小孩看戏，红脸白脸上场，故事没看懂，先问这是好人坏人，弄清楚了再决定喜欢哪一个。有些剧中人，凭脸谱可以信口回答，但是一问到曹操，就不是那么简单了。

历史上著名人物很多，数不清，也记不清。有些人物尽管大，但是人们还是不熟悉。曹操可不一样，名气最大，从北宋一直到今天，数他的熟人多，从小孩到大人，从城市到乡村，只要听过故事看过戏的，谁都认得他那副大白花脸。风头最足，挨骂也最久。“说曹操，曹操就到”这句话，在哪儿都可以听到。

记载曹操事迹的书，主要是《三国志》，但是看的人不很多。自从北宋的讲史，说三国故事，元明以来的《三国演义》，清朝后期的三国戏流行以后，曹操便成为妇孺皆知的人物了。印刷术和戏剧事业发展了，识字的人看小说，不识字的人看戏，通过这些，广大人民吸取了有关祖国发展的历史知识。文学家和艺术家们逐步地塑造成功现代舞台上的曹操脸谱，使得曹操这一名字在群众语言中有了特定的含义。

描写曹操的小说、戏剧，成功地影响了人民群众；人民群众的爱憎又反回来影响了小说、戏剧，这种不断的反复影响，曹操在人民群众中成为定型的人物，坏人的典型。说也奇怪，尽管坏，却并不讨人厌，人们喜欢看曹操的戏。

我们的祖先骂了曹操一千年，如今，我们却来翻案。

这个案不大好翻，因为曹操有悠久的深远的广大的群众基础，小说和戏文已经替他定了型，换一个脸孔，人家会不认得，戏也不好演。譬如《捉放曹》这出戏，曹操如改成须生出场，便只好和吕伯奢痛饮三杯，对唱一场，拱手而下，没有矛盾了，动不得武，杀不得人，还成什么《捉放曹》？

不好翻则不翻之，乱翻把好戏都翻乱了，要不得，我看，旧戏以不翻为好。况且，何必性急，曹操已经挨了一千年的骂，再多挨些年，看来也没有什么不可以。而且，还有一个办法，唱对台戏，与其改旧戏，何如写新戏，另起炉灶，新编说曹操好话的戏，新编我们这个时代的曹操戏，有何不可。

另一面，说不好翻，也好翻。我们需要一本好历史书，历史上有许多许多问题都需要翻案。应用新的观点，从历史事实本身，重新估价曹操在历史上的地位，肯定他在历史上的作用，研究曹操，研究三国时代的历史，发表些文章，写些书，逐渐改变人民群众对曹操的看法，不也就翻过来了？

再过些时候，舞台上的曹操也会跟着起变化，我相信会是这样的。

从曹操这个人物的重新评价开始，将会引起历史上其他人物的重新评价，从讨论曹操这个人物开始，将会引起人们对祖国历史的学习兴趣，那么，为什么不谈呢？

二、奸雄、能臣

最早对曹操评论的两个人，一个是桥玄，一个是许劭。桥玄称他为命世之才，能安天下。许劭说他是治世之能臣，乱世之奸雄。两人的说法不同，意思是一样的，总之，都很佩服他。

奸雄这一鉴定是许劭的创造，后来许多关于曹操的评论，大体和这一创造有关。

这两句话的意义，第一，治和乱是相对的，能臣和奸雄却指的是同一个人。第二，无论乱世治世指的都是曹操所处的时代。第三，曹操的人格有两面性，有能臣的一面，有奸雄的一面，也就是有好的一面，坏的一面，有优点，也有缺点。

我基本上赞成他们的话，认为公道。问题只是一个奸字。

奸是对忠而说的。对谁奸、忠呢？从当时当地的人来说，对象是汉朝皇帝，是刘家。从当时当地汉朝的臣民说，对汉朝、对刘家不忠的是奸臣。但从整个历史，从此时此地的人来说，一非汉朝臣民，二非汉帝近属，硬派曹操奸臣帽子，为汉献帝呼冤，岂非没有道理之至。

但是，问题也不简单，尽管过了多少朝代，甚至到了今天，还是有人对曹操夺取刘家政权有意见，岂不可怪。

说怪，其实不怪，其中有个道理。

原来国家这一观念是近代才形成的，古代的人对国家的观念并不那样具体。比较具体的象征是皇帝，有了皇帝，也就有了政府了，有了法制了，也就会有统一的安定的局面。没有皇帝，没有政府，没有法制，天下就大乱了。因此，忠君爱国四个字总是连用的。要爱国就得忠君，不忠君也就是不爱国，皇帝没有了，也就失去了忠、爱的对象，也就失去了和平、统一、安定的秩序。至于皇帝是什么人，什么样子，那倒关系不大。重要的是要有一个统一的政府和法制。

从秦始皇统一以来，二世残暴，统治时间短，秦亡，没有听说有人要复秦的。但从汉朝起，情况不同了，刘家统治了几百年，维持了几百年和平、统一、安定的生活秩序。在这几百年中，在人民中建立了这样一个信念，要生活安定，就得统一，要统一就得要有皇帝，而且只有刘家的才算。王莽也作过皇帝，但是不行，搞得天下大乱。后来刘秀起来了，是刘家子孙，又维持了许多年代。东汉末年，政治腐烂得实在不像话，人民忍受不住，起来闹革命，黄巾大起义，被政府军队和地主武装残酷镇压，失败了，造成地主武装割据地方，连年混战的局面。到处是屯、坞、堡、壁，这一州，那一郡，这一个军事集团，那一个军事集团，打来打去，百姓流离，饿死道路，妻离子散，田畴荒芜，人民吃够了苦头，普遍的要求是统一、安定和平的生活。在这种情况下，汉朝皇帝这一象征成为人民向心的力量。忠于皇帝也就是爱国。

曹操掌握了汉献帝这一工具，组织了强而有力的政府，颁布限制豪强的法令，也就适应了广大人民要求统一和平的愿望，符合了时代要求。当时的中原豪族，衣冠子弟，中小地主都被吸引在曹操周围，挟天子以令诸侯，造成了瓦解敌人的军事优势，壮大了力量，巩固了统治。同时，通过这一工具的利用，也继承了汉朝的政治遗产，利用了汉朝的政治机构和人才，逐步建立安定的秩序，颁布法律，发展生产，得到人民的护拥。

同样，江东孙权这一家，虽然割据江东，却还用汉朝官号，用这块招牌办事。四川的刘备更是自称汉朝子孙，用这牌号来骂曹操是国贼。直到曹丕称帝以后，这两家才先后称帝。

以后历史上，唐朝亡了，少数民族的李存勗还称唐，宋亡后几十年，韩林儿起义还冒称是宋徽宗子孙，明亡了，鲁王、桂王还在沿海和西南地区继续抵抗，并且都取得人民支持，道理就是这样。

要说曹操挟汉帝就是奸臣，那么，反过来，曹操不挟，汉朝早完了。曹操用上这块招牌，从公元196年到220年，汉朝多延续了二十五年。要是曹操不挟，如他自己所说的，真不知有几人称帝，几人称王，中原地区的分裂割据局面延长了，对人民有什么好处？

正因为人心思汉，汉家这块牌号还可以继续利用，曹操一生不称帝，周文王是他的榜样。到曹丕继位，经过曹操二十多年的经营，内部巩固了，另一面，吴、蜀一时也打不下来，才摘了旧招牌，另起牌号。

总之，曹操这顶奸雄帽子，是扣死在和汉献帝的关系上面的。过去九百多年都骂他作奸臣，是由于过去的封建体制、封建道德所起的作用。今天，评价曹操，应该从他对当时人民所起的作用来算账，是推动时代进步呢，还是相反？

我以为奸雄的奸字，这个帽子是可以摘掉的。这个案是可以翻的。

至于曹操镇压黄巾起义的问题，也有不同的意见。镇压、屠杀黄巾军是坏事，是罪恶。但是，也应该分别来看，第一不能以曹操曾经镇压黄巾就否定他在这一时代所曾起的作用；第二曹操的对手刘备和孙家父子都是镇压黄巾起家的；人们骂曹操，却同情刘备，称孙家父子是英雄，同样的凶手，袒刘、孙而单骂曹操，这是不公道的。

除此以外，曹操还犯了不少罪，一是攻伐徐州，坑杀男女数万口于泗水、雎虑、睢陵、夏丘诸县；二是官渡之战，坑杀袁绍降卒八万人；三是以私怨杀崔琰、华佗等人。

至于《捉放曹》杀吕伯奢全家这一件恶名昭著的坏事，倒应该有所分析。据《三国志》注有三说。一是《世语》，说吕伯奢不在，五个儿子在家招待，曹操疑心他们谋害，夜杀一家八人逃走。一是孙盛《杂记》，说是曹操听见吕家吃饭家具响声，以为要暗害他，就杀人逃走。还自言自语说："宁我负人，无人负我。"《捉放曹》是综合这两说编成戏的。其实孙盛的话就有漏洞，人都杀光了，自言自语的两句话是谁听见的？第三说是《魏书》，说吕伯奢的儿子和宾客抢劫曹操的马匹衣物，被曹操杀了几个人。这一说对曹操最有利，但偏偏不用。从历史事实说，裴松之是很小心的，把《魏书》的说法引在第一，三说平列，不加论断。从时代先后说，孙盛是晋朝人，他记的史事一定就比《魏书》正确，也是值得怀疑的。

三、统一的努力

从秦到汉末，四百多年时间，全国的经济中心是中原地区。不论是农业生产、水利、蚕桑、冶铁等方面，都占全国较大的比重。由于经济的发展，文化水平也相应地提高，讲经学的、文学的、艺术的人才荟萃，汉末的郑玄、卢植、蔡邕、管宁、邴原等人都是门徒千百数，他们所住的地方，都成为一时的学术中心。政治中心如洛阳、长安、邺、许都在北方，集中了全国各方面的人才。

东汉后期的政治局面，是以皇帝为中心的统治阶级内部的两个集团的互相倾轧。一个集团是宦官领导的，有些寒门的地主阶级分子在他们的周围，极盛时连名门的人也钻进去了。另一个是地方豪族、名门和太学生，名望高，人数众多，却没有军事实力。曹操、袁绍、袁术等人都参加了后一集团。袁绍、袁术家世显贵，是名门豪族，号召力量很大，曹操的家世虽然有人作官，却因为出自宦官，算不得名门，有点寒伧，抬不起头。名门豪族有政治威望，有的要自立门户，有的勉强敷衍，不肯和他合作。以此，曹操有了军事实力以后，便有意识地打击当时的名门豪族，扶植培养寒门子弟和中小地主，作为他依靠的力量。

曹操的军事力量，主要的是他自己的部曲。公元189年他东归到陈留，散家财，合义兵，陈留孝廉卫兹也以家资帮助，有兵五千人。其中夏侯惇、夏侯渊、曹仁、曹洪等名将都是他的亲戚、子弟。其次是各地地主的部曲，如李典从父乾合宾客数千家在乘氏，吕虔将家兵守湖陆，许褚聚少年及宗族数千家坚壁，这些地主都是和黄巾作战的，打不过就投奔到武装力量较大的曹操这边来。部曲战时从征，平时的给养得自己想办法，不归郡县管辖，称为兵家。另一支较大的兵力叫青州军，是把黄巾军改编的。跟他打了二十多年仗，220年曹操死，青州军惊惶失措，以为天下又要大乱了，打起鼓来就向东开发，回到老家去，差一点出乱子。

总之，曹操的军事力量是以部曲为主组成的，部曲首领都是地主，数量最大的是中小地主。

吴、蜀的情况也是一样。

吴、蜀地区和中原相比，是比较后开发的地区。从汉武帝以后，这两个地区的经济情况在逐步上升。黄巾起义以来，中原残破，中原人士成批地流亡到南边来，人力的增加和生产技术，文化、学术的传播都促进了这两个地区的发展。东吴开发山越地区，政令直达交州，有海口，发展对外贸易；刘蜀安定后方，取得少数民族支持，屯田前线，进可以攻，退可以守。在经济上文化上都有了很大的进步，可以站得住脚了。

这样，曹操统一的努力，就遭遇到极大的阻力。打了三十年仗，只能够完成部分的统一事业。

中原地区的农民是渴望统一的，不但是为了安定的秩序和正常的生产，也为的是不打仗了，可以不服兵役，可以减轻军事供应负担。上层的文官谋士是要求统一的，不但统一的观念深入人心，对他们来说，统一也只会带来好处。部曲主是坚决主张统一的，统一了会更壮大自己的队伍，提高地位，有利于部曲的给养。农民、豪族、官僚、武将虽然彼此间的利害不同，但是对于统一的要求是一致的。

吴、蜀的情况正好相反，换了一个新主人，当地的农民已经有了比较安定的生产环境了。部曲主则坚决反对统一，因为统一的结果将使他们丧失部曲和分地，将使他们送家小到曹操那儿作抵押，离开故乡故土。吴、蜀的统治者也是一样，失去统治地位，听人安排。只有一部分从中原来的文士官僚们，他们在哪儿都作官，投降了还可升官封侯，因之，他们是主张投降的，但数量很少，形成不了一种强大的力量。

曹操努力统一全国的事业，虽然得到中原地区人民的支持，但是，面对着吴、蜀的坚决抵抗，终于不能成功。

尽管曹操不能及身完成全国统一事业，但是，他毕竟在他所统一的地区做了不少好事，不但安定了秩序，也促进了生产，繁荣了文化，推动了时代进步。

和袁绍相比，袁绍是代表大地主阶级利益的，曹操正好相反。袁绍宠信审配、逢纪等人，这些有权势的人拼命搜括，邺破时，这些家都被抄家了，家财货物都以万数。曹操指责袁绍："袁氏之治也，使豪强擅恣，亲戚兼并，下民贫弱，代出租赋，衒鬻家财，不足应命。"他制定制裁豪强兼并之法，并规定收田租亩四升，户出绢二匹、棉二斤。其他的不许擅兴发，责成郡国守相检察。百姓很高兴。

曹操安定冀州的例子，说明了他在中原地区的基本措施。当时农民从大地主的兼并下解放出来，有了定额的租赋，无论如何，比之过去代出大地主租赋，郡国守相要什么就得供应什么的情况，是不同了，这对于当时的生产力的发展，无疑是起了很大作用的。

除在政治上抑豪强之外，他还进行了许多增产措施，如屯田，如推广稻田，改进工具等。

从公元196年开始，曹操大兴屯田。募民许下耕种，得谷百万斛，以后逐步推广到沛、扬州、淮南、芍陂等地；郡国创制田官，有典农中郎将、典农都尉等，专职领导，自成系统。“五年中仓廪丰实，百姓竞劝乐业。”明帝时人追说屯田之利说：“建安中仓廪充实，百姓殷足。”屯田的成绩不但供应了前线的军食，还增加了生产，减轻了农民的负担，节省了农民远道运输的劳力。百姓比以前富足了。

和屯田并举的是推广稻田。如郑浑在下蔡，课民耕桑，兼开稻田，又于阳平、沛二郡兴陂堨，开稻田，功成后亩岁增租八倍。刘馥在扬州，治芍陂及茹陂、七门、吴塘诸堨，以溉稻田。刘靖在河北，修戾陵渠大堨，灌蓟南北，种稻田，边民蒙利。后来皇甫隆在敦煌，教农民用水灌溉，作耧犁，省了一半劳力，增加了一半收成。

生产工具的改进，如监冶谒者韩暨改马排为水排，省马排用马百匹，利益三倍于前等。

这些措施都是对人民有利的。

在这基础上，公元202年，曹操下令兴建学校，县满五百户，置校官，也正是在这基础上，他奖励文学艺术的创作，招集文士。他自己手不释书，白天讲武，晚上研读经传，登高必赋，制造新诗，被之弦管。建安文学的形成，他是有诱掖奖进的功劳的。

在政治上，他也采取抑豪强的方针，东汉两个最大的家族，袁杨两家，都是四世作公的。袁家兄弟破灭，杨家杨修有才，又是袁家外甥。孔融是孔子之后，也有重名，都借细故把他们杀了。相反，不是名门大族出身的广陵陈琳为袁绍作檄文痛骂曹操，连祖宗八代都臭骂一通。后来陈琳投降，曹操对他说："你替袁本初骂人，骂我也就可以了，恶恶止其身，怎么连祖宗八代都骂起来呢？"陈琳谢罪，也就算了。还重用他，军国书檄，多出陈琳手笔。

用人只挑才干，不问门族品德，他有意识地反抗汉末说空话的风气，几次下令求贤，提到不管什么生活不检点的，即使偷窃、盗嫂的都可以用。如满宠出身郡督邮，张辽、仓慈、徐晃、庞真、张既都出身郡吏，都做到大官。汉末三公充位，政归台阁，秘书（中书）监、令掌管机密，最为亲重。刘放、孙资都不是名门大族，用为监、令，曹操极为信任。

曹操有意识地打击豪门，用人唯才，不管家世，用有才干的人管机密，做郡国守相，加强了统治机构的力量，也有效地贯彻了他的治国方针，发展了生产，巩固了统治。从政治制度上说，曹魏的秘书（中书）监、令，一直继续沿用到元朝。明清两朝也还受到影响。

曹操这个人的才能是多方面的，他是当时最伟大的军事家，第一流的政治家，第一流的诗人，此外，他还是艺术家，写一笔好草字，懂音乐，有很高的文化水平。刘备、孙权都远不如他。

他对当时人民有很大功绩，他推动了历史进步，在历史上占有重要地位。

他也犯了不少罪过，这些罪过排列起来一条条都很大。但就曹操整个事业来说，却是功大于过。

曹操是个当时杰出的大人物，有功劳，也有罪过，决不是十全十美的完人。十全十美的完人，在历史上是没有的。

我的意见是曹操这个历史人物，在历史地位上应当肯定，应当在历史书和历史博物馆中占有相当的地位。但是，历史人物的讨论不应该和艺术作品中的人物完全等同起来，旧戏中的曹操戏照样可以演。某些已经定型的曹操戏最好不改，而且，与其改也，毋宁新编，历史题材多得很，何必专从改旧戏打主意呢?

杰出的学者玄奘

唐僧取经的典故，由于吴承恩的《西游记》的渲染，已经成为我国人民尽人皆知的故事了。作为一个虔诚的宗教徒，作为一个著名的旅行家，唐僧的声名是无需介绍的。但是，作为一个勤勉努力，用毕生的力量追求知识，在哲学领域内达到很高成就的学者，一般人就比较生疏了。神话小说的《西游记》特出地描写了唐僧的宗教热诚和旅行艰苦方面，至于学术成就方面，根本没有提到（也无需提到），我看，这就是作为一个杰出的学者的唐僧，不甚为人所知的原因。

不只如此，唐僧的性格，如《西游记》所描写的，忠厚老实，耳朵有些软，打不定主意，容易偏听偏信，有时也会发一点牛脾气，就小说的人物性格塑造来说是很成功的。但和历史人物的唐僧则恰好相反，历史人物的唐僧是非常坚强的，勇敢的，不怕困难，不怕艰险，百折不回，是个仁慈，厚道，博学多能，辩才无碍的英雄人物。

“取经”这一个大家熟悉的名词，在今天的现实生活中常被引用。一般的理解是对某一方面的知识不懂或不够，去向懂的人或知道较多的人学习。这样理解当然不错，但还不够确切。从唐僧的历史看来，应该是已经对某一方面知识作了专门的研究，学得越多，积累的问题便越多，为了解决这些问题，丰富和提高知识，学术水平，才下决心去取经。相反，没有进行充分的准备工作，不了解这一问题的研究所已经达到的广度和深度，应该和必须解决的问题，遇到困难，一开口便是取经，无的放矢，这是种懒汉态度，是取不到经的，即使取到了，也会驴头不对马嘴，没有用处。同样，取了经以后，放在一边，或者没有研究、消化，囫囵一口吞下去，像猪八戒吃人参果那样，也是无益的。唐僧把取来的经用半生的精力把其中主要的译为汉文，成为自己的东西，丰富了祖国的文化，在我国学术史上是一个光辉的典范。

不谈宗教徒和旅行家的唐僧，谈学者的唐僧。

玄奘法师（公元602—664年）俗姓陈，名袆，河南缑氏（今河南偃师县）人。少年时家庭贫困，二哥长捷法师在洛阳净土寺出家，把他带在身边，诵习经典。十三岁这一年隋朝政府在洛阳度僧，名额很少，学的经多来考试的有好几百人，他学的经少，站在门外很羡慕，刚巧被考试官看见，一谈话，发现他有志气，聪敏，便录取了，出了家。

净土寺有位景法师讲《涅槃经》，玄奘跟着学习，连吃饭睡眠都忘记了。又跟严法师学《摄大乘论》，越学越喜欢，听一遍就差不多记得，再读一遍，就完全掌握了。老师们叫他上讲台复讲，讲得抑扬流畅，大家都很佩服。

隋末战乱，玄奘和长捷离洛阳到长安，经子午谷到成都，从道基、宝暹二法师学《摄论》《毗昙》，从震法师学《迦延》。他爱惜寸阴，努力学习，在两三年时间里，掌握了佛教哲学的基本知识。

二十一岁时在成都学《律》。这地方的著名经师他都已经受过教了，有些问题得不到解决，便想再到长安访师求友，但哥哥不答应，他便偷偷和商人结伴，逃出成都，乘船过三峡到荆州，在天皇寺讲《摄论》《毗昙》各三次，很受欢迎。北游到相州，从休法师学《杂心》《摄论》，质难问疑。到赵州，从深法师学《成实论》。到长安，从岳法师学《俱舍论》，都是听了一遍就完全懂得，读了一遍完全记得。那时候我国的雕板印刷术还没有发明，研究学问的方法一是听讲，二是抄写，其他的办法是没有的。玄奘不但勤听勤抄，还能够在领会的基础上，进一步发挥自己的见解。

接着他又从当时最有名的法常、僧辩二大师学《俱舍》《摄大乘论》，从玄会法师学《涅槃经》，学问日益精进，名誉日渐传开了。

贞观元年（公元627年），他学得越多，便越不满足。因为所学经论，不同的经师有不同的理解，传抄的经典也有讲不清楚的，他要“分条析理，广彼前闻，截伪续真，开兹后学”，便决心到印度游学，解决疑难，求得《十七地论》（即《瑜珈师地论》），提高学术水平。困难是语言、文字的隔阂，一个穷和尚到外国去，怎么可能有翻译人员帮助工作呢？下定决心学习梵文，当时长安有很多外国人游学、经商，他跟着学习语文，专心致志，不久就学会了。

贞观三年，玄奘二十九岁，约了几个同伴，写信给皇帝请求出国。这时，国内经济还未恢复，边境也还不十分安定，政府命令禁止百姓出国。请求被拒绝以后，别的人都放弃了，玄奘奋勇不回，政府不许就私逃，同伴没有就一个人走。他知道路上是十分艰险的，十分困难的，便假想种种苦难，自问自答有把握一定可以克服，下定决心出发。

他从贞观三年八月离开长安，经秦州、兰州、凉州、瓜州，过玉门关，渡莫贺延碛（沙漠），到高昌，历经西域诸国，游历了今阿富汗、尼泊尔、印度、巴基斯坦诸国，经过一百几十个地方，历时前后十七年，到贞观十九年（公元645年）才回到长安，这年他已经四十四岁了。

途中的困难，正如他所预料，是数说不完的。到凉州时，凉州都督要强迫他回长安，便连夜逃走，昼伏夜行，到了瓜州。好容易找到一个引路的，在玉门关上流偷渡过去后，引路的怕艰险，又跑掉了。剩下孤身一人，偷渡边界五个烽火台，骑马通过沙漠。在沙漠中看到回光反影的幻象，千奇百怪，他虽然错认为妖鬼，却毫不动摇。莫贺延碛长八百多里，上无飞鸟，下无走兽，也没有水草，一人一马走了一百多里，找不到泉水，喝带来的水，不料一失手，皮袋掉在地下，水全倒掉了，前面还有七百里沙漠，没有水是走不过的，只好折回取水，走了十几里，又一转念，立下誓不到印度，终不东归一步，如今一遇挫折，便走回头路，怎么可以呢？又折回来，继续前进。在途中晚上看到的是幻影的火光，白天呢，惊风拥沙，口眼难开，四五天没有水喝，人马都困乏不堪，走到第五夜半，实在不行了，躺在地下，天快亮时，忽然有凉风吹来，通身轻快，马也能起来了，勉强前进，走了十几里，发现有青草、泉水，人马大吃大喝一顿，休息了一天，装满了水，又走了两天，才走出沙漠。

经过高昌（今新疆吐鲁番），得到高昌王麴文泰资助盘费、随从和马匹，还写了许多介绍信，要求所经诸国给以方便。但不久又遇到困难，过葱岭时，高山冰雪皑皑，风雪杂飞，蹊径崎岖，寒冷彻骨，悬釜而炊，席冰而睡，走了七天才出山，随从的人员冻饿死了将近一半，牛马死的更多。又过大雪山，凝云飞雪，途路艰危，比葱岭更险。

入北印度境波罗奢大林中，碰着五十几个强盗，一行人的衣服资财全被劫夺，被赶到一个干枯的池子中，要加杀害，玄奘和一小沙弥从水穴逃出，奔告村人齐来解救，同伴才幸免于死。

在殑伽河船行时，又被十余贼船抢劫，这些强盗是信奉邪神的，每年秋天要杀一个相貌端美的人祭神，看见玄奘仪容伟丽，便在树林中辟地设坛，两人拔刀牵玄奘上坛要杀，忽然黑风四起，折树飞沙，河流涌浪，船只漂覆，强盗很迷信，问玄奘从何处来，众人说是从中国来求法的，大吃一惊，连忙把玄奘放掉，把抢走的东西也都还给本主。自然气候的变化，救了玄奘的命。

玄奘经历了无数艰险，百折不回。同样，对于安乐的环境，也不肯久留，过高昌时，高昌王要留他住下，劝其不必西行，愿以一国供养，玄奘坚决不肯。高昌王威胁要么留下，否则就送回长安，玄奘痛哭辞谢，绝食三天，到第四天还不肯进食，高昌王才许他西行，请他复食，玄奘不相信，高昌王和他约为兄弟，要求回来时留住三年，才资送玄奘西行。（公元640年唐灭高昌，玄奘回来时，高昌已灭，不能践约了。）

在印度那烂陀寺（今印度比哈尔邦伽雅城的西北）两次留学七年，学问成就以后，准备回国，寺中同学反复劝说，要他就住在印度，不要回国了。玄奘坚决不肯，最后同学闹到长老戒贤法师面前，戒贤问玄奘意见，玄奘说："这个地方我并非不喜欢。只是我的来意是为求得学问，从到寺以后，蒙法师讲授《瑜珈师地论》，解决了疑难，和各学派深奥的道理。私心非常高兴，没有虚此一行。现在我要把学到的东西，回去翻译，让别的有疑难的人，也能够得到学习，报答老师的教诲，以此不愿留在此地。"戒贤听了很高兴，说：很对，这也就是我所期望于你的。叫诸人不要苦留，让他回国。

在十七年的旅行中，他随时随地访求著名学者，虚心学习。

在那烂陀寺，请戒贤法师讲《瑜珈论》《顺正理》《显扬》《对法》《因明》《声明》《集量》《中论》《百论》等论，学婆罗门书，钻研各学派经典和学梵文，历时五年；

又到伊烂拿国，从怛他揭多鞠多、羼底僧诃二师学《毗婆沙》《顺正理》等论；

到南憍萨罗国，有婆罗门善解《因明》，从读《集量论》；

到驮那磔迦国，从苏部底、苏利耶学《大众部根本阿毗达磨》等论，他们也从玄奘学《大乘》诸论；

到建志补罗，遇到僧迦罗国（锡兰）的和尚，就问《瑜珈》的要义；

到钵伐多罗国，住了两年，学《正量部根本阿毗达磨》《摄正法论》《教实论》等。

又回到那烂陀寺，从般若跋多罗学《声明》《因明》，从胜军论师学《唯识决择论》《意义理论》《成无畏论》《不住涅槃论》《十二因缘论》《庄严经论》和《瑜珈》《因明》等疑义，首尾两年。

那烂陀寺是印度最大的寺院，经过六代国王的不断营建才建成的。僧徒主客常有万人，研究《大乘》兼十八部，以及《俗典》《吠陀》等书，语言文字学、逻辑学、天文学、医学、术数等科。寺中通经论二十部的有一千多人，三十部的五百多人，五十部的十人，其中之一就是玄奘。长老戒贤法师是印度当时最伟大的学者，精通一切经典，玄奘从他受学，成为高足弟子。

玄奘回寺后，同学师子光讲《中论》《百论》，破《瑜珈论》，玄奘兼通二论，和会二宗，著《会宗论》三千颂，戒贤法师和全寺同学都齐声道好。有一个婆罗门外道立义四十条挂在寺门，并声明有人能破一条，斩首相谢。玄奘叫人把榜取下撕掉，和他辩论，立义明确，婆罗门理屈辞穷，说我输了，把头给你。玄奘说不必，你跟我为奴吧，婆罗门很喜欢。玄奘研究小乘所制的《破大乘义》七百颂，有几个地方有疑问，就问所伏婆罗门有没有研究过，说听过五遍。玄奘就要他讲，弄清楚了，写成《破恶见论》一千六百颂，申大乘义，破小乘义，戒贤法师和全寺同学都称赞“以此穷核，何敌不亡”。玄奘便赦免了所伏婆罗门，让他自由。婆罗门到东印度，向鸠摩罗王宣扬玄奘的德义，鸠摩罗王很钦佩，立刻派人来请玄奘去讲学。

玄奘在鸠摩罗王处住了个把月，戒日王也发使来邀请，问到秦王破阵乐，玄奘一一陈说。又读了玄奘的《破恶见论》，非常欣赏，叫全国学者讨论，无人能破。便决定召集诸国学者，在曲女城（今印度北方邦巴雷利城）举行辩论大会，讨论玄奘的著作。

这个会规模非常大，有十八个国王参加，大小乘学者三千多人，婆罗门及尼乾外道二千多人，那烂陀寺也来了一千多人。请玄奘作论主，宣扬大乘，并由那烂陀寺明贤法师当众宣读《破恶见论》，又写一本挂在会场门外，征求不同意见，一直过了十八天，没有一个人发言。最后按照当地习惯，玄奘乘大象巡游会场，随从高唱：“中国法师立大乘义，破诸异见，过了十八天，没有不同意见，大家要知道。”到场学者替玄奘起名字，大乘学者称为摩诃耶那提婆，汉译大乘天。小乘学者称为木叉提婆，汉译解脱天。中国学者在国外得到这样高的学术荣誉，这是破灭荒的第一次。

玄奘在印度所发表的论文都是用梵文写作的。马鸣的《起信论》有汉文译本，印度倒失传了。玄奘答应印度学者的要求，把汉文本的《起信论》译为梵文，流传五印度。回国以后，又奉唐太宗的命令，译《老子》为梵文，玄奘邀集了许多道教学者，讨论研究，译成梵文，流传印度。

贞观十七年（公元643年）玄奘辞别戒日王归国。戒日王除了供给沿途费用以外，还派人通知所经各国供应人马，一直到达唐境，归途比之来的时候是顺利多了。到于阗后，派人送信到长安报告唐太宗以归国情况，唐太宗很喜欢，要他立刻回长安，沿路都着地方官迎候。贞观十九年正月，玄奘回到长安，百姓听说他回来了，夹道欢迎，万人空巷，连路都走不通了，只好住在城外，第二天才能进城。他带回来经典五百二十箧，六百五十七部。

从贞观十九年三月起，一直到麟德元年（公元664年）二十年中，玄奘用全力作翻译工作。唐朝政府从各地调来证义学者通解大小乘经论的十二人，缀文学者九人，字学学者一人，证梵语梵文学者一人，和记录、抄写人员，帮助他工作。显庆元年（公元656年）又特派朝廷大官于志宁、来济、许敬宗、薛元超、李义府、杜正伦等帮助看阅译文，有不稳便处，随手润饰。范义硕、郭瑜、高若思等文人也参加了翻译工作。

玄奘对工作非常认真，爱惜时间，连一分钟也不轻易放过，每天都按计划工作，万一白天有别的事延误了，一定要在晚上补足。晚上睡得很少，五更便起床读梵文原本，用朱笔标点次第，准备好当天的译文。到黄昏时，还对学生讲授新得的经论。

翻译的方法也有了改变。过去译经的办法，梵文是倒写的，第一步照样直译，第二步再把文字倒过来，符合汉文语法，第三步由文人整理词句，往往任意增损，有时会把整段或者主要的意思漏掉。玄奘对汉、梵文都有很高的造就，翻译时由梵本口授汉译，意思独断，出语成章，文人笔录，便可披玩，不但正确译出意思，文词也斐然可观，翻译的水平也大大提高了。

对梵文底本也采用多本互校的方法，如《大般若经》梵本总有二十万颂，玄奘得到三个本子，翻译的时候，遇到文有疑错，便用三本互校，仔细对比，方才定案，这种审慎的态度，也是前人所不曾有过的。

他所译的《大般若经》一共有六百卷，耗费了很长的时间和精力。译完了这部书，又开始另一部大经典的翻译，他感觉到精力不行了，译了一部分，实在支持不下去，只好叹口气停笔，和同事们告别，不多几天就死去了。

经过二十年的努力，玄奘译出经论七十四部，总共一千三百三十五卷。就译书的数量说不只是空前的，在他以后的翻译家，也很少有人能够相比。

玄奘用一生的力量学习和介绍佛教哲学思想与语言文字学、逻辑学等学问。他在取经以前，用十七年的时间，奔走各地，求师学习，打下了扎实的基础，并学习梵文，排除语文隔阂的障碍。在这个基础上，发见了经论中许多问题，为了解决问题，提高知识、学术水平，下决心去取经。在出国往返的十七年中，克服了一切困难，到处努力学习，勤学勤问，解决了疑难，求得了新知识，发表了独创性的学术论文，取得了国际上学术界的崇高地位，为祖国争取了荣誉。取了经回国以后，又以二十年的时间专心一意作翻译工作，就质量数量说都达到很高的水平。通过他的努力，丰富了祖国的文化，对哲学、语言文字学、逻辑学、文学各方面都起了有益的作用。此外，他的游记《大唐西域记》翔实地记录了经行各国的各种情况，对研究这个时期我国新疆境内各民族，和葱岭以西诸国的历史、地理、物产、交通、宗教信仰等，具有极为重要的价值，这是他又一方面的贡献。

玄奘是虔诚的佛教徒，当然是唯心论者，这一点应该说清楚。作为一个历史人物，他对当代文化提供了有益的贡献，对中国和外国的文化交流做出巨大的成绩，他千方百计寻求知识，永远不满足于已有的成就，正视困难，勇于克服困难，艰苦奋斗，终于取得胜利，这种顽强、勇敢、聪明、智慧的美德，体现了我国民族的优良传统。他是我国历史上杰出的学者，永远值得后人怀念和学习。

谈武则天

一

武则天（公元624—705年）是我国历史上一个了不起的人物，对她所处的时代起推进作用的人物。但是，由于封建礼教作怪，她被不少卫道的“正人君子”们所辱骂，名誉不好。郭沫若同志的新作《武则天》五幕历史剧，替武则天翻了案，我双手赞成，拥护。

本来，我正在研究武则天，用充分的史实肯定武则天在历史上的地位。这个工作牵涉面很广，引用史料很多，得要几个月工夫才能完成。在工作进行中，读到郭沫若同志《武则天》的初稿和改定稿，非常高兴，有话要说，写《谈武则天》。

二

《武则天》这个历史剧中的人物都是实有其人的，所涉及各个人物的故事也都是有文献根据的，沫若同志尽可能忠实于历史，做到无一字无来历，无一事无出处。通过艺术手法，把武则天这个历史上的伟大政治家的形象更加强化、集中，和现代人见面了。

《武则天》历史剧的主要根据是旧、新《唐书》有关武则天的记载，和裴炎、程务挺、徐敬业、骆宾王、上官婉儿、明崇俨等人的传，参以司马光的《资治通鉴》和《全唐诗》《骆宾王集》等书。

关于裴炎和徐敬业通谋，裴炎又阴谋在成功以后自己做皇帝，这一故事也是有出处的，唐张文成《朝野佥载》卷五：

> 裴炎为中书令，时徐敬业欲反，令骆宾王画计，取裴炎同起事。宾王足蹈壁静思食顷，乃为谣曰：一片火，两片火，绯衣小儿当殿坐。教炎庄上小儿诵之，并都下童子皆唱。炎乃访学者令解之，召宾王至，数啖以宝物锦绮皆不言，又赂以音乐女伎骏马亦不语。乃将古忠臣烈士图共观之，见司马宣王，宾王欻然起曰，此英雄丈夫也。即说自古大臣执政多移社稷，炎大喜。宾王曰，但不知谣谶何如耳？炎以谣言片火绯衣之事白，宾王即下，北面而拜曰，此真人矣。遂与敬业等合谋，扬州兵起，炎从内应，书与敬业等合谋，惟有青鹅字，人有告者朝廷莫之能解。则天曰，此青字十二月，鹅者我自与也。遂诛炎，敬业等寻败。

司马宣王即司马懿。这段故事司马光是看到的，收在《资治通鉴考异》[①]里，但他不相信，认为“此皆当时构炎者所言耳，非其实也”。不管怎样，当时有过这样传说，则是可以肯定的。

关于裴炎这个人的评价，除了两《唐书》以外，明朝末年人王夫之《读通鉴论》二十一说他：

> 自霍光行非常之事，而司马懿、桓温、谢晦、傅亮、徐羡之托以仇其私。裴炎赞武氏，废中宗，立豫王，亦其故智也。不然，恶有嗣位两月，失德未彰，片言之妄，而为之臣者遽更置之，如仆隶之任使乎？炎之不自揣也，不知其权与奸出武氏之下，倍蓰而无算。且谓豫王立而己居震世之功，其欲仅如霍氏之乘权与懿、温之图篡也，皆不可知。然时可为则进而窥天位，时未可，抑足以压天下而永其富贵。岂意一为武氏用，而豫王浮寄宫中，承嗣、三思先己而为捷足也哉！其请反政豫王也，懿、温之心，天下后世有目有心者知之，而岂武氏之不觉耶？家无甔石之储，似清；请反政于豫王，似忠；从子伷先忘死以讼冤，似义。以此而挟滔天之胆，解天子之玺绂，以更授一人，则其似是而非者，视王莽之恭俭，诚无以过。而

① 《通鉴》卷二百三。

> 武氏非元后，己非武氏之姻族，妄生非分之想，则白昼攫金，见金而不见人，其愚亦甚矣。

不止是这些主要人物和故事有出处，连次要人物也是有根据的，如剧中的赵道生杀明崇俨，见《通鉴》卷二〇二，洛阳的宫殿名称是根据徐松的《唐两京城坊考》的。

三

我对武则天的看法。

我认为武则天是历史上伟大的政治家，从她参与政权到掌握政权的五十年中，继承和巩固并且发展了唐太宗贞观治世的事业，足食安民，知人善用，从谏如流，发扬文化，为下一代培养了人才，下启唐玄宗开元时代的太平盛世，就唐朝前期历史说是个承先启后的人物，就整个我国历史说，她也是封建统治者中的杰出的人物。

不说别的，单就她在位时期，文献上还没有发现大规模农民起义的记载这一点来看，和历史上任何王朝，任何封建统治者统治时期是有所区别的。这一点说明当时的人民是支持她、爱戴她的。宋朝人修的《新唐书》骂她骂得很厉害，但是，宋祁在大骂之后，也还是不能不说一句公道话，“僭于上而治于下”。从今天来说，僭不僭不干我们的事，“治于下”三个字却是武则天的定评，我看，评论武则天要从这一点出发，也就是从政治出发。从她当时对百姓是做好事还是做坏事出发，她对生产的作用是推进还是阻碍出发。

武则天在杀裴炎、程务挺，平定徐敬业以后，曾经召集群臣讲过一次话，这番话实质上是对她自己的评价。她说：“朕辅先帝逾三十年，忧劳天下。爵位富贵，朕所与也。天下安佚，朕所养也。先帝弃群臣以社稷为托，不敢爱身而知爱人。今为戎首者皆将相大臣，何见负之遽乎？

且受遗老臣伉扈难制，有若裴炎乎？世将种，能合亡命，有若徐敬业乎？宿将善战有若程务挺乎？彼皆人豪，朕能戮之。公等才能过彼，则蚤为之，不然，谨以事朕，无自悔也！”这番话明朝末年人李贽逐段加以批点，“忧劳天下”，批“真”！“天下安佚，朕所养也”，批“真”！“不敢爱身而知爱人”，批“真”！从当时情况看来，武则天这段话确如李卓吾所批的都是真话。

反对她的是些什么人呢？是一部分老臣宿将和勋贵子孙，她做了皇帝以后呢，是一部分唐朝宗室。她曾经两次大规模杀人，杀的就是这些人，政治上的反对派。在你死我活的斗争中，在封建统治阶级内部的激烈斗争中，武则天是很坚强果断的，她消灭了所有反对她的官僚和贵族，其中包括她自己的儿子、女婿、孙子、孙女和孙女婿，不止杀李家人，也杀武家人。道理很简单，不杀这些人，这些人就会推翻她，不是东风压倒西风，就是西风压倒东风。沫若同志的剧本通过太子贤、裴炎等人和武则天的斗争，很突出地阐明了这一历史情况。

她杀了不少李家人，还曾经把第三个儿子英王哲从皇帝宝座撵下来，废为卢陵王，幽禁在房州十五年，照理说这个儿子应该恨她了，但是不然。公元705年的宫廷政变，武则天下台，卢陵王作了皇帝，是为唐中宗。同年武则天死。景龙元年（707年）二月唐中宗下诏把诸州纪念他重作皇帝的中兴寺、观，一律改为龙兴，并禁止说他的再次作皇帝是中兴。《唐大诏令集》一一四载他的诏书说：

> 则天大圣皇后思顾托之隆，审变通之数，忘己济物，从权御宇，四海由其率顺，万姓所以咸宁，唐周之号渐殊，社稷之祚斯永……朕……事惟继体，义即缵戎……中兴之号，理异于兹，宜革前非，以归事实，自今以后，更不得言中兴。

表扬武则天在位时忘己济物，万姓咸宁，他是继承武则天的统治的，不能说是中兴。岂但不恨，还十分尊重呢！当时还有人建议："神龙元年（公元705年）制书，一事以上，并依贞观故事。岂可近舍母仪，远尊祖德？"意思是说705年的命令规定政治措施都要学贞观时代，也就是废除则天时代的成规，这是不对的。怎么可以把近时母亲的行政作为抛弃，去学习遥远的祖父呢？中宗很赞成这个意见，写信表扬。由此看来，则天时代的某些政治措施是和贞观时代有所不同的。她根据时代的进展，规定了自己的政策方针。

不止她的儿子，以后唐朝的历代皇帝也都对她很尊重，没有说过什么坏话。

同样，唐朝的大政治家如陆贽、李绛都对她有很高的评价。陆宣公《翰苑集》十七《请许台省长官举荐属吏状》说：

> 往者则天太后践祚临朝，欲收人心，尤务拔擢，弘委任之意，开汲引之门，进用不疑，求访无倦，非但人得荐士，亦得自举其才。所荐必行，所举辄试。其于选士之道岂不伤于容易哉？然而课责既严，进退皆速，不肖者旋黜，才能者骤升。是以当代谓知人之明，累朝赖多士之用。

说她善于用人，严于课责，不但当时称为知人，还培养了下几代的人才。在另一篇文章中，他把唐太宗和武则天并举，要当时皇帝“法太宗、天后英迈之风”。李绛也说她用的官虽然稍微多了一些，但“开元中名臣多出其选”。指出开元时代的名臣大多是她培养的。

宋人编的《新唐书》骂武则天很凶，但洪迈却赞扬她是明主：“汉之武帝，唐之武后，不可谓不明。”[①]明人李贽更称她为圣后。[②]清人赵翼说她：“纳谏知人，自有不可及者……别白

---

① 《容斋续笔》卷五。

② 李贽：《藏书》。

人才，主持国是，有大过人者。”还替她分析，回击那些“正人君子”们对她的恶毒诬蔑，他说：“人主富有四海，妃嫔动至千百。后既身为女主，而所宠幸不过数人，固亦无足深怪，后初不以为讳，并若不必讳也。”结论是“区区帷薄不修，固其末节，而知人善任，权不下移，不可谓非女中英主也！”[①]赞扬她是英主，指出她的政治成就是根本的，是主要的，私人生活是末节，是小事，而且，在封建时代，男皇帝可以有千百个小老婆，女皇帝有几个男宠，又值得什么大惊小怪呢！这是对武则天最公平的评价。

当然，骂武则天的人更多，特别是明朝人骂得多，骂得狠。例如胡应麟骂她为“逆后”，连她的朝代也骂为“牝朝”。[②]王夫之骂她为“淫妪”，为“妖淫凶狠之武氏”[③]。专门攻讦她的私人生活，不谈政治，只攻一点，不及其余，这种评论是站不住脚的。

另一种攻击是女人不该作皇帝，管政治，就像母鸡不能司晨，从骆宾王的檄文“伪临朝武氏”一直到胡应麟的“牝朝”，都攻的是这一点。这种维护封建秩序、男尊女卑、不许妇女参加政治生活的论调，到今天应该用不着反驳了。相反，我们应该说，武则天不止是一个伟大的政治家，同时她还是历

① 《廿二史劄记》卷十九，《武后纳谏知人》。

② 胡应麟：《少室山房笔丛》。

③ 王夫之：《读通鉴论》。

史上最伟大的妇女！她的一生是战斗的一生！当然，武则天决不是十全十美的人物。相反，她是有不少缺点的。例如，她杀了许多政治上的反对派，其中有一些人看来是不应该杀的。此外，当然她也具有一般封建统治者所共有的某些缺点。在这篇短文中，就不一一谈到了。

文天祥的骨气

我们中国人是有骨气的。

有骨气是我们优良的民族传统，历史上有数不清的有骨气的人物，文天祥是其中之一。

公元1276年，元将伯颜统军进攻临安（今浙江杭州，南宋首都），驻军皋亭山（离杭州三十里）。宋朝宰相陈宜中逃跑了。文天祥受命于民族危机最严重的时刻，拜右丞相，奉命到元军讲和，他毅然决然到敌人军中，和伯颜当面争论，被拘留押送去大都（今北京）。途中经过镇江，设计逃脱，经历了许多艰险，回到浙江台州，又立刻招募军队，进行抗敌的坚决斗争。

南宋景炎二年（公元1277年）七月，文天祥兵败于江西永丰空坑，妻女都被俘虏。但他并不丧气，跌倒了，爬起来，揩干血迹，再干。又组织队伍，继续斗争。祥兴元年（公元1278年）十二月从广东潮阳移驻海丰的途中，被敌军袭击，军溃被俘。

文天祥早有了准备，宁死也不肯屈服。被俘后立刻服了脑子（毒药），他原来害眼病，不料大泻了一场，不但没有死，连眼病也好了。

在从广州被押解到大都的路上，他绝食了八天，没有死。过长江时，设计逃跑没有成功。到大都后，被囚在一个低窄的土室里，阴暗污浊，下雨时水漂床脚，暑热时像个蒸笼，秽气触鼻，人不能堪，他就在这里被拘囚到至元十九年（公元1282年）十二月，始终没有低头，在柴市就义。

被俘后，元将张弘范要他写信招降宋将张世杰，天祥说："我不能救国，难道还能教人叛国？"弘范还是强迫他写，天祥就写了一首《过零丁洋》诗，末两句是："人生自古谁无死，留取丹心照汗青。"弘范只好作罢。

崖山军溃，陆秀夫、张世杰殉国，宋亡。张弘范大会诸将庆功，劝文天祥说，宋已亡了，你的责任也尽了。要是你能够以事宋的忠心来事元朝，元朝的宰相不是你，还有谁呢？天祥痛哭流涕，誓死拒绝。

在大都被拘留期间，元朝派宰相孛罗、阿合马，劝他投降，最后派投降的宋朝皇帝瀛国公来，都说不动他。宋朝降官留梦炎求说降，被文天祥痛骂一顿。至元十九年（公元1282年）十二月初八日，元朝皇帝忽必烈亲自来当说客了，说："汝在此久，如能改心易虑，以事亡宋者事我，当令汝中书省一处坐。"答应他当宰相，天祥答以不愿事二姓。忽必烈问他愿作什么，天祥说："愿与一死足矣。"第二天，他便被杀了。衣带中藏有预先写好的赞："孔曰成仁，孟曰取义，惟其义尽，所以仁至，读圣贤书，所学何事？而今而后，庶几无愧！”

文天祥是宋朝的状元宰相，声望很高。他一向生活豪侈，自奉甚厚，歌儿舞女，不离左右，到了元军大举过江，临安危急的时候，立刻改变生活方式，朴素节约，把所有家产都作为抗元军费，一心一意保卫家国，屡败屡起，毫不气馁，对当时的知识分子和爱国人民号召力很大。元朝政府想利用他的声望，许以高官厚禄，来收拾南宋的人心，减少抵抗，文天祥却不为所动，第一坚决不投降，第二只要求一死，对于连死都不怕的人，敌人的一切威胁、折磨、利诱的手段，便毫无作用了，在这一点上，失败的是元朝政府，文天祥是胜利者，表现了我们民族的英雄气概。

文天祥不止在政治大节上表现了坚强的骨气，在礼节和生活上也和敌人进行了顽强的斗争。

在封建社会里，幼少对尊长，下属见长官，跪拜是当然的礼节。

但是文天祥藐视敌人，无论如何不肯屈膝。在皋亭山和元将伯颜见面时，只是长揖。被俘后见张弘范，断然决然地说，我只能死，不能拜，弘范只好以客礼相见。到大都后，见享罗丞相，要他跪，他说：南人不能跪。孛罗的左右按着他跪，他索性坐在地上，许多人按他的脖子，牵他的手，用膝盖顶他的背，还是不跪。阿合马来说降，只是长揖。阿合马说：你知道我是谁？天祥说：他们说是宰相。阿合马说：既知是宰相，何以不跪？天祥说：南朝宰相见北朝宰相，为什么要跪？阿合马对左右说：此人生死尚由我。天祥说：亡国之人，要杀便杀，道甚由你不由你。阿合马只好默然而去。最后和忽必烈见面，还是长揖不拜，卫士们一定要他跪，按着他不行，用金挝敲他的膝盖，天祥受了伤，还是坚立不动。他在强大的敌人面前，始终一贯地表现了英雄气概。

甚至在生活上也进行了斗争，他不吃敌人供应的饭。

他一到大都，元朝政府十分款待，住的吃的都像对上宾一样。天祥不睡不吃，坚决抵抗。后来囚在土室，敌人把他所带的银钱封存，每天从他自己的存款中拨钞一钱五分为饮食费，就这样过了四年。宋朝降官王积翁感他的忠义，经常给他送钱。宋福王与芮也托王积翁送来一百两银子。王积翁还向忽必烈建议说：文天祥是宋朝状元宰相，忠于所事。假若把他放了，好好礼待，亦可以为人臣好样子。忽必烈想了一会，说：且令千户所好好与茶饭者。天祥知道了，叫人告诉王积翁：我几年来都不吃敌人供应的饭，你这样做，我只好绝食了！王积翁怕他真的绝食，再也不敢说了。

总之，文天祥在被拘囚的几年内，利用一切机会，对敌人进行了顽强的不屈的斗争，表现了伟大的民族气节。

孟子说过："富贵不能淫，贫贱不能移，威武不能屈，此之谓大丈夫！"这三句话文天祥是完全当之无愧的，他是我国历史上的大丈夫，是继承民族优良传统的有骨气的人，是民族英雄。

第六篇　文化与社会

生活与思想

大概上了所谓“中年”年纪的人，在饭后，在深宵，有一点可以给自己利用的时间的时候，想想过去，想想现在，终会喟然长叹，感觉到有点，甚至于很不同，困恼，彷徨，但愿时光倒流。至于明天，那简直不敢想起，一想起明天，烦躁，恐慌，算了罢，但愿永远不会有明天。明天是一把利刃，对着你的胸膛，使你戒惧，不敢接近。

过去的怀恋，现实的不安，未来的恐惧，成为一般有家庭之累的，有生活负担的中年人的普遍的感觉。当然，这里所谓中年人应该除开少数的权贵和大大小小的战时暴发户。也除开有信仰有魄力肯做傻事，希望能够以牺牲自己的微少代价，来换取光明的未来的那些“傻子”们。我不说青年，因为青年还在学校，即使已经走进了社会，也还不到对社会负责任的时候，自然，有些有了中年气味的青年人，也可包括在我所指的事实上的中年人之内。

这种普遍的感觉形成一种世纪末的人生观。最好的说明是曹孟德的话：“对酒当歌，人生几何！”苟安甚至麻醉于目前的现实的生活的痛苦，对于未来不敢有计划，有希望，更谈不到理想。这和前一时代相比，和这批中年人的青年时代相比，他们曾幻想明天如何如何，个人如何如何，尽管幼稚，尽管荒唐，却表明他们对前途有信心，有把握，这信心造成了民族的动力，推动时代前进。这信心使他们出汗流血，前仆后继踏着前人的骷髅向前。然而，现在呢？信心是丧失了，勇气被生活所消沉了，一部分人学得糊涂，也乐得糊涂，“各人自扫门前雪，莫管他家瓦上霜”。

发发牢骚，哭哭穷苦，横直无办法，而且假使有办法，自己也得救了，不会比别人吃亏。没办法呢？你一个人又济得甚事。一部分人变得聪明了，他们继承而且体会了“明哲保身”的古训，是非只为多开口，既然不应该说话那最好是不说，不该想的最好也不想。做傻事的有的是，办妥了自然不会单撇开我，而且我也是人才，毕竟也撇不开我，弄不好他倒他的霉，也沾不着我。还有一部分呢？会说也会想。他会告诉人这个不好，那个要不得，批评很中肯，有时也还扼要。可是他只是说说，背着人说说，到末了也还是说说而已，以后有好处，他会说这是我说过的，我出过力气，没好处他也不负责任。这三种人处世的方法不同，看法却是一样的，他们以为“国家兴亡，匹夫有责”是书呆子的想法，在民主的国家不是已经有人民的公仆在负责了吗？军队有指挥官，各级政府有长官，付托得人，要你来操这闲心则甚？最要紧的最要操心的还是自己的生活，开门七件事，柴米油盐酱醋茶，还得加上房租小菜灯水四样，添衣服，买袜子，孩子教育和医药费用固然谈不上，这九件事却缺一不可，你这个月的收入只够五天便完了，其余的二十五天是准备吃风还是吃空气？假如你嫌风嫌空气不大饱肚子，那得赶紧张罗，衣服卖完了，书籍吃完了，告贷的门路都堵住了，那你得另生法门，第一是兼差，第二是兼业，兼差兼政府机关职员、公司商店职员，什么都可以，只要有全份米贴。兼业更无所谓，教书，做官，开铺子，跑街，做点肥皂牙粉什么的，甚至种菜种花，养猪养牛都行，不是说国民应该增加生产吗，这正是替国家增产呀！另外有点什么权带上个把什么长之类的，薪水连米贴合起不过六七千元，雇的女帮月薪便是两千三千，每天开销几千元满不在乎。他自己原谅，他不如此干就得饿死，社会也同情他，作官不赚个十万百万，那成个什么官，而且他是人，他有家眷，他总得吃饭呀？人人抱着吃饭第一，弄钱第一，生活至上现实至上的宗旨，自然，对于国家，对于民族，对于社会，这些空洞的观念只好姑且置之高阁了。

而且最不好的，还是明天。几年来的经验使他深切了解乌龟和兔子赛跑的故事。这故事已经改编了，主要的一点是兔子不但不肯睡一会而且会驾飞机。他已经断了心，放弃了赶上去的幻梦。现实还是现实，第一要明白的是你今天必须要活着，而且有活的权利。对于明天以至遥远的后天或下一个月，你不能有什么打算，即使你要打算，时间可不能对你负责任，三个月前的米价是多少，今天是多少，你过去曾打算到没有？如此这般你本能地明白这个道理，你现在有多少钱，最好即时换成实物，保险你最近不会饿死，票子在市场周流不息地转着，各种货物被大量地小量地囤积着，票子转得愈快，物价就愈高，票子也跟着愈快，循环到了一个限度以后，公的私的出入将都以实物来代替票子，人不但对事失去信心，对未来和对自己本身也失去信心，一切都改变了，头昏眼花，精疲力竭，只好守住今天，对现实作最后的挣扎，明天的且到明天再说了。

生活的改变，改变了一般人的人生观，把握现实，苟延残喘，对前途无信心，对未来无理想，对以后不存希望，这是现在最严重的中年人的痼疾，民族的惰性的蔓延，也是国家的隐忧。

生活改变了思想，转移了社会风气，我们假如还要有明天的话，唯一的办法是想法请兔子先生下来步行，替乌龟先生预备一辆自行车，让一般替国家社会服务的中年人安心于工作，保证他们明天后天还能和今天一样地生活，而且唯有给他们以明天，才是他们唯一的出路。

文字与形式

八股文废止于1902年，到今天已经四十三年了。四十三年在中国人的生命历程来说，是一辈子的大半，时间不可说不久。就形式说，八股文死了几十年，应该早已和草木同腐了。然而，在事实上，它不但未死，它的精神仍然滂薄于新时代新社会，充塞澎沛，表现于每一政令上，每一事务上。形式也依然存在，不过换了新名目，例如四维八德，什么生活，动什么员之类。

六百年的八股文教育，八股文生活，单凭了政治的表面改革，先是由皇帝下一道诏谕，后来又粉刷门面，换上中华民国四个大字，结果当然是形去实存，灵魂不灭。几十年来的政治的社会的经济的思想的一切一切的改革，只是表现在文字上形式上，本体上不但是依然故我，而且变本加厉，就历史的线索来说明，可以说是应有的现象，应有的结果。因为时代的形式虽变，它的精神——八股精神却并未为时代所转变。

抽象地说，八股文之所以为八股文，是因为它专讲求形式，文字只是表达这一机械形式的符号。形式的一定公式是起承转合，例如起句必用“今夫”，承句用“是故”，转句用“然而”，合句用“所以”。无论什么理论或批评或建议，或游记或书后，都可套上这公式。一共四大段，每段又双股对称，说了大半天，尽可毫无意思，等于白说，尤其妙的是最好的文章也就是白说最道地的文章。写的人看的人都彼此心照，明知是如此。相传有一名人作一破题，题目是“鞟”，破题是“鞟，皮去毛者也。”这一点也不错，犹之于说“建设健全的政治必自去贪吏始”一样的合理。但是下文昵，没有了，于是只是一张光皮，一个吏治贪污成为风气的时代而已。

讲求形式的极致。进而讲求书法，墨要浓而发光，字体要方正，风檐寸晷，一刻钟要能写上多少字。主文者也是从此道出身的，只要眼睛看着顺眼，取录的把握就有了五成，形式再不错，就稳着等捷报了。至于意思，那上文已经说过，越没意思越好，实践根本说不上。假如真的有意思，独出心裁的意思，胆敢想前人所未想，说古圣先贤所未说，即是反动，是叛逆，小子鸣鼓而攻之，权威者则将你捉去坐监，杀头。

受了六百年的教育、训练，养成了光白说不做事，专讲形式，玩弄文字的国民性。我们要记住，六百年来的政治，就操在这些专说古圣先贤的话的人手里，从当国的执政到中下属干部，即使是有不从科举出身的，至少也受过八股文的训练。社会上的领袖名流，也无例外。这习性根深蒂固，蟠结在每一个人的心里，活动在每一个人的脑子里，即使是见面寒暄，也还是今天天气好那一套公式。对人无友不如己者，拣高处爬。对事见机而作，有钱落的就干，对己自然是恕道啰，有一千个理由，一千个古人的话可以辩解，自然问心无愧。把自己和自己这批人除开以后，自然更可以应用公式，把所有古圣先贤的话搬出来，一大堆道理教人应该如此，应该如彼。有关国家兴亡民族隆替的，更可以说得叫人感激流涕，忠义愤发。这些语言文字被他的门生故旧撰成志传记状以后，史书采录，自然编入名臣传或理学传，而名垂青史，成为一代完人了。

六百年来所养成的讲求文字与形式的精神，光绪帝的诏书和辛亥革命所给予的打击，只是摧毁了这精神的形式的形式而已。民国五年袁世凯死后，日本首相大隈重信在吊袁世凯一文中，感慨地说中国人的特性是专用文字来表现高超的政治见解，所实行的则正好和所说的相反。细读袁世凯的文告诏谕，假如不知他的为人和祸国殃民的经过的，一定会以为是不世出的贤臣圣主伟人。他之所以成功在此，失败亦在此。大隈的话固然中肯，但是犹去一间，因为袁氏之所以如此，正因为他是这时代的产物，他是这时代的宠儿，他因为如此，才能得光绪帝的信任，才成为西后的宠臣，因为如此，才能当内阁总理，当总统以至于皇帝。也正因为如此，才被人民讨伐，气得呜呼哀哉，寿终正寝。

民国以来的文字上形式上的成绩，也许会超过世界上任何国家，即使是最先进最民主的国家。我们曾经有过多少套宪法约法，我们也有参照中西集其大成的最完美的民法刑法，我们读过无数通的纲领宣言，我们也有过多少个计划，三年或五年的，并且还有数目字和表格。然而，只是表现在文字上形式上而已。

报纸与舆论

世界上的民主国家，或者多多少少有点民主气味的国家，报纸的主要任务是报导正确的消息，反映、发扬人民对于政府措施的意见，批评，指责，提出纠正，贡献意见，都是人民应有的权利。即使是战时，除掉泄漏军事机密可资敌人利用这一点，国内消息照例不受检查，社评尤其无需乎送检。

民主国家有一个特点，便是多党政治。在野的政党有堂堂正正批评政府的权利，倒过来，在野党执政了，执政党在野，同样保有这权利。彼此互相批评，互相责难，一方面有权提出以事实为根据的质问，被质问的也有义务提供解释的事实，是非曲直，取决于人民的舆论，舆论所表见的工具，最主要的是报纸。

一个国家的前途，发展或停滞，向前或落后，繁荣或衰落，最好的测验器是这一个国家的报纸能不能、敢不敢代表舆论，这也是说明了这国家是为人民所统治，是为人民谋幸福，或是为少数人所统治，为少数人争权利。

拿这个尺度来权衡我国的前途，真使人感慨万端，有不知从何处说起之苦。几十年来我们沐猴而冠，事事学人家，学得都有点样子，例如人家有政府，我们也有，人家有委员会，我们也有，人家有政党，我们也有好几个，人家有报纸，我们居然也有几十百个大大小小的报纸，所不同的是我们的政府是一元的，委员会是一元的，甚至报纸也属于一元的，报纸的消息属于一元，舆论自然也无例外。

就报纸而论，国内外消息由一个机构发出，凡是对某一方面感觉不快或者不方便的，永远不会让人民知道。因之，全国的报纸具有同型的千篇一律的整齐的可爱的面目。就杂志而论，新旧检查条例有十几种之多，现行的一种光是条文就有好几百条。图书杂志内容关于政治的，军事的，外交的，都必须事先送检。尽管全国人民在要求言论自由，思想自由，出版自由，政府也放宽了检查尺度，然而，在事实上，这尺度不但未曾放宽，而且更加紧加严了。社论要送检，专载要送检，甚至连通讯、书评、补白也要送检。国内政党关系不许谈，外国法西斯不许谈，连历史上几百年前的专制的黑暗也不许谈，人民的批评意见不许发表，外国的批评指责不许发表，甚至连“履春冰，蹈虎尾”一类警惕的话，也不许发表，于是所有的报纸图书杂志，尽管种类不同，名目不同，地点不同，时间不同，内容都举一可以反三，全部相同，这不但浪费人力物力财力，其结果也会使人民的脑子一型化，僵化，硬化。有计划的桎梏，这国度内的人民将会重返自然，成为木石，成为猿鹿，为葛天氏之民，为无怀氏之民，为羲皇上人！

目前的事实，是报纸杂志和舆论分了家，舆论被埋没在每一人民的胸坎中，报纸杂志离开了现实，背叛了人民，孤零零地挂在半空中，不上不下，不进不退，不左不右，不死不活，只作为这时代的一个应有的点缀品罢了。

即就单纯的报导正确消息这一点而说，举一个实例，两个月以前，昆明学术界宪政研究会所发动的昆明各界双十节纪念大会，全国报纸有哪一家曾把这一事实报导过？又如两星期前，昆明文化界包括三个大学，十几个中学，若干学术文化团体所主办的云南护国起义纪念大会，地点在云南大学，参加的好几千人，会中有行营和省府的代表演讲，有省参议会的主席演讲，有护国耆宿的演讲，会后有大规模的游行，口号是立即实行宪政，保障人民身体自由，铲除贪官污吏，保卫大西南，不但完全合理，而且是完全合法的。不但纪念会和游行的秩序非常良好，而且，这一天是国定的纪念日，中央政府在举行纪念，全国各地在举行纪念，即在昆明同一市区，同日上午省党部在举行纪念，同日晚间，官方还举行提灯大游行。然而，第二天的报纸除官方的纪念和游行大书特书而外，人民的庆祝，人民的纪念，人民的庄严而伟大的游行，却一字不见，一字不提。这一件历史事实被隐没了，被挖去了，人民的愿望被报纸所封锁了，画地为牢，人民的要求被无言的威力所圈禁了。这一件铁一般的事实，说明旧时代里的老话："只许州官放火，不许百姓点灯。"只消把州字代以另一个字，完全适合于当前的情景。时代在变，环境在变，可是这精神还是屹立不变，且更变本加厉。

我们禁不住要质问昆明大大小小几家报纸杂志，他们不是没有采访消息，他们不聋不盲，并非没有看见这一史实，为什么不能报导？为什么不敢报导？

我们也禁不住要对下令免登这消息的机构，提出抗议，凭哪一条法令，凭什么理由，滥用权力，封锁报纸，压制舆论，以一手掩尽天下耳目？

与世无争，与人无争，是懦夫的行为，受辱不争，受害不争，是比懦夫更下一等的奴才行径，我们是懦夫？还是奴才？

我们在这样一个时代，被侵略被压迫的时代，要解放自己，要解放国家，应该先以铲除这不争的恶根性开始。

我们要建设真正的民主政治，自由世界，要从报纸能尽报导批评的责任，替人民服务，用公正的舆论来监督政府，指导政府开始。

报纸与舆论的合一，应该是当前最迫切的人民的要求。

古人读书不易

古代人读书很不容易，因为在印刷术和纸没有发明之前，一般人是读不起书的。第一，书很贵重，得用手抄写在竹简或者木牍上，一片竹简、木牍写不了多少字，几部书就装满了好几车子，有人说“学富五车”，说的是念的书超过五部车子装的简牍，其实用今天的眼光看，五个车子的书并不怎么多。孔子念书很用功，“韦编三绝”，韦是皮带子，竹简、木牍用皮带子拴起来，才不致于乱。这种书是用绳子编起来的，所以叫做编。读得多了，把皮带都翻断了三次，是形容他老人家非常用功，对一部书反复阅读，熟读精读的意思。一句话，这样贵重的书，普通人是读不起的。后来人们把书写在帛上，卷成一卷一卷的，所以一部书又分作若干卷。帛也很贵，只有有钱的人才抄得起。到了纸发明了，虽然便宜些，但是还得手抄，抄一部书很费事，抄很多部书就更麻烦了，一般人还是抄不起。用纸写的书，可以装订成册，所以书又有册的名称。第二，有了书，还得有人教，古代学校很少，而且也只有贵族官僚子弟才能上学。虽然有些私人讲学的，但也要交学费（束脩），交不起的人还是上不了学。第三，因为书贵，书少，一个学校的学生就不可能人人都有书，只能凭老师口授，自己笔记，这样，学习的时间就要长一些，靠劳动才能生活的人们，读书便更不容易了。

总之，由于物质条件的限制，古代人读书，尤其要读很多书是很困难的。也正因为这样，读书也有阶级的限制，贵族官僚子弟读书容易，平民子弟读书困难，知识被垄断了，士排列在农、工、商之前，就是这个道理。

到了印刷术发明以后，书籍成为商品，可以在书店里买到了，但是，还是有限制，穷人买不起书，更买不起很多书。穷人要读书，得想法借，得自己抄，还是很困难。例如十四世纪时，书已经成万部地印出来了，各大城市都有书肆，但是穷人要读书，还是非常艰苦。明初有名的学者宋濂，写了一篇《送东阳马生序》，讲他自己读书的艰苦情况说：

> 我小的时候，就喜欢研究学问，家里穷，弄不到书，只好到有书的人家借，亲自抄写，约定日子还。大冷天，砚都结冰了，手指冻得弯不过来，还是赶着抄，抄完了送回去，不敢错过日子。因为这样，人家才肯借书给我，也才能读很多书。
>
> 到成年了，越发想多读书，可是没有好老师，只好赶到百多里外，找有名望的老先生请教。老先生名气大，学生弟子挤满一屋子，很讲派头。我站在旁边

请教，弓着身子，侧着耳朵，听他教诲。碰到他发脾气，我越发恭谨，不敢说一句话，等他高兴了，又再请教。以此，我虽然不很聪明，到底还学了一些知识。

当我去求师的时候，背着行李，走过深山巨谷，冬天大风大雪，雪深到几尺，脚皮都裂了也不知道，到了客栈，四肢都冻僵了，人家给喝了热水，盖了被子，半天才暖和过来。一天吃两顿，穿件破棉袍，从不羡慕别人吃得好，穿得好，也从不觉得自己寒伧。因为求得知识是最快乐的事情，别的便不理会了。

宋濂是在这样艰苦情况之下，经过努力，攀登学问的高峰的。他在文章的后面，劝告当时的学生说：

你们现在在太学上学，国家供给伙食、衣服，不必挨饿受冻了。在大房子里念书，用不着奔走求师了。有司业、博士教你们，不会有问了不答、求而不理的事情了。要读的书都有了，不必像我那样向人借来抄写。有这样条件，还学不好，要不是天资差，就是不像我那样专心、用功。这样好条件，还学不好，是说不过去的。

这一段话，我读了很动心。今天，我们学习的条件，比宋濂所劝告的那些学生的时代，不知道要好多少倍，要是不努力，学不好，我看，也是说不过去的。

古代的服装及其他

在封建社会里，也和今天一样，人人都要穿衣裳。但是，有一点不同，衣裳的质料、颜色、花饰有极大讲究，不能随便穿，违反了制度，就会杀头，甚至一家子都得陪着死。原来那时候，衣裳也是表示阶级身份的。

以质料而论，绸、缎，锦、绣、绡、绮等都是统治阶级专用的，平民百姓只能穿布衣。以此，布衣就成为平民百姓的代名词了，有些朝代还特地规定，做买卖的有钱人，即使买得起，也禁止着用这些材料。

以颜色而论，大红、鹅黄、紫、绿等染料国内产量少，得从南洋等地进口，价格很贵。数量少，价钱贵，色彩好看，这样，连色彩也被统治阶级专利了。皇帝穿黄袍，最高级的官员穿大红、大紫，以下的官员穿绿，皂隶穿黑。至于平民百姓，就只好穿白了，以此，“白衣”也成为平民百姓的代名词。

至于花饰，在袍子上刺绣或者织成龙、凤、狮子、麒麟、蟒、仙鹤、各种各样的鸟等，也是按贵族、官僚的地位和等级分别规定的。平民百姓连绣一条小虫儿小鱼儿也不行，更不用说描龙画凤了。不但如此，在统治阶级内部，也有极大讲究，例如龙袍，只有皇帝才能穿，绣着凤的服装，只有皇后才配穿，即便是最大的官僚如穿这样的服装，就犯“僭用”、“大逆不道”的罪恶，非死不可。

北宋时有一个大官僚，很能办事，也得到皇帝信任。有一次多喝了一点酒，不检点穿件黄衣服，被人看见告发，几乎闯了大祸。

明太祖杀了很多功臣，其中有几个战功很大的，被处死的罪状之一是僭用龙凤服饰。

本来，贵族、官僚和平民都一样长着眼睛鼻子，一样黄脸皮，黑头发，一眼看去，如何能分出贵贱来？唯一区别的办法是用衣裳的质料、色彩、花饰，构成等级地位的标识；特别是花饰，官员一般在官服的前胸绣上动物图案，文官用鸟，武官用兽，其中又按品级分别规定哪一级用什么鸟什么兽，是一点也不能含糊的。这样，不用看面貌，一看衣裳的颜色和花饰就知道是什么地位的贵族，什么等级的官员了。当然，衬配着衣裳的还有帽子、靴子，例如皇帝的平天冠，皇后和贵族妇女的凤冠，官员的纱帽、朝靴，以及身上佩带的紫金鱼袋或者帽上的翎毛，坐的车饰，轿子的装饰和抬轿的人数，和住的房子的高度，间数多少，用什么瓦之类等。

在北京，许多旧建筑，主要是故宫，不是都盖的是黄琉璃瓦吗？这种房子只有皇帝才能住，再不，就是死去的皇帝，例如帝王庙。神佛也被优待，像北海的天王殿也用琉璃瓦，不过是杂色的。

为了确保专用的权利，历代史书上都有舆服志这一类的专门记录，在法律上也有专门的条款。

各个阶级的人们规定穿用不同的服装，住不同的房子，使用不同的交通工具，绝对不许乱用。遵守规定的叫合于礼制，反之就是犯法。合于礼制的意思，就是维护封建秩序。但是，也有例外，例如在统治阶级控制力量削弱的时候，富商大贾突破规定，乱穿衣裳，模仿宫廷和官僚家庭打扮，或者索性拿钱买官爵，穿着品官服装，招摇过市。至于农民起义战争爆发后，起义的人们根本不管这一套，爱穿什么就穿什么，那就更不用说了。

今天这些都已经成为历史上的陈迹了。宫殿、王府、大官僚的邸第还可以看到，只是已经变了性质，例如故宫和天王殿都成为博物馆，帝王庙办了中学，成为人民大众游览和学习的场所了。至于服装，除了在博物馆可以看到一些以外，人们还可在舞台上看到。

宋元以来老百姓的称呼

旧戏上小生的道白，常有学名什么，官名什么，足见在封建社会里学生上学起学名，一旦做了官又有官名。那么，没上学，没作官以前，平常老百姓叫什么呢？戏文上凡是旅店里的服务员，一律都叫作店小二。至于一般人怎么称呼，因为史书上很少记载老百姓的事情，多年来也只好阙疑了。

求之正史不得，只好读杂书，读了些年杂书，这个疑算是解决了。原来阶级的烙印连老百姓起名字的权利也不曾放过，在古代封建社会里，平民百姓没有功名的，是既没有学名，也没有官名的。怎么称呼呢？用行辈或者父母年龄合算一个数目作为一个符号。何以见得？清俞樾《春在堂随笔》卷五说：

> 徐诚庵见德清蔡氏家谱有前辈书小字一行云：元制庶人无职者不许取名，而以行第及父母年龄合计为名，此于元史无征。然证以高皇帝（明太祖）所称其兄之名，正是如此，其为元时令甲无疑矣。现在绍兴乡间颇有以数目字为名者，如夫年

二十四，妇年二十二，合为四十六，生子即名四六。夫年二十三，妇年二十二，合为四十五，生子或为五九，五九四十五也。

俞樾又引申徐诚庵之说，指出明初常遇春的曾祖四三，祖重五，父六六；汤和曾祖五一，祖六一，父七一，亦以数目字为名。他又引宋洪迈《夷坚志》所载宋时杂事，有兴国军民熊二，鄱阳城民刘十二，南城田夫周三，鄱阳小民隗六，符离人从四，楚州山阳县渔者尹二，解州安邑池西乡民梁小二，临川人董小七，徽州婺源民张四，黄州市民李十六，仆崔三，鄱阳乡民郑小五，金华孝顺镇农民陈二等。根据这些例子分析，其一，这些人都是平常百姓；其二，地区包括现在的安徽、浙江、江西、山西、湖北等地；其三，称呼都以排行数字计算。因此，下的结论是："疑宋时里巷细民，固无名也。"

其实，宋代平民姓名见于《清明集·户婚门》的很多，如沈亿六秀、徐宗五秀、金百二秀、黎六九秀之类。明太祖的父亲叫五四，名世珍，二哥重六名兴盛，三哥重七名兴祖，明太祖原来也叫重八，名兴宗，见潘柽章《国史考异》引《承休端惠王统宗绳蛰录》，可见明太祖一家原来都以数字命名的。至于世珍、兴宗这一类学名、官名性质的名字，大概都是明太祖爬上统治阶级以后所追起的。

元代安徽地区的平民如此，江苏也是如此。例如张士诚原名九四，黄溥《闲中今古录》说："有人告诉朱元璋，张士诚一辈子宠待文人，却上了文人的当。他原名九四，作了王爷后，要起一个官名，有人替他起名士诚。朱元璋说：‘好啊，这名字不错。’那人说：‘不然，上大当了’。《孟子》上有：‘士，诚小人也。’这句话也可以读作 ‘士诚，小人也。’骂张士诚是小人，给人叫了半辈子小人，到死还不明白，真是可怜。”可见张士诚的名字也是后来起的。

不只是宋、元、明初以及清朝后期的绍兴，甚至到清朝末年以至民国初年，绍兴地方还残留着这个阶级烙印的传统，不信吗？有鲁迅先生的著作为证。他在《社戏》一文中所列举的人名就有八公公、六一公公之类，在另一篇中还有九斤老太呢。

上面讲到宋朝的人名下面有带着秀字的，秀也是宋、元以来的民间称呼，是表示身份地位的。明初南京有沈万三秀，是个大财主，让明太祖看中了，被没收家财，还充军到云南。秀之外又有郎，王应奎《柳南随笔》卷五说：“江阴汤廷尉《公余日录》云：明初闾里称呼有二等，一曰秀，一曰郎。秀则故家右族，颖出之人，郎则微裔末流，群小之辈。称秀则曰某几秀，称郎则曰某几郎，人自分定，不相逾越。”可见从宋到明，官僚贵族子弟称秀，市井平民则只能称郎，是不能乱叫的。沈万三称秀是因为有钱。另一个例子，送坟地给朱元璋的那个刘大秀则是官僚子弟，光绪《凤阳县志》卷十二：“刘继祖父学老，仕元为总管。”继祖排行第一，所以叫作大秀。

这样，也就懂得戏文里演的民间故事，男人叫作什么郎的道理了。也就难怪卖油郎独占花魁这个故事，秦小官卖油，就叫作卖油郎的来由了。还有，明清两代社会上有一句话“不郎不秀”，是骂人不成材，高不成低不就的意思，一直到现代，还有些地区保留这句话，却很少人懂得原来的含意了。

从以上一些杂书，可以看出，宋、元、明以来的平民称呼情况，这类称呼算不算名字呢，不算。也有书可证。明太祖出家时得到过汪、刘两家人的帮助。作了皇帝后他封这两家人作官，还送给这两家青年时代的朋友两个名字，《明太祖文集》卷五赐汪文、刘英敕：“今汪姓、刘姓者见勤农于乡里，其人尚未立名，特赐之以名曰文，曰英。”汪文、刘英的年龄假定和明太祖相去不远，公元1344年约年十七八岁，那么，到洪武初年已经四十多岁了，还没有名字。其道理是作了一辈子农民。可见他们原来的无论行辈或者合计父母年龄的数字符号都不能算名字，没有上过学，没有作过官，也就一辈子作个无名之人。这两个人因为和皇帝有交情，作了署令的官，作官应该有官名，像个官样子，圣旨赐名，才破例有了名字。

这也就难怪正史上从来不讲这个事情的道理了。不但“元史无征”，什么史也是无征的道理了。

古人的坐、跪、拜

年轻时候看旧戏，老百姓见官得跪着，小官见大官得跪着，大官见皇帝也得跪着，跪之不足，有时还得拜上几拜，心里好生纳罕，好像人们长着膝盖就是为着跪、拜似的，为什么会有这种礼节呢?

后来读了些书，证明戏台上的跪、拜，确是反映了古代人们的生活礼节。例如清末大学士瞿鸿禨的日记上，就记载着清朝的宰相们和皇帝、皇太后谈话的时候，都一溜子跪在地上，他们大多数人都年纪大了，听觉不好，跪在后边的听不清楚皇帝说的什么，就只好推推前边跪的人，问到底说的是什么。有的笔记还记着这些年老的大官，怕跪久了支持不住，特地在裤子中间加衬一些东西，名为护膝。而且，不止是宫廷、官府如此，民间也是这样的，如蔡邕《饮马长城窟行》:“长跪读素书，书上竟何如?”古诗:“上山采蘼芜，下山逢故夫，长跪问故夫，新人复何如?”《后汉书·梁鸿传》说，孟光嫁给梁鸿，带了许多嫁妆，过门七天，梁鸿不跟她说话，孟光就跪在床下请罪。《孔雀东南飞》:“府吏长跪答，伏维启阿母。”可见妇女对男子、儿子对母亲也是有长跪的礼节的。

这到底是什么缘故呢？

原来古代人是席地而坐的，那时候没有椅子、桌子之类的家具，不管人们在社会上地位的高低，都只能在地上铺一条席子，坐在地上。例如汉文帝和贾谊谈话，谈到夜半，谈得很投机，文帝不觉前席，坐得靠近贾谊一些，听取他的意见。至于三国时代管宁和华歆因为志趣不同，割席的故事，更是尽人皆知，不必细说了。正因为人们日常生活、学习也罢，工作也罢，都是坐在地上的，所以跪、拜就成为表示礼节的方式了。宋朝朱熹对坐、跪、拜之间的关系，有很好的说明。他说："古人坐着的时候，两膝着地，脚掌朝上，身子坐在脚掌上，就像现在的胡跪。要和人打招呼——肃拜，就拱两手到地；顿首呢，是把头顿于手上；稽首则不用手，而以头着地，像现在的礼拜，这些礼节都是因为跪坐着而表示恭敬的。至于跪和坐又有小小不同处：跪是膝着地，伸腰及股，坐呢？膝着地，以臀着脚掌，跪有危义，坐则稍安。"①

从朱子这篇文章看来，宋朝人已经弄不清跪、坐、拜的由来了，所以朱熹得作这番考证。

有人不免提出疑问，人们都坐在地上，又怎么能工作和吃饭呢？这也不必担心，古人想出了办法，制造了一种小案，放在席上，可用以写字、吃饭。梁鸿和孟光夫妻相敬如宾，吃饭

① 《朱文公文集》卷六十八，《跪坐拜说》。

的时候，孟光一切准备好了，举案齐眉。把案举高到齐眉毛，这个案是很小很轻的，要不然，像今天一般桌子那样大小，孟光就非是个大力士不可。

因为古代人们都是坐在地上的，所以就得讲清洁卫生，要不然，一地的灰尘，成天坐着，弄得很脏，成何体统？

到了汉朝后期，北方少数民族的一种家具——胡床，传进来了，行军时使用非常方便，曹操就曾坐在胡床上指挥作战。后来从胡床一变而为家庭使用的椅子，椅子高了，就得有较高的桌子，从此人们就离开了席子，不再席地坐，改为坐椅子、凳子了。家庭也罢，机关也罢，内部的陈设也随之而改变了。

人们的生活环境起了很大的变化，但是，根据席地而坐孳生的礼节，跪和拜却仍旧习惯地继承下来，坐和跪拜分了家，以此，跪和拜也就失去了原来生活上的意义，单纯地成为表示敬意和等级差别的礼节了。

由此看来，不是我们的祖先喜爱跪拜，而是由生活方式、物质条件决定的。辛亥革命以后，不止革了皇帝的命，也革了跪、拜的命，不是很好的说明吗？

附篇

史话

一、元末的军政

元李士瞻《经济文集》一《上中书丞相书》，指出当时的军政情形说：

> 承平以来，百年于兹，礼乐教纪，日益不明，纪纲法度，日益废弛，上下之间，玩岁愒日，率以为常，恬不为怪，一旦盗贼猝起，甚若无睹。总兵者唯事虚声，秉钧者务存姑息，其失律丧师者未闻显戮一人，玩兵养寇者未闻明诛一将，是以不数年间，使中原震扰，海内鼎沸，山东河北，莽为丘墟，千里王畿，举皆骚动，而终未见尺寸之效。此无他，赏罚不明而是非不公故也。

这是胡元亡国前夕的实况。也可以说是每一个朝代覆亡的前夕的共有的实况，也可以说是因为这样，才闹到国亡家破。

六百年前的李士瞻很懂得军政之腐化由于政治之不修，社会风气之恶化，无纪纲，无法度，大官大贪，小官小贪。上下交征利，只顾个人生活的享受，家族姻戚以至乡党的提携引用，残民以逞，竭泽而渔，把国家民族的利益置之不顾，一旦外寇内患交起，还是以不了了之，还是个人利益第一，自己这集团利益第一，带兵的将帅尽是政府当局的私人，自家人说得上什么军法军纪！而且所谓将帅还不是银样镴枪头，说起来有一套，只凭一点门生故旧的因缘，弄得杀人民找大钱的机会，怎么谈得上战略战术？又怎么能谈得上军民一致，军民合作？“失律丧师者未闻显戮一人，玩兵养寇者未闻明诛一将。”又怎么不应该？

只是可惜，照规矩胡元的中书丞相必定是蒙古或者色目人，蒙古、色目人不懂得汉文，这意见白糟蹋了。

二、撒花

彭大雅《黑鞑事略》记蒙古军队抢劫情形说：“其见物则欲，谓之撒花，予之则曰捺杀因，鞑语好也，不予则曰冒乌，鞑语不好也，撒花者汉语觅也。”跟着宋谢太后和小皇帝被俘到北边的词人汪元量，在他的名著《水云集》里，有一首醉歌：“北军要讨撒花银，官府行移逼市民。”

撒花这一名词，可以作为今典。

三、两道檄文

元至正二十六年（公元1366年）八月朱元璋传檄姑苏，在数张士诚罪状以前，先指斥当时的胡元政府说：“皇帝圣旨，吴王令旨：近睹有元之末，王居深宫，臣操威福，官以贿成，罪以情免，宪台举亲而劾仇，有司差贫而优富，庙堂不以为忧，方添冗官，又改钞法。”举出：一、政出权臣，二、政治腐败，三、贿赂公行，四、刑赏颠倒，五、刬贫优富，六、组织扩大，七、通货膨胀。

明崇祯十六年（公元1643年）李自成数檄明廷罪状说：“君非甚暗，孤立而炀灶恒多，臣尽行私，比党而公忠绝少。”又说：“明朝昏主不仁，宠官宦，重科第，贪税敛，重刑罚，不能救民水火，日罄师旅，掳掠民财，奸人妻女，吸髓剥肤。”

四、黄菜叶

《明太祖实录》二十五：“初张士诚用事者黄参军、蔡参军、叶参军辈迂阔书生，不知大计，吴中童谣云：黄菜叶，作齿颊，一夜西风来，干鳖。”按《明史·五行志》载此谣作：“吴王作事业，专凭黄菜叶，一夜西风来，干鳖。”

这两个记载把一世枭雄张士诚的灭亡，归罪于三个迂阔书生，初看似乎不很合理，迂阔何能亡国！检《明史·张士诚传》，原来这三人并不迂阔，相反的倒是搜括聚敛、贪污的能手。《士诚传》说：

> 士诚以弟士信及女夫潘元绍为腹心，参军黄敬夫、蔡彦文、叶德新主谋议。既拂有吴中，吴中承平久，户口殷盛。士诚渐奢纵，怠于政事，士信、元绍尤好聚敛金玉珍宝及古书法名画，无不充牣，日夜歌舞自娱。将帅亦偃蹇不用命，每有攻战，辄称疾邀官爵田宅，然后起。甫至军，所载婢妾乐器，踵相接不绝。或大会游谈之士，樗蒲蹴鞠，皆不以军务为意。及丧师失地还，士诚概置不问，已复用为将，上下嬉娱，以至于亡。

在六百年前，没有对外交通，虽然不怕封锁，可是外汇走私和囤积器材以至粮食这类办法也无从发明，金玉珍宝法书名画等便成为达官名将所注意聚敛的对象了，贪污聚敛不问，丧师失地不问，终至地丧尽到无可丧，民剥尽而无可贪，跼蹐姑苏城中，被朱元璋所困死。如此政治，如此军官，不亡才是奇迹！

迂阔只是不合现实，贪污才是当前的现实的问题。

五、人生五计

陶爽龄《小柴桑喃喃录》上说：“朱平涵（国桢）有五计之说亦可喜。十岁为儿童，依依父母，嬉嬉饱暖，无虑无营，忘得忘失，其名曰仙计。二十以还，坚强自用，舞蹈欲前，视青紫如拾芥，鶩声名若逐膻，其名曰贾计。三十至四十，利欲熏心，趋避著念，官欲高，名欲大，子孙欲多，奴婢欲众，其名曰丐计。五十之年，嗜好渐减，经变已多，仆趋于斗争之场，享塞于险巇之境，得意尚有强阳，失意遂成枯木，其名曰囚计。过此以往，聪明既衰，齿发非故，子弟为卿，方有后手，阅颐未艾，愿为婴儿，其名曰尸计。大概世人一生，尽此五计，非学道人。鲜自脱者。”

过了三百多年，时代变了，人的脑子也变了，当今士大夫的五计，十岁以前，被训被塞，识了之无，头脑没得，其名曰填鸭子计。十至二十，中学大学，奖金贷金，利诱威吓，其名曰塑猢狲计。廿至三十，留学情殷，护照奥援，是经是营，其名曰良心病计。（参看××日报蔡×女士谈话）三十以还，学成名遂，博士头衔，摸鱼心肺，狗揹骨头，留心虾米，文化班头，为人狂吠，其名摸虾米计。五十左右，儿女镀金，岸然道貌，青年所矜，官方讲演，道统留心，发为文章，值钱半文，其名曰冷猪肉计。（准备进新孔庙也）过此以往，后台无人，名为利累，生为世轻，死灰枯木，焚香诵经，老而不死，急急如律令，其名曰活死人计。大概士大夫一生，尽此五计，非学道人，鲜自脱者。

六、特权阶级与礼

为了维持统治权的尊严，历代以来，都会费心思规定了一大套生活服用的限制，某些人可以如何，某些人不可以如何如何。可以不可以，全凭人的身份来决定。这些决定，美其名曰礼，正史里每一套都有极其啰唆、乏味的礼志，或者舆服志、仪卫志之类，看了叫人头痛。其实说穿了，正有大道理在。原来上帝造人，极其平等，虽然有高短肥瘦白黑美丑之不同，原则上，作为具备“人”的条件却是相同的，不管你是地主或农奴，皇帝或小兵，都有鼻子眼睛，都有牙齿耳朵，也都有两条腿，以及其他的一切。脱了衣服，大家都光着身子，一切的阶级区别便会荡然无存，没有穿衣服的光身皇帝，在大街上捡一块破蒲包，遮着身子，立刻变成叫化子。因之，一些特殊的人物为了矫正这天然的平等，便不能不用人为的方式来造成不平等，用衣服冠履，用宫室仪卫，来造成一种尊严显赫以至神秘的景象，使另外一些人感觉不同，感觉异样，以至感觉羡慕、景仰，以为统治者果然是另一种人，不敢生非分之想，一辈子，而且子子孙孙作奴才下去，如此，天下便太平了。

平心而论，作一个皇帝，戴十二旒的冕，累累赘赘的拖着许多珠宝，压得头昏脑胀，穿的又是五颜六色，多少种名目。

上朝时规规矩矩坐在大殿正中死硬正方或长方的蟠龙椅上，实在不舒服。不能随便出门，见人也得板着脸孔，不能随便说笑。作为一个自由人的可爱可享乐处，他都被剥夺了。然而，他还是要要这一套，为的是，他除开这一套，脱了衣服，他只是一个普普通通上帝所造的人。

礼乎礼乎，衣服云乎哉，礼乎礼乎，宫室云乎哉！

明白了这一点，也就可以明白如今不管什么机关，即使是什么部的，什么局的第几军需处的第几服装厂的第几针织部，门口都有一个荷枪的卫兵在守卫着的缘故了。

明白了这一点，也就可以明白古代许多陵，埋死人的坟，为什么花这么多钱的理由，也可以明白在北平在上海，阔人们的大出丧，以至公务人员每七天都要做的那一套，以至看电影前那一些不谐和的情调的由来了。

七、刑与礼

刑不上大夫，礼不下庶人。

大夫与庶人是两个阶级，一个是劳心者，是君子，也就是贵族。一个是劳力者，是小人，是野人，也就是老百姓，有义务而无权利的老百姓。天生着贵族是为治理小民的，该老百姓养他，天生着老百姓是作粗活的，种田锄地，饲蚕喂猪，养活贵族。

刑是法律，法律只是为着管制老百姓而设，至于贵族，那是自己人，自己人怎么可以用法律对待，“本是同根生”，共存共荣，自己人只能谈礼，除非是谋叛，那又作为别论。

贵族也会作错事，万不能照对付老百姓的办法，于是乎有八议，议什么呢？第一是议亲，第二是议故，第三是议贤，第四是议能，第五是议功，第六是议贵，第七是议宾，第八是议勋。一句话，和统治者有亲，有故，有功，都不受普通法律的制裁，亲故功都说不上，还有贵，官做大了就不会犯罪，再不，还有贤啊，能啊，勋啊，总可以说上一个，反正贤能无角无形，只要说是，谁又能反驳呢？于是乎贵人不死了。

继承尧舜禹汤文武周公孔子以及什么什么以来的道统，允执厥中的我中华民国，忝列为世界五强之一，凭的是，就是这个“道”。

而且，过去的议宾，只是很少数的例外，前朝的统治者家族早已杀光，无宾可议，（只有宋朝，优待柴世宗子孙，《水浒传》上的小旋风柴进家藏免死铁券，是个例外，还有民国初年的溥仪。）而现在呢，把它解释为外国使节的驻外法权，不更是为有经有据吗？

就刑不上大夫这一古代的历史事实，来了解当前的许多问题，也许不是白费精力的吧！

八、庶民服饰

在过去，虽然有贵贱尊卑的等差。虽然有贵族庶民的分别，生存的机会倒还算平等，皇帝得活，老百姓也得活。而且，统治者们纵然昏庸腐烂到了极点，至少还剩一点小聪明，他们的生活是建筑在对老百姓的剥削上，“留得青山在，不怕没柴烧”，慢慢地一滴滴地享用，打个长远算盘，竭泽而渔，杀鸡求卵，取快一时，遗臭百世的短命办法，他们是不愿而且也不敢采取的。因此，历代以来的重农政策，历代以来的救荒赈灾政策，以及士大夫不许与民争利的法令，小恩小惠，以及治河渠、修水利、贷种子、抚流民种种治国鸿猷，多多少少为老百姓保障一点生存的权利。

剥削老百姓有个分寸，是汉唐宋明所以历年数百的主因。末叶的不肖子孙，剥溜了手，分寸也忘了。官逼民反，是汉唐宋明以及其他朝代之所以崩溃覆灭的原因。

因为有个分寸，老百姓还剩得点饭吃，他们以无比的勤劳刻苦，披星戴月，胼手胝足，少有点积蓄，也就不免润屋润身，装点一下。然而，这一来，又不免使统治者头痛了，他们以为章服居室舆从是所以别贵贱，限尊卑的，一切中看中吃中用的东西都应该为贵者尊者所专利，老百姓发了迹，居然也要闹排场，“唯名与器，不可以假人”，孔子尚在惜繁缨，自命为尊奉孔子道统的君王巨卿，又岂敢不诚惶诚恐地遵守，自绝于名教！以此，历代史乘上不许老百姓这样，不许老百姓那样的法令也就层出不穷了，试举一例，《明太祖实录》卷五十五：

洪武三年（公元1370年）八月庚申，省部定议，职官自一品至九品，房舍车舆器用衣服各有等差。庶民房舍不过三间，不得用斗拱彩色。其男女衣服并不得用金绣锦绮丝绫罗，止用䌷绢素纱。首饰钏镯不得用金玉珠翠，止用银，靴不得裁制花样，金线装饰，违者罪之。

——卷七十三：

洪武五年三月乙卯，诏庶民妇女袍衫，止以紫绿桃红及诸浅淡颜色，其大红鸦青黄色，悉禁勿用，带以蓝绢布为之。

政简刑清，国以大治！

九、阮圆海

提起了明末的词人，风流文采、照耀一时的阮圆海，立刻会联想到他的名著《春灯谜》《燕子笺》。云亭山人的《桃花扇》，逼真活现，三百年后，此公形象如在目前。

阮圆海的一生，可以分为若干时期。第一时期声华未著，依附同乡清流东林重望左光斗，以为自重之计。第二时期急于作官，为东林所挤。立刻投奔魏忠贤，拜在门下为干儿，成为东林死敌。第三时期东林党人为魏阉所一网打尽，圆海的官也大了，和干爹相处得很好，可是他绝顶聪明，看出场面要散，就预留地步，每次见干爹，总花钱给门房买回名片。第四时期，忠贤被杀，阉党失势，他立刻反咬一口，清算总账，东林阉党混同攻击，可是结果还是挂名逆案，削官为民。崇祯一朝十七年，再也爬不起来。第五时期，南方诸名士缔盟结社，正在热闹，圆海也不甘寂寞，自托东林人物，谈兵说剑，想借此翻身，不料惹了复社名士的公愤。出了留都防乱揭，指出他是魏珰干儿，一棍打下去。第六时期，北都倾覆，马士英拥立弘光帝，圆海又勾上马士英，重翻旧案，排斥东林，屠死端士，重新引起党案，招引逆案人物，组织特务，准备把正人君子一网打尽。朝政浊乱，贿赂公行，闹到“职方贱如狗，都督满街走”。（职方有点像现在的军政部军政司长，都督相当于总司令。）把南京政权断送了。第七时期清兵南下，圆海叩马乞降，终为清军所杀。

总算圆海一生，前后七变，变来变去，都是从左到右，从右到左，明末三十年是东林党和阉党对立，一起一伏，互相倾轧排陷，变幻莫测，陆离光怪的时代，圆海算是经过所有的风波，用左制右，附右排左，有时不左不右，自命中立，有时不管左右，一味乱咬，有时以东林孽子的道貌求哀于正人，有时又以魏珰干儿的色相求援于阉寺，“有奶便是娘，无官不可做”。于是扶之摇之，魏珰时代他做到太常少卿，马士英时代他做到兵部尚书兼右副都御史。最后是作了降敌的国贼，原形毕露。

明末三十年党争黑暗面的代表是阮圆海，和阮圆海形迹相类的还有几千百人。这一类人可名之曰阮圆海型。

三百年后的历史和三百年前当然不同。最大的不同是如今是人民的世纪，黑白不但分明，而且由人民在裁判。然而，阮圆海型的正人君子们还是车载斗量，朝秦暮楚，南辕北辙，以清流之面目，做市侩之营生：一变两变三变都已记在历史上了，最后的一变将由人民来判决。

阮圆海名大铖，安徽怀宁人，《明史》卷三百八《奸臣传》有传。

十、债帅

债帅这一古典名辞，始见《旧唐书》卷一六二《高瑀传》：

> 自大历（唐代宗年号，公元766至779年）以来，节制之除拜，多出禁军中尉。凡命一帅，必广行赇赂。禁军将校当为帅者，虽无家财，必取资于人，得镇之后，则膏血疲民以偿之，及高瑀之拜（忠武节度使，治河南许州）以内外公议，缙绅相庆，韦公（处厚）作相，债帅鲜矣。

到地方作掌军权的节度使，事先必须用钱报效楚军统帅由宦官充当的神策中尉，即使你资历才能都合格，即使你清廉到儿女啼饥号寒，你没有钱，还是不济事，反之，只要有钱行贿，力可通神，资格才能都可不问，中尉一笑，旌节上门。因之，贪污的军官，由此道而升官统兵，可以大展搜括之鸿猷。不贪污的军官难甘寂寞，也只好向人借债，到任之后，再括军士括地皮还债。使贪者更贪，不贪者也非贪不可。闹得军士饿病，逃亡，闹得军纪扫地，军气消沉，闹得军队和人民对立，闹得民穷财尽，国亡家破。

唐朝后期之国威不振，纪纲荡然，以至亡国，由于债帅，债帅之所以造成，决不是军事的，而是基本的政治的原因。

抚今怀古，不免对“债帅”一词低徊婉怅，想望韦处厚风采。

十一、小民和巨室

明朝中叶，一位很懂得政治道理的学者谢肇淛，在所著《五杂俎》十三《事部》论小民和巨室说：

> 今为仕者，宁得罪于朝廷，无得罪于官长，宁得罪于小民，无得罪于巨室，得罪朝廷者竟盗批鳞之名，得罪小民者可施弥缝之术，惟官长巨室，朝忤旨而夕报罢矣。欲使吏治之善，安可得哉。

晚近得一精抄本，文字和刻本多有不同，这一段抄本作：

今之士大夫，应结欢于朝廷，无得罪于官长，宁得罪于人民，无得罪于巨室。结欢朝廷者可得召见之荣，得罪人民者可膺茅士之赏。惟官长巨室，朝忤旨而夕入营矣。欲使吏治之善，安可得哉！

十二、□员论

家藏顾炎武《亭林文集》。虫蛀破损，卷一有三篇《□员论》分上中下，□字都蛀损了，不能找得善本补正。《□员论》中有一段妙文，足以发人深省，逐录如下：

天下之病民者有三：曰乡宦，曰□员，曰吏胥。是三者法皆得复其户而无杂泛之差，于是杂泛之差乃尽归于小民，今之大县至有□员千人以上者比比也。且如一县之地有十万顷，而□员之地五万，则民以五万而当十万之差矣。一县之地有十万顷，而□员之地九万，则民以一万而当十万之差矣。民地愈少，则诡寄愈多，诡寄愈多则民地愈少，而□员愈重。富者行关节以求为□员，而贫者相率而逃且死，故□员之于其邑人，无秋毫之益，而有丘山之累，然而一切□□□□之费，犹皆取派于民。故病民之尤者□

员也。

文中有几个地方需要注释。“复户”是享有特权免除公民义务，例如工役军役以至完粮纳赋等义务。“杂泛之差”指人民的额外负担，例如运输买办，迎接以及款待官府，供应军队之类。“诡寄”的现代术语是“转嫁”，地主把自己应输的粮，应服的工役或兵役，用特殊方法派给小民负担，自己则置身事外，叫做诡寄，诡是用不正当的方法，寄是叫别人负担。“关节”是贿赂以及人情的雅称。□□□□之费，似乎可以解释为运动选举之费。

十三、衍圣公和张天师

明王世贞《弇山堂别集》记明宪宗成化二年（公元1466年），中国两个最有历史最受朝野尊敬的家族族长的故事。第一个是孔子的嫡系子孙衍圣公孔弘绪：

> 三月癸卯，衍圣公孔弘绪坐奸淫乐妇四十令人，勒杀无辜四人，法当斩。以宣圣故，削爵为民，以弟弘泰代官。

第二个是张道陵的嫡系子孙正一嗣教大真人张元吉：

四月戊午，正一嗣教大真人张元吉坐僭用器物，擅易制书，强奸子女，先后杀平人四十余人，至有一家三人者。坐法当凌迟处死。下狱禁锢。寻杖一百，戍铁岭。而子玄庆得袭。元吉竟以母老放归。

一个在山东，一个在江西，生在同一时代，同一罪名，奸淫杀人，而且判决书上还写着杀的是无辜平民。都因为有好祖宗，不但不受法律处分，连官也不丢，一个给兄弟，一个给儿子。这叫做法治？这叫做中国式的民主？

没有好祖宗，得硬攀一个。再不然，也得结一门好亲戚，此之谓最民主的国家之国情有别。

这两个故事也被记载在《明史》，不重引。

十四、班禄惩贪

《通鉴》一三六：

太和八年（公元484年）九月，魏诏班禄，以十月为始，季别受之。旧律枉法十匹，义赃二十匹罪死。至是义赃一匹，枉法无多少皆死（枉法谓受赇枉法而出入人罪者，义赃谓人私情相馈遗，虽非乞取，亦计所受论赃）仍分命使者按守宰之贪者，秦益二州刺史恒农李洪之以外戚贵显（魏显祖高祖皆李氏出），为治贪暴。班禄之后，洪之首以赃败。魏主命锁赴平城，集百官亲临数之，犹以其大臣，听在家自裁。自余守宰坐赃死者四十余人，受禄者无不跼蹐，赇赂殆绝……久之淮南王佗奏请依旧断禄，文明太后召群臣议之，中书监高闾以为饥寒切身，慈母不能保其子，今给禄则廉者足以无滥，贪者足以劝慕，不给则贪者得肆其奸，廉者不能自保，淮南之议，不亦谬乎，诏从闾议。

……

十三年六月，……魏怀朔镇将汝阴灵王天赐长安镇都大将雍州刺史南安惠王桢皆坐赃当死。冯太后及魏主临皇信堂引见王公，太后令曰："卿等以为当存亲以毁令耶？当灭亲以明法耶？"群臣皆言二王景穆皇帝之子，宜蒙矜恕。太后不应。魏主乃下诏称二王所犯难恕，而太皇太后追惟高宗孔怀之恩，且南安王事母孝谨，闻于中外，并特免死，削夺官爵，禁锢终身。

太和是北魏的盛世，细究上引两条史料，便可明白太和之所以治，是因为有一个法度，在这个法度之下，外戚犯法，处死刑，皇族犯法，则夺官爵，禁锢终身。虽然限于时代，限于议亲议贵的八议，毕竟亲也罢，贵也罢，还得照治亲治贵的法来办！存亲呢？毁法。明法呢？只得灭亲。一般阿谀无耻的小人虽然一味巴结，劝人主毁法，结果还是法度第一。此北魏太和之所以治，也是历代末叶之所以不治的主因。

次之，两件案子的主角都是贪污，而且主角都是皇亲皇族。在枉法无多少皆死的大法之下，主角都受明刑处分。而且，法从上始，先从顶尖顶上的红人大员开刀，风行草偃，自然可以办到赇赂皆绝的地步！

次之，北魏在严刑惩贪之先。先有一个预备步骤，调整公务人员的薪给，使每一等级的官吏都可得到生活的保障。规定以前的旧账不算，以后，一发现贪污，立刻以大法从事，令出法随，毫不姑息。

假如历史也有点用处，一千五百年前的两件旧案子，不妨让人民多多研究。要办贪污，不必挑出科长科员顶缸，而且和一千五百年前有点不同，现在的法律一律平等，八议谈不上。只要能行法从上始，杀一两打高高在上的主角，没收他们的家产作全国公务人员的生活补助费用，我们相信，今人不一定不如古人，也一定可以办到纲纪修饬，赇赂殆绝！

十五、言官与舆论

清同治四年（公元1865年），方宗诚在《光禄大夫吏部右侍郎王公（茂荫）神道碑》中曾指出咸丰朝的政治情形说：

> 时天下承平久，吏治习为粉饰因循，言官习为唯

> 阿缄默，即有言多琐屑，无关事务之要。其非言官，则自以为吾循分尽职，苟可以寡过，进秩而已，视天下事若无与于己而不敢进一辞，酿为风气，军国大事，日即于颓坏而莫之省。

言官是过去历史上一种特殊制度，代表着士大夫——统治集团的舆论，专门照顾主子和这一集团的共同利益，从旧制度崩溃以后，代替皇帝做主子的是人民，代替言官的任务的是报纸，对象改变了。自然，报纸所发扬的舆论应该是照顾人民的利益。然而，今天的情形依然和咸丰朝一样，方宗诚的记载依然适合，试转为今典：

> 时天下乱离久，吏治习为粉饰因循，官与民争利，军需民为卫，幅壤日窄，而衙署日多，诛求之术，日精月进，梏桎之法，如环无端，钞币日增，民生日困，而报章习为唯阿缄默，巧为圆融传衍之说，即有言多琐屑，无关事务之要，其甚者则移于賕赂，惕于刑诛，不惜自绝于民，以逢迎弥缝谄媚摇尾应声之态，为妻子儿女稻粱衣食之谋，敷粉弄姿，恬不知廉耻之为何物。其非任言责者，则自以为吾循分安命，明哲保身，俯仰随人，沉浮自适，视国家民族几若无与于己，拔一毛而不为，不愿进一言，不敢进一辞，酿为风气，军国大事，日即颓坏而不之省。

呜呼！

十六、家天下

过去国家的主人是皇帝，如今国家的主人是人民。

过去皇帝拥有大量的财富，人民挨饿。而今，人民中的少数特殊分子，拥有大量的财富，最大多数的人民挨饿。

过去是皇帝家天下，而今是少数特殊分子家天下。

家天下的解释是："我的不是你的，你的都是我的。"因为不论皇帝，不论少数特殊分子，所有财富的来源都是取之于民，然而，都不肯用之于民。皇帝的故事，试举一例。

1618年，建州族努尔哈赤起兵，政府无钱增兵，《明史》说：

> 时内帑充积，帝靳不肯发。

户部只好取之于民，普加全国田赋，亩加三厘五毫，第二年又加三厘五毫，第三年又加二厘，通前后增加九厘，增赋银五百二十万两。

1619年军事局面危急，政府负责人杨嗣昌向皇帝呼吁：

> 今日见钱，户部无有，工部无有，太仆寺无有，各处直省地方无有。自有辽事以来，户部一议挪借，

而挪借尽矣，一议加派，而加派尽矣，一议搜括，而搜括尽矣。有法不寻，有路不寻，则是户部之罪也。至于法已尽，路已寻，再无银两，则是户部无可奈何，千辛万苦，臣等只得相率恳请皇上将内帑多年蓄积银两，即日发出亿万，存贮太仓（国库），听户部差官星夜赍赴辽东，急救辽阳，如辽阳已失，急救广宁，广宁已失，急救山海关等处。除此见着急着，再无别法。[①]

话说得恳切到家，声泪俱尽，可是结果还是“我的不是你的”，辽阳、广宁等军略据点相继失守。

取之于民而不肯用之于民的历史教训，1644年的朱明政权倾覆，和当时朝官显宦勋戚富人的被夹棍板子挤出几千万匹驮马的金银，终于不免一死，得罪子孙，贻羞青史，是值得穿针孔的人们多想想的。

十七、主奴之间（一）

奴才有许多等级，有一等奴才，有二等奴才，也有奴才的奴才，甚至有奴才的奴才的奴才。

我们的人民，自来是被看作最纯良的奴才的，“不可使知

① 《杨文弱集》卷一，《请帑稿》。

之”，是一贯的对付奴才的办法，就是“民为邦本，本固邦宁”，和“民为贵，社稷次之，君为轻”一套话，虽然曾被主张中国式的民主的学者们，解释为民主，民权，以至民本等，其实拆穿了，正是一等或二等奴才替主人效忠，要吃蛋当心不要饿瘦，或者杀死了母鸡，高抬贵手，留得青山在，不怕没柴烧，图一个长久享用的毒辣主意。证据是“有劳心，有劳力，劳心者食于人，劳力者食人”。老百姓应该养贵族，没有老百姓，贵族哪得饭吃！

老百姓是该贡献一切，喂饱主人的，其他的一切，根本无权过问，要不然，就是大逆不道。六百年前一位爽直的典型的主子，流氓头儿朱元璋曾毫不粉饰地说出这样的话，《明太祖实录》卷一百五十：

> 洪武十五年（公元1382年）十一月丁卯，上命户都榜论两浙江西之民曰：为吾民者当知其分。田赋力役出以供上者，乃其分也。能安其分，则保父母妻子，家昌身裕，为仁义忠孝之民，刑罚何由及哉！近来两浙江西之民多好争讼，不遵法度，有田而不输租，有丁而应役，累其身以及有司，其愚亦甚矣！曷不观中原之民，奉法守分，不妄兴词讼，不代人陈诉，惟知应役输租，无烦官府，是以上下相安，风俗淳美，共享太平之福，以此较彼，善恶昭然。今特谕尔等，宜速改过从善，为吾良民，苟或不梭，则不但

国法不容，天道亦不容矣！

“分”译成现代话，就是义务，纳税力役是人民的义务，能尽义务的是忠孝仁义之民。要不，刑罚一大套，你试试看，再不，你不怕国法总得怕天，连天地也不容，可是见义务之不可不尽。至于义务以外的什么，现代人所常提的什么民权，政治上的平等，经济上的平等，等等，不但主子没有提，连想也没有想到。朱元璋这一副嘴脸，被这番话活灵活现地画出来了。

朱元璋为什么单指两浙江西的人民说，明白得很，这是全国的谷仓，人口也最稠密。拿这个比那个，也还是指桑骂槐的老办法。其实，中原之民也不见得比东南更奴化，不过为了对衬，这么说说而已。

十八、主奴之间（二）

在古代，主子和奴才的等级很多，举例说，周王是主子，诸侯是奴才。就诸侯说，诸侯是主子，卿大夫又是他的奴才。就卿大夫说，卿大夫是主子，他的家臣是奴才。就家臣说，家臣是主子，家臣的家臣又是奴才。就整个上层的统治者说，对庶民全是主人，庶民是奴才，庶民之下，也还有大量的连形式上都是奴才的奴隶。

主奴之间的体系是剥削关系，一层吃一层，也就是一层养一层，等到奴才有了自觉，我凭什么要白养他，一层不肯养一层，愈下层的人愈多，正如金字塔一样，下面的础石不肯替上层驮起，哗啦一下，上层组织整个垮下来，历史也就走进一个新阶段了。

这时期主奴关系的特征，除了有该尽义务的庶民和奴隶以外，上层的主子（除王以外，同时又是奴才），全有土地的基础，大小虽不等，却都有世世继承的权利。跟着土地继承下来的是政治，社会上法律上的特殊的固定的地位。因之，所谓主奴只有相对的区分，都是土地领主，主子是大领主，奴才是小领主。也就是世仆。一层层互为君臣，构成一个剥削系统。

维护这个剥削系统的理论，叫做忠。一层服从一层，奴才应该养主子。在这系统将要垮的时候，又提出正名，君君臣臣父父子子，主子永远是主子，奴才永远是奴才。又提出尊王，最上层的主子被尊重了，下几层的主子自然也会同样被尊重，他们的利益就全得到保障。用现代话说，也就是维持阶级制度，维持旧时的剥削系统。

在这系统下，互为主奴的领主，在利害上是一致的，因之，主奴的形式的对立就不十分显明。而且，这金字塔式的系统，愈下层基础就愈宽，人数愈多，力量愈大，因之，在政治上，很容易走上君不君臣不臣，诸侯和王对立，卿大夫和诸侯对立，家臣和卿大夫对立的局面。

假如我们抛开后代所形成的君臣的观念，纯粹从经济基础来看上古时代的剥削系统，可以下这样一个结论，就是那时代的主奴关系，是若干小领主和大领主的关系，大小虽然不同，在领主的地位上说是一样的。而且，因为分割的缘故，名义上最大的领主，事实上反而占有土地最少。因之，他所继承的最高地位是一个权力的象征，徒拥武器。实权完全在他的奴才，分取他的土地的卿大夫手上，家臣手上。因之，主奴又易位了，奴才当家，挟天子以令诸侯，陪臣执国政，名义上的奴才是实质上的主人。

出主入奴，亦主亦奴，是主而奴，是奴而主，奴主之间，怕连他们自己也闹不十分清楚。

旧史新谈

一、糊涂和卑鄙

这个有趣的谈话，谈的人是子思和卫侯，地点在卫国的都城，时间是公元前377年。

有一天，卫侯出了一个不合式的主意，话犹未了，左右群臣齐声称颂，说了一大堆恭维话。

子思说：“看样子，卫国真合着老话：‘作主子的不像主子，臣下的不像臣下！’满不是那回事！”

有人听了就反驳：“你说得太过火了！”

子思说：“你不明白这个道理，大凡一个作主子的自以为了不得，人家就不敢替他出好主意。即使作对了，自吹自擂一阵，也要不得，何况作错了，还受人乱恭维！看不清事情的是非，一味喜欢恭维附和是糊涂，认不明道理的所在，只是阿谀巴结是卑鄙。在上的糊涂，在下的卑鄙，这样的政府是不会得民心的，长此不改，必然亡国。”

子思想了又想，忍不住，直对卫侯说：“你的国家有危险了！”卫侯问：“为什么？”

子思老实不客气，说出一番话：“道理很明白，你说出话自以为是，群臣左右没有人敢说错，文武大臣也自以为是，老百姓没人敢说错，你们都自以为是不错，底下人又恭维你们不错，说好捧场，顺而有福，喝倒彩，逆而有祸，如此这般，怎样能做出好事？做不出好事的政府，怎么不危险！”卫侯听了大不高兴。过了几天，子思只好凄凄惶惶，卷起铺盖，离开了卫国。

二、桓灵和晋武帝

公元二八二年正月，晋武帝亲自举行了祭天大典，好容易把一切礼节都合合式式表演完了，满腔得意，叹一口气，问在左右的大官司隶校尉刘毅说：“我可以比汉朝的哪个皇帝？”刘毅答：“桓帝和灵帝。”晋武帝脸都白了：“何至于此？”刘毅答：“桓灵二帝卖官钱入官库，你的呢？填私房。这样比来，你还不如呢。”

晋武帝碰了钉子，只好大笑：“桓灵的时候，听不到这话。我有你这样的直臣，还比他二位强一点。”

三、拍卖行

六世纪初年，北魏有两个大官，一个是侍中卢昶，一个是侍中领左卫将军元晖，都得北魏主的宠任，都贪污放纵，人民给这两个人外号，卢昶叫饥鹰侍中，元晖叫饿虎将军，饿虎将军后来升了官，做吏部尚书，定下市价，大地方郡守绢二千匹，中下等依次对折，其余的官也各有定价。人民又给这机关一个外号——拍卖行。

——《资治通鉴》卷一四六

四、墨敕斜封

李唐的制度，人主的命令必须经中书省的审议，门下省的副署，然后交由尚书省执行，“不经凤阁鸾台，何名为敕？”敕令用黄纸书写，经过一定的法律程序，才发生效力。反之，只是用人主的名义发令写敕，直接交当事机关执行的，叫作墨敕斜封，虽然生效，舆论却抗议以为违法，由斜封得官的人称为斜封官，虽然得势，却无人看重，不得与于士大夫之列。

《唐会要》六十七：“景龙二年（公元708年），长宁宜城定安新都金城等公主及皇后陆氏妹郕国夫人冯氏妹崇国夫人，并昭容上官氏与其母沛国夫人郑氏，尚官柴氏，贺娄氏女夫第五英儿，陇西夫人赵氏，咸共树朋党，降墨敕斜封以授官。”

《旧唐书》卷五一《韦庶人传》：“时上官昭容与其母郑氏及尚官柴氏贺娄氏，树用亲党，广纳货赂，别降墨敕斜封授官，或出臧获屠贩之类，累居荣秩。”

《新唐书》卷八十三《安乐公主传》：“安乐与太平等七公

主皆开府，而主府官属尤滥，皆出屠贩，纳赀售官，降墨敕斜封授之，故号斜封官。”

不到五年工夫，开元皇帝即位，刷新政治，这些斜封官依旧回去作酒店掌柜屠肆掌刀，只是死后的铭旌上落得多添一道官衔，历史上留下一点污渍。

五、官商合一

纪元前140年，大儒董仲舒提出一个严重的社会问题，给政府以警告，他指出一般官僚和贵族，平时盘踞政府高位，钱够多了，生活够舒适了，却凭借他们的势位，作买卖，做生意，和小民争利，小民怎能相比，成天成年被剥削，刮得精穷。一边荒淫无耻，一边呢，穷急愁苦。小百姓反正活着无趣，又怎能不闹事！刑罚因之日多，危机也因之日重了。

由此看来，官商合一，由来久矣！

——《资治通鉴》卷十七

六、报功文书

建安十七年（公元212年），一个中级军官向他的统帅曹操上报功文书，照规矩纸上数目应该比实数增加十倍，以一报十，为的是夸大武功，吓住老百姓。这军官居然反常，只照实数报告，惹得曹操惊异大大夸奖了一顿。

这是一个秘密，一个尺度，历史上所有记载战功的数字，都可以用这个尺度去衡量。

——《资治通鉴》卷六十六

七、空谈和实践

靖康之变（公元1127年），金人长驱深入，开封的大臣们，正在雍容商讨，有的主张抗战，有的主张讲和，有的主张迁都，意见纷纷，莫衷一是。大家抢着说话，谁也不能作事，弄得战的准备没有，和的准备没有，连逃的准备也没有，却又一面在敷衍作战，一面在遮遮掩掩地讲和。议论未定，金人已经渡河，开封已经被包围了。

宋人张端义《贵耳集》里有一段很沉痛的话："一时代有一时代的风度，唐虞尚德，夏尚功，商尚老，周尚亲，秦尚刑罚，汉尚才谋，东汉尚节义，魏尚辞章，晋尚清谈，周隋尚族望，唐尚制度文华，本朝尚法令议论！"

光从文字上形式上讲究，满意于纸面的空谈，靖康之变是最现实的一例。

八、冗兵冗吏

北宋这一个时代，就内政说，算是比较像样子的，有见识的政治家都能有充分的言论自由批评政府，指摘的题目之一是冗兵冗吏。

至道三年（公元997年），有一个在政治上失势，被赶到外郡去的地方官，知扬州王禹偁写信给皇帝，指出冗兵冗吏的弊端说：“过去三十年间的一切，就我所亲见的说，国初疆域，东未得江浙福建，南未得两湖两广，国家财赋收入不多，可是北伐山西，御契丹，财政不困难，兵威也强。道理在哪里？明白得很，第一，常备兵精而不多，第二，所用的大将专而不疑。其后，尽取东南诸国，山西也收复了，土地增加，收入增加，可是财政反而困难，兵威反而不振，道理在哪里？也明白得很，第一，常备兵多而不精，第二，所用的大将也多而不专。如今的办法，要国富兵强，只有学以前的办法，采用精兵主义，委任好将官，用全国的财力，培养数目不大的精兵，国富兵强自然不成问题。”

接着他举出冗官的实例，他说：“我是山东济上人，记得未中进士时，地方只有刺史一人，司户一人，十年以来，政府不曾添过人，地方上也没有什么事办不了。以后又添了一个团练推官。到我中进士回乡时，除了刺史，又有通判，有副使，有判官，有监库，有司理，管卖酒收税的又有四个官，衙门天天增加，官的数目自然也多，可是算算地方收入，比过去反而减少，逃亡的人民呢，反而比过去增多。一州如此，全国可知，冗吏在上消耗，冗兵在下消耗，两头吃国家，国家如何能不穷！”

五十年后，户部副使包拯也告诉皇帝说：“五十年前文武官的总数九千七百八十五员，现在是一万七千三百余员，这数目不包括未管差遣京官使臣和候补官在内。比五十年前增加了一倍。全国州郡三百二十，县一千二百五十，平均算来，照定额不过五六千个官就够办事，如今的数目恰好多了三倍。而且三年一开贡举，每次考取二千多人，再加上中央机关的小吏，加上大官的儿孙荫序，再加上出钱买官的，总共算来，逐年增加的新官又不止三倍！作官的一天天增多，种田的一天天减少，国家如何能不穷，民力如何能不竭！”

在承平时代，有如此公开的指摘，过了九百年，到了我们的时代，有史以来国难最严重的时代，我们读了这两个文件，有点惘然！

——《资治通鉴长编》，卷四十二，卷一六七

九、书帕

明代后期贿赂之风盛行，官官相送，讲究用新刻书，面子上送书，底子里送黄的金子，白的银子，落得好看。一时东也刻书，西也刻书，赶刻得快，便顾不得校对，错字脱简，一塌糊涂。大凡那时地方官府所刻书，序文上写着“捐奉绣梓，用广厥传”的，例如弘治时温州知府黄淮重刻练埴木钟集，和州知州黄桓所刻都穆南濠诗话一类杂书，都是为着送大官的人情的点缀品。

明代后期书刻得不好，这是一个原因，我们现在还有许多

明版书可读，这也是一个原因。

饮水思源，我们还得谢谢三百年前的那些贪官污吏。

——蒋超伯：《南漘楛语》

十、贪污史例之一

元朝末年，官贪吏污，因为蒙古人、色目人浑浑噩噩，根本不懂“廉耻”是什么意思。这一阶级向人讨钱都有名目，到任下属参见要“拜见钱”，无事白要叫“撒花钱”，逢节有“追节钱”，作生日要“生日钱”，管事而要叫“常例钱”，送往迎来有“人情钱”，差役提人要“赍发钱”，上衙门打官司要“公事钱”。作官的赚得钱多叫“得手”，钻叫“好地”，补得要缺叫“好窠”。至于忠于国家，忠于人民，则一概“晓勿得”！

刘继庄说：“这情形，明朝初年我知道不清楚，至于明末，我所耳闻目见的，又有哪一个官不如此！”

——刘献廷：《广阳杂记》卷三

十一、贪污史例之二

明代中期，离现在四百多年前，一个退休的显官何良俊，住在南京，告诉我们一个故事：

南京也照北京的样子，设有六部五府等机关，原来各有职掌，和百姓并不相干。这些官家里需用的货色，随时由家奴到铺子买用，名为和买。我初住南京的头几年，还是如此，不过五六年光景，情形渐渐不妙，各衙门里并无事权的闲官，也用官府的印票，叫皂隶去和买了，只给一半价钱，例如值银两钱的扇子只给一钱，其他可以类推。闹得一些铺户叫苦连天。至于有权有势的御史，气焰熏天，更是可怕。例如某御史叫买一斤糖食，照价和买只要五六分银子，承买的皂吏却乘机敲诈了五六两银子，他在票面上写明本官应用，要铺户到本衙交纳，第一个来交纳的，故意嫌其不好，押下打了十板，再照顾第二家，第二家一算，反正来差要钱，门上大爷又要钱，书办老爷还是要钱，稍有不到，还得挨十下板子，不如干脆拼上两三钱银子，消灾免祸，皂隶顺次到第三、四家一样对付，谁敢不应承，于是心满意足，发了一笔小财，够一年半载花销了。

南京某家买到一段作正梁的木料叫柏桐，很是名贵，巡城御史正想制一个书桌，听说有好材料，动了心，派人去要，这家舍不得，连夜竖了柱，把梁安上，以为没有事了。不料巡城御史更强，一得消息，立刻派皂隶夫役，一句话不说，推翻柱子，抬起大梁，扬长而去。

——何良俊：《四友斋丛说》

十二、贪污史例之三

明末的理学家刘宗周先生指出这时代的吏治情形说：

如今吏治贪污，例如催钱粮要火耗（零星交纳的几分几钱银子，镕铸成锭才解京，镕铸的亏蚀叫火耗，地方不肯担负这损失，照例由纳粮的人民吃亏，额外多交一两成，积少成多，地方官就用这款子来肥家），打官司要罚款，都算本分的常例，不算外水了。新办法是政府行一政策，这政策就成敲诈的借口，地方出一新事，这一新事又成剥削的机会，大体上是官得一成，办事的胥吏得九成，人民出十成，政府实得一成，政府愈穷，人民愈苦，官吏愈富，以此人民恨官吏如强寇，如仇敌，突然有变，能献城就献城，能造反便造反，当机立断，毫不踌躇。

举县官作例吧，上官有知府，有巡道，有布政使，有巡抚，有巡按，还有过客，有乡绅，更有京中的权要，一层层须得应付，敷衍，面面都到。此外钻肥缺，钻升官，更得格外使钱，当然也得养家，也得置产业，他们不吃人民吃什么？又如巡按御史吧，饶是正直自好的，你还未到任，地方大小官员早已凑好一份足够你吃几代的财宝，安安稳稳替你送到家里了。多一官百姓多受一番罪，多派一次巡按，百姓又多受一番罪，层层敲诈，层层剥削，人民怎能不造反？怎能不拼命？

——刘宗周：《刘子文编》卷四，《敬修职掌故》

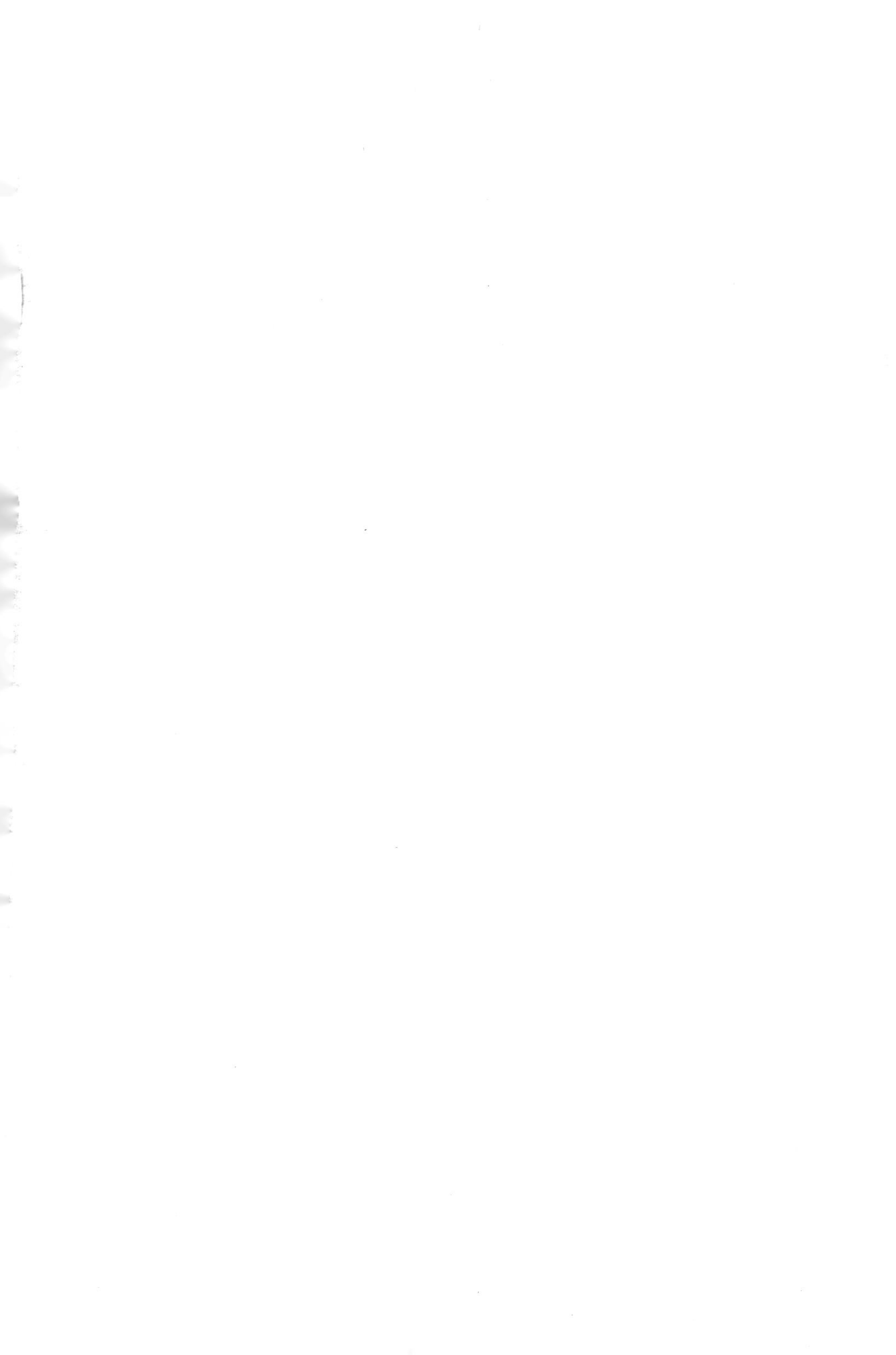